中国传统文化教学与教育创新

王　燕◎著

吉林出版集团股份有限公司

图书在版编目（CIP）数据

中国传统文化教学与教育创新 / 王燕著 . — 长春：
吉林出版集团股份有限公司，2020.5
ISBN 978-7-5581-8436-9

Ⅰ．①中… Ⅱ．①王… Ⅲ．①中华文化－关系－思想
政治教育－研究－中国 Ⅳ．① D64

中国版本图书馆 CIP 数据核字（2020）第 059845 号

中国传统文化教学与教育创新

著　　者	王　燕
责任编辑	齐　琳　李晓华
封面设计	林　吉
开　　本	787mm×1092mm　1/16
字　　数	230 千
印　　张	10.25
版　　次	2021 年 6 月第 1 版
印　　次	2021 年 6 月第 1 次印刷
出　　版	吉林出版集团股份有限公司
电　　话	总编室：010-63109269
	发行部：010-82751067
印　　刷	炫彩（天津）印刷有限责任公司

ISBN　978-7-5581-8436-9　　　　　　　　　　定　价：58.00 元

前　言

　　中国传统文化作为中华民族的精神之根和文化之魂，历史源远流长、内容博大精深，是一座丰厚的精神宝库。习近平总书记指出："优秀传统文化凝聚着中华民族自强不息的精神追求和历久弥新的精神财富，是发展社会主义先进文化的深厚基础，是建设中华民族共有精神家园的重要支撑。"

　　在全球化和市场经济冲击下，传承中国优秀传统文化，繁荣社会主义文化，坚持中国特色社会主义道路自信、理论自信、制度自信和文化自信，建设中国特色社会主义先进文化，最终实现中华民族的伟大复兴。

　　传统文化是特定民族和国家在长期的历史演化中所积淀下来的物质文明、政治文明与精神文明的结晶，也是其特有的思维方式、价值理念和精神状态的体现。对于大学生思想政治教育来说，中国优秀传统文化蕴含的思想道德教育资源十分丰富，将中华民族优秀传统文化与大学生思想政治教育相融合，是每个高校思想政治教育工作者所应承担的重任。

　　本书围绕着如何传承中国优秀传统文化，以马克思主义的立场、观点和方法，运用文化学的结构功能理论，对传统文化进行客观性的结构梳理和系统性的功能分析，在对传统文化作全局性把握的基础上筛选出若干适应当代中国文化建设需求的优秀文化元素，提出实现优秀传统文化创新性传承的初步设想。《中国传统文化教学与教育创新》对中国传统文化与思想政治教育、中国优秀传统文化的现代价值与反思、中国传统文化与思想政治教育融合的现状、中国传统文化与思想政治教育相融合的重要意义、中国传统文化与思想政治教育相融合的内容、中国传统文化与思想政治教育相融合的原则和路径做了阐述。

目　录

第一章　导　论

马克思主义自诞生后，在中国从未停止过与本土文化的传统文化融合，"为什么融合"与"怎样融合"是理论与实践研究的重点和难点，对"为什么融合"，学界的研究成果颇为丰富，也较为清晰，但"怎样融合"一直是学界不断探索却未解决的问题。从学科发展的角度说，作为马克思主义理论学科二级学科的思想政治教育也致力于积极实现与中国传统文化理论的融合。但根据现有研究来看，同样呈现重"为什么"，轻"怎么样"的特点。然而，理论发展的重点不仅在于阐述问题，更在于解决问题。该领域的研究已经产生了一批较为丰富的成果，梳理研究成果的目的在于了解现状与不足，为未来研究指明方向。

第一节　研究现状

关于研究现状，已有论者就其论域、存在的问题做了总结，认为研究主要集中在二者的关系、中国古代思想政治教育史、中国传统文化与社会主义核心价值体系三大领域，认为研究的广度深度不均衡，研究宽泛而质量不高，学科立场与研究方法匮乏。厘清关系是研究进一步深入的前提，"关系"研究是目前该研究方向的主要集中区。由于属于年轻的研究方向，研究者首先致力于界定二者关系，普遍认为传统文化对于思想政治教育有资源借鉴意义；而中国古代思想政治教育则是另一研究领域，该领域研究成果相对于"关系"研究显著减少。另有论者认为，研究成果层次并未随数量增加而有所提升，所出成果刊发于普通期刊多，核心期刊少；研究主力军集中于高校；应用领域研究范围狭窄，主要集中于传统文化在高校大学生思想政治教育中的价值和继承上，且偏向理论研究，应用研究少且价值不高。这些结论还不能涵盖实践领域、古代思想政治教育领域的研究，为了进一步反映"为什么""怎么样"的研究现状，有必要就传统文化与现代思想政治教育融合的应然与必然、关系、实践的路径及古代思想政治教育研究四个方面来总结传统文化与思想政治教育研究的现状。

一、"融合"研究的应然与必然

"融合"应然与必然的研究属于"关系"研究范畴，但是作为二者相交的相互价值对于新研究方向尤为重要。二者融合的应然与必然通过其必要性表现出来。第一，思想政治教育缺乏传统文化现状的必然要求。第二，传统文化增强思想政治教育有效性。把具有中国国情性质的传统文化作为马克思主义中国化的载体是现代思想政治教育有效性的前提。第三，社会主义道德建设的需要。第四，增强党的思想政治工作有效性的需要。如曲江滨在《传统文化在大学生思想政治教育中的价值与应用》一文中，论述了继承和发扬传统文化对保持党的思想政治工作优良传统和进行中国特色社会主义现代化建设的重要性。从融合必然性研究来看，研究文献基本都是集中于对二者在时代要求与现实需求的条件下优缺点的互补及运用的必要性上下功夫，从思想政治教育工作的现实要求层面提出吸纳传统文化的必要。现代思想政治教育工作实践中遇到诸多问题推动理论不断总结、探索和创新，目前大部分研究理论仅仅停留于浅层论述，没有深入理论的深层结构，缺乏以哲学理论为基础的融合研究。

二、"关系"研究"粗中有精"

传统文化与思想政治教育关系的研究呈现如下四大特点：

（1）二者是辩证关系。思想政治教育具有深层文化内涵，传统文化是思想政治教育的载体，解读思想政治教育的文化内涵就把二者都纳入到文化范围内，而传统文化范围宽于思想政治教育，其内涵也远比思想政治教育丰富，传统文化就成为了思想政治教育的载体。思想政治教育应是传统文化软实力的重要部分，传统文化是思想教育力的沉淀。两种观点无论是文化范围还是效力上都反映了二者的辩证关系，从辩证关系上佐证二者融合的必然。

（2）传统文化自身的当代价值与思想政治教育的要求相契合。传统文化贡献于社会主义文化与社会主义核心价值体系的建设，而现代思想政治教育的时代发展要求具有民族特质生活气息浓厚的传统文化作为借鉴资源。

（3）传统文化对现代思想政治教育的启示研究，主要从民族精神、爱国情感、理想信念、思想道德建设、人生价值等几方面来看传统文化的现代意义。如有人提倡把传统文化精神和理想信念教育、爱国主义教育联系起来，把具有重道德实践特点的传统文化运用到社会主义道德建设中，来增强思想政治教育效力。也有人认为，传统文化具有乐观主义人生哲学的特点，有益于建立健康的生活方式。第四，传统文化对思想政治教育的资源意义。传统文化对思想政治教育的资源研究主要集中于儒家文化，而道家文化与佛家文化涉及较少，且文献呈现低水平重复状态。但是除了宏观上对资源意义阐述之外，有论者已经展开思想政治教育论述，如有人从《论语》经典中探讨了"德"的主体设置、秉性与行为不同和治民与化民的区别，论述了"德"对于今天道德建设的意义。

（4）通过论述二者关系研究是该方向研究的集中区域，除去重复、低水平的粗糙研究，也不乏准确、深刻定位二者关系的"精品"研究。学界一致肯定传统文化对思想政治教育具有当代价值，具有资源借鉴意义，其当代价值的认识也非常明确，但是借鉴方法与内容整合研究存在一大批重复空泛的现象，不仅无助于指导意义的理论生成，也无助于实践意义理论的生成。

三、传统文化在现代思想政治教育实践研究的领域单一化

高校教师是思想政治教育的主力军，其实践研究也主要针对高校领域。总体来说，传统文化在高校思想政治教育实践的路径有三条。第一，提高研究的整合价值，发掘人格塑造和生活引导价值，使传统文化成为思想道德教育首要的实现方式。第二，高校设置专项传统文化教育方案，培养专业从事传统文化教育和研究的优秀师资，建立健全教育实施制度、教育内容的改革，将传统文化教育纳入必修课范围，校园内开展校园文化活动。第三，运用传统元素构建高校思想政治理论课程体系。要让传统元素为高校思想政治理论课服务，还需要加强制度建设、编写教材和校园文化建设，这样才能构建长效机制。应用领域的研究还没有在社会范围内展开，仅是高校的应用研究，实践研究呈现单一化特点。即使如此，传统文化在高校领域融入思想政治教育实践的大部分研究还仅仅停留在理论探讨上，制度设计、内容设计和实施环节设计与实践中的有效操作还有段距离。

四、古代思想政治教育研究的匮乏

要实现传统文化与思想政治教育的整合研究，就必须对传统文化中的古代思想政治教育进行研究，然而古代思想政治教育的研究是思想政治教育的研究领域的薄弱环节。

第一，就研究范围来说，尽管有论者对中国古代思想政治教育史的研究做了总结，但还是不能准确反映古代思想政治教育史的研究范围。如有人把古代思想政治教育概括为基于做人做事、思想教育、广义德育、传统道德教育四个方面。这里的做人做事本涵盖德育，而传统道德教育涵盖广义德育视角，这样的总结划分不科学。有人认为，这种划分"是以现代的思想政治教育学原理整理中国传统文化的结果"。立足于什么标准来界定古代思想政治教育，是古代思想政治教育研究尚未解决的问题。

第二，就研究内容来说，古代思想教育、古代教化是目前古代思想政治教育研究主要集中的两个方面。中国古代的思想教育，包括哲学、宗教、人伦道德、法制、人生价值、政治等诸多方面的教育，但占据主要地位的是道德教育。

张祥浩认为，政治教育是思想教育的一部分，把思想教育和政治教育相提并论是为了突出思想教育的政治性，所以他认为古代思想教育就是古代思想政治教育。

第三，就研究类别来说，可分为系统研究、专题研究、经典著作研究。系统研究，如张祥浩按照历史分期对各朝代的思想教育做了梳理，在古代思想教化、内容上给我们研究古代思想政治教育提供了参照。

傅琳凯从内容、方法、途径、主体四个方面对古代思想政治教育史做了系统总结。专题研究，如郧在廷从内容、方法、途径、对象四个方面论述了西汉思想政治教育模式。经典著作研究，如赵广平论述《中庸》的思想政治教育，认为《中庸》包含思想政治教育的理论基础、内容、方法。学术界对古代思想政治教育研究多集中于儒家思想理论的解读，尤其是孔子、孟子等，但是仍有很多空白领域，不仅道、法、墨等思想被忽略，而且儒家思想理论也有大量文献被忽略。由此可见，目前古代思想政治教育研究还只是传统文化的

冰山一角。古代思想政治教育是中国传统文化的一部分，但是要从传统文化中整理、区分、提炼出适应现代思想政治教育的内容还需要做大量工作。

第二节　研究不足

现有理论成果对思想政治教育的传统文化方向的发展起到推动作用，但是依然存有不足。

一、学科边界模糊，论域宽泛不集中

传统文化与现代思想政治教育研究属于跨时空、跨学科研究，加之现代思想政治教育学科本身跨学科性质，现代思想政治教育借鉴其他学科研究成果的同时，容易模糊学科边界。现有研究中，许多研究可以划入教育学、文学、哲学，也可划入伦理学，似乎学科边界是思想政治教育研究的一大难题。有人认为，古代思想政治教育重伦理道德，完全可以从伦理学角度研究。但是如果完全从伦理学角度研究，那么思想政治教育学科的立场和特点又在哪儿？学科边界尚不能明确，与传统文化融合过程就更难准确界定传统文化中适合思想政治教育学科属性的范围与内容了，而范围的模糊性直接导致论域宽泛不集中。因此，凸显思想政治教育学科属性与特点是今后该方向研究应特别注意的问题。

二、研究视域窄浅，理论整合度不高

跨学科、跨时空的理论研究整合力度不强，对现代思想政治教育吸纳传统文化依据与标准的研究还欠缺。如前所述，该方向的研究整体水平偏低，虽然文献资料不少，但是低水平重复文献较多。应用研究领域单一，高度集中于传统文化在高校领域的研究，而论点又集中于大学生对传统文化的需求与消化。即使如此，大部分论述也只是泛泛而谈，有价值的基础研究与应用研究较少，应用理论研究流于形式，基础理论研究流于肤浅，更谈不上传统文化与现代思想政治教育内容的视域融合。传统文化与现代思想政治教育的融合首先涉及传统文化现代化的问题，实现经典文化时间与空间距离的融合，但目前研究成果中难以见到此类研究。另外，中国传统文化儒、释、道主流三派之外还包括其他思想，而从现有研究文献来看，主要集中于儒家思想，而且对儒家思想的研究也只是集中于几个人、几部经典，与儒家文化的庞大体系相较类似于一蠡与大海的关系。就研究深度来说，缺乏哲学基础理论研究，几乎难以见到该方向哲学层次的研究成果，而把传统经典与现代思想政治教育整合并有开拓性创建性的文献更是少之又少。

三、方法论简单而不成熟

研究离不开方法论的自觉运用，遗憾的是，该研究方向还没有形成系统方法论，更别说自觉运用。从综述我们看到，研究停滞于简单肤浅的重复研究，这不能不说方法论上缺乏突破。应用于实践领域的方法论尽管研究者不断探索，但是仍处于简单使用状态，而基础理论研究方面的方法论运用欠缺深度思考，对其他学科的方法论如社会学实证方法借鉴还处于探索中，还未见诠释学在该方向的使用。

第二章 中国传统文化与思想政治教育概述

　　传统文化作为我国古代文化发展形成的文明结晶，在中华民族文化中起着十分重要的作用。正确认识中国传统文化与思想政治的关系是当代思想政治教育实现科学发展的思想前提。中国传统文化与当代思想政治教育在教育对象、内容、方法上存在诸多一致性。思想政治教育应借鉴传统文化资源强化教育对象的文化自信、坚定教育对象的理想信念，进一步推进社会主义核心价值观的培育践行。

第一节 中国优秀的传统文化

　　文化是一个国家和民族精神的延续，而优秀的传统文化更是一个国家和民族文化与精神层面的集中表达，具有深远的意义。在我国历史发展的长河中，形成了许多优秀的传统文化，它们是我国珍贵的文化宝藏。

一、中国传统文化溯源

　　所谓传统文化，广义上看应包括中国有史以来的所有文化；狭义上主要指汉武帝罢黜百家、独尊儒术以来的中国儒释道文化，特别是宋明以降的程朱理学。中国传统文化实际上从汉武帝始分为前后两个不同的阶段，前期诸子并存、百家争鸣，后期一儒统天下，虽然也有释道掺杂其中，个别时候甚至盖过儒术，但总体上是儒家独霸天下，无有能与争雄。中国传统文化从夏商时期的孕育到两周时代的繁荣，到秦汉以后的定型，经历了数千年的发展历程，呈现出一幅辉煌璀璨的文化画卷。

（一）夏商时期传统文化的孕育

　　夏商时期是中国传统文化的孕育萌发期，这个时期文化呈现出的最主要特征是神本文化。中华文明发源于黄河流域，农耕经济是中华先民的现实选择，神农的传说和考古的发现均表明早在几千年前中国已有原始农业。

　　夏部族在中原地区的活动中心和夏王朝建立后的统治中心地带在现今的豫西和晋南一带。其实，夏王朝的统治区域是相当广阔的。其统治势力已拓展到淮河流域，夏与淮河流域关系密切。考古发现也证实淮河流域的大面积地区受中原夏文化的影响。在淮河重要支流颍河两岸，二里头早期文化对其有重要影响。程窑遗址二里头文化期的遗物就蕴含着夏文化因素。在登封王城岗遗址中，包含有完整的二里头文化、郑州二里岗早商文化、晚商文化及周文化，颍河上游地区的二里头文化在承袭当地龙山文化晚期因素的基础上，深受豫西二里头夏文化的影响，部分陶器器形发生了明显的形态嬗变。

河南周口地区 1978 年的地面调查发现二里头文化遗址 16 处，商代遗址 19 处，西周遗址 12 处。周口地区多处二里头文化遗址的发现，说明中原夏文化对该地有广泛而深入的影响，甚至还影响到了器物的组合，使二者的文化性质有很大的相似性。

中原夏文化还拓展到江淮地区。目前在安徽江淮之间、霍山以北地区发现了不少夏商文化遗存。如属斗鸡台文化的斗鸡台、薛家岗、含山大城墩、青莲寺等遗址中都包含了二里头文化因素。但仅有中原夏文化晚期的文化因素出现于此，且文化因素的影响仅停留在个别器物的具体形制上，说明夏文化对此地的影响晚且较肤浅。

淮河流域的岳石文化具有强烈的地方特色，但豫东、鲁西的岳石文化中却包含有中原夏文化因素。在最能反映文化特质的陶器遗物中，鸡冠耳盆、觚形杯、舌状足三足罐等具有明显中原二里头文化特征的器物广泛存在于上述地区的岳石文化中，应该是受二里头文化影响所致。豫东、鲁西、鲁北地区正是夏代初年夷羿族团对夏战争失败后东退的活动地区，由于夷羿族团势力的减弱，使得夏及周围其他部族乘虚而入，使这一地区的物质文化受到夏及其他外来文化的剧烈冲击。而在鲁中南、鲁东南及胶东地区，由于东夷集团自身稳定，实力较强，因而受到外来文化的影响较少。这一考古学现象，很可能是夷羿族团对华夏集团征伐失败、夏族大举东进造成的。

由此可知，中原夏文化对淮河上中游地区存在着直接的强烈的文化影响，又间接地影响到了豫西、鲁东、皖北的淮河下游地区。这种考古学观察反映了夏与东夷、淮夷集团势均力敌，中原夏文化与淮河流域的古代文化如岳石文化等基本是同步发展的。夏与东夷、淮夷之间的关系，总的来说是相邻的两族如夏与淮夷关系密切，而彼此较远的两族如夏与东夷则关系较疏远。公元前 17 世纪后期，商代夏而兴。考古发现证明商文化的对外扩张体现了一个明显的动态过程。比较二里岗上、下层文化的分布，可以看出商文化主要是向东进行了大规模的扩张。这种扩张态势一直延续到殷墟早期，并成为商王朝最强盛的历史时期。

随着王朝势力的拓展和军事殖民，在十里铺遗址商文化层中，出土有商式陶器、石器、骨器和青铜刀与青铜镞，并发现有铸造青铜器的陶范和冶铜坩埚等，说明这里很可能是一处商代的冶铜作坊遗址。

商王朝的崛起与对东土的经略，对海岱地区东夷社会的发展产生了决定性的影响。考古发掘揭示出，在商代前期和后期出现了两次商文化东进的浪潮，从而使淮河流域的政治地理逐步改观。说明此时商王朝向海岱地区的扩张并不限于一般的武装殖民，而是在这片新拓展的土地上推行王朝礼制文化并迫使土著接受，还建立起新的统治网络，使之成为商王朝在政治上可以直接控制的"东土"。商文化第二次东进浪潮是在考古学上的殷墟文化期。商王朝势力在淮河下游海岱地区北部已达胶莱平原的东部。从贵族墓葬如青州苏埠屯大墓的葬制看，几乎完全反映了商王朝的礼制文化。而从一般遗址或中小型墓葬材料看，则是商文化因素与土著文化因素共存。该地区地方传统文化因素较多，与中原商文化差异较大。胶东半岛和鲁东南地区仍是东夷文化的统治区。

殷商一代，商族人居于海岱和徐海地区，本就与东夷、徐戎、淮夷杂处，先进文明对于落后文明的影响是不争的历史事实。淮河流域的徐淮地区在政治上完全接受商王朝的统治，成为商朝的藩属。象征王权威仪的礼乐文明随着王权势力的扩张明确地推行到淮河流域，商代青铜礼器的发现已证明了这一点。商代礼乐器的出现，证明淮河流域的青铜器铸造应是在中原商文化的影响下产生的，表明了淮河流域商代青铜礼乐文明与中原地区礼乐文明的融合与发展。上述考古学观察反映出商灭夏后，加强了对东方地区的控制。在商文化的冲击下，东夷、淮夷文化的格局与内容都发生了很大变化。反映了商王朝统御范围的广大，商文化的波及之处，既有商王朝的直属统治区，也有间接统治或王朝文化的影响地区。商文化的影响促进并带动着淮河流域土著居民的文明化进程。西周是宗周文化和势力的极盛时期，周王室统治区域和文化影响范围空前扩大。分封制的进行，又促使淮河流域周方国众多。宗周文化及政治势力的强大使无论分布于何地的青铜礼器的形制、铭文及书写位置等都高度一致。这一方面反映了西周文化的高度一统性，另一方面也反映了周王朝在广大区域中强制推行王朝礼制文明的结果。

承殷商遗续，周初已将淮河上游纳入周王朝的统治范围内。西周对淮河流域的统治是建立在商朝对东夷征伐的基础上的。西周继承了商朝，并扩大了统治，直到东夷最后完全融会到西周文化中去。

淮河下游的徐国在西周时期是一个可与宗周抗衡的大国，其疆域南至洪泽湖周围，西至安徽东北部，北至山东南部，国都在今天的泗洪县境内。从吴文化蕴含着西周文化因素的事例中，也可说明西周中原文化对淮河下游地区必然存在着强烈的影响。在吴文化的四期中，宗周文化对前二期有显著的影响。其第一期为西周早期，文化内涵表现出承袭湖熟文化传统和深受中原周文化影响的特征，青铜器的造型、纹饰和铭文多以中原风格为主，有的可能直接来自宗周。第二期为西周中期，本期文化吸收了中原周文化和太湖流域的文化因素，属于吴文化的发展期。青铜器中宗周器少见，大多为仿宗周器。第三期、四期为吴文化极盛后急剧衰落的时期，基本不见中原文化因素的存在，青铜鼎、鬲、缶、罍、尊等多具南方青铜器特色。这种局面的出现，是由于东周时王室衰微，王朝力量削弱，诸侯坐大，僭越礼制，从而导致礼崩乐坏，所以考古学文化因素的多元化正反映了当时国家政权的分裂。上述吴文化青铜器的发展过程证明其青铜铸造深受中原周文化影响。从文化传布的强弱与距离远近成反比的规律看，西周中原文化极可能要通过淮河下游传布到江淮地区，淮河下游所受的周文化影响不会弱于其南方地区。

在历史时期，王朝国家政治因素对古代文化有着重大影响，从一定层面上说，不同的地理因素使考古学文化具有多元性，而政治因素却使考古学文化具有强烈的统一性。虽然目前淮河流域周代遗址发掘较少，但从其墓葬制度和丧葬习俗等方面却可反映出西周王朝文化的强烈影响。西周时期，中原葬制中仍盛行口含习俗，且对淮河下游地区有较广泛的影响。"琀"的出现，反映了商周时期中原丧葬习俗及意识形态对淮河流域古代社会文明化进程的影响。

进入阶级社会后，淮河流域古代社会文明化进程吸收和融合了包括中原夏商周文化的多种因素，并进行改造和创新，从而为繁荣强大的淮河流域古代文明的发展奠定了坚实的基础。夏、商、周中原文明不但影响了淮河流域古代文明的面貌，而且也在很大程度上改变了淮河流域古代居民的结构和成分，并对本地区青铜时代族属的最终形成产生了深远意义。从地理上看，夏商周中原文明的浸润由西而东递减，土著文化因素递增。从社会层次上看，对中原王朝礼制文明的接受程度，则由社会上层而下层递减。当然，文化的交流是互动的，在中原地区夏、商、周文化的遗存中也发现有淮河流域古代社会所特有的几何印纹硬陶和原始瓷等，但所占比例甚小，且主要集中在郑州商城、殷墟等城市遗址中，可见中原地区与淮河流域古代文明的交流并不是对等的。淮河流域考古学文化的特质明显地表现出其输入和接受功能远远大于其输出和辐射功能。这正印证了中国古代文化是一开放的而非封闭的动态体系，在各个分支文化系统中都可见到大量存在的文化传播的事实，各考古学文化之间大量存在着文化渗透、融合、同化和分化的特征，从而使中国古代文明形成了不同谱系的多元结构。当然，夷夏融合和多源一统的中国古代文明的最终形成，并不是在某一代就能完成得了的，在夏、商、周之后还有很长的路程要走。具体到淮河流域古代文明化进程而言，夏商时期是其积渐发展时期，西周时期则在中华文明多元一体构成格局中大放异彩，其地位非同一般。

（二）周代传统文化的繁荣

西周的思想虽然仍旧以神权崇拜为终极依据，但是人的主体意识明显的觉醒。特别是西周思想表现出一种历史精神的自觉、忧患意识的产生、民本理念的形成和敬德思想的发扬，并巧妙的将这些纳入宗教框架中，形成了敬天、明德和保民的思想体系，基本确立了中华民族文化的基本精神。西周，人的主体意识的觉醒来源于对历史的反思，主要是在殷末纣王的暴虐、社会危机的冲击和殷的灭亡促使西周的统治者，特别是文王和武王开始对王朝的兴衰进行反思和总结。

1.周朝文化的起源

周人的祖先是帝喾元妃姜嫄的儿子弃，即后稷。商朝初年，后稷的后代公刘率族人从"邰"迁到磁。古公亶父时，又迁到岐山南边的周原（今陕西岐山），自称为周。周武王牧野一战打败了商纣王，建立了周朝。周朝一共经历西周东周两个时期。西周从公元前1046 年周武王灭商朝起至公元前 771 年周幽王被申侯和犬戎所杀为止，共经历 11 代，12王，大约经历了 275 年。公元前 770 年，申侯和其他一些诸侯立周平王为国君，平王将都城从宗周迁至洛邑（今河南省洛阳市），历史上称东迁以后的周王朝为东周。

在今天的陕西宝鸡地区，周人曾经以此为中心进行长期活动，后来至秦朝建国也是以这一地区为活动中心，并且留下了大量的先人足迹以及文化遗产。至今在当地还保留有一定程度的文化遗产以及大量的墓葬和居住遗址，并且出土了大量的商周秦时期的青铜器，因此宝鸡地区也被誉为"青铜器之乡"。作为文化遗产，周秦先人留下了影响中国几千年传统文化的封建制度，这些制度对于我们当今世人的影响依然存留。除了宝鸡地区仍然存留当时文化的残存遗迹之外，研究和发展周秦传统文化对于现代中国人对于传统礼仪、传统生活方式、传统文化依然有着不可估量的文化价值和人文影响。

西周时期的社会经济有了长足的发展，大量使用青铜工具生产，为社会提供了更多的剩余劳动产品，促使各种手工行业得到发展。青铜工艺进而进一步繁荣，除了王室控制的青铜作坊外，诸侯国也有自己的青铜作坊。青铜产品数量更多，用途也更广，几乎涉及社会生活的各个方面。青铜业的发展，推动了其他行业的兴盛。文字的使用也更广泛，除了在甲骨文上刻文字外，在上万件青铜器上都铸刻有铭文，记录了当时社会生活中发生的许多事件。其农业、畜牧、纺织、冶金、建筑、天文、地理等科学技术也有了不少的新进展。这些成就促使了当时人们的生产生活都有了很大的变化。考古学家在西周晚期的墓葬中发现了人工冶炼制造的铁器，说明在西周晚期，人们已经掌握了人工冶铁的技术。东周共传25 王，从公元前 770 年至公元前 256 年，历时 515 年，最后被秦所灭。

西周时期，周朝所实行的宗法制度进一步完善并与政治结合得更加紧密，对于王位世袭起到了顺利执行的作用，对于稳定政局，动员统治阶级并全力加强对国家的统治也起到了一定的作用。宗法制度的核心是维护奴隶主贵族的嫡子，以周王为首，根据宗法制度的综支原则与分封制度相结合，将他们的既得利益按照等级分配给各个家族。《左传》所记的周初商朝遗民的"宗室""分族"，就是指宗法制度下的血缘团体，迄今为止，对中国早期宗法制度的了解主要还是关于周朝代的。

周朝礼仪比较健全，有自己的官制、兵制、刑法、地制以及礼制，直至春秋时期，孔子还在崇尚周礼，这说明周礼对后代的影响很大，并且对于物资的丰富，手工业、商业以及自然科学的发展也得到了促进作用，在当时，已经有了专门负责观测天象、记录历法的专职人员，而且，中华民族传统的五行、八卦之说也极有可能起源于周朝，这些无疑都证明了当时社会在科学上的发展程度和进步程度。

2. 周朝文化的特色

周朝武王灭商以前的周文化被称为先周文化，在周武王灭商以后的周人在继承先周文化的基础上，兼收并蓄其他民族的文化，并形成了我国历史上独树一帜的周文化。这种文化形式和内容全面地反映在了西周时期，社会的政治伦理道德的方方面面，作为中华传统文化最早的发源地和较为健全的政治伦理道德制度，周文化就是中华民族文化的基石，也是中华纯铜文化的源头。在周朝持续统治的几百年间，周文化经过春秋战国诸子百家的集成创新和汉唐宋明理学的弘扬和发展，最终形成了中环民族的独特精神气质和心态结构，并且成为具有长久生命力的文化体系。其中，周文化中所包含的各种典章制度、礼乐制度和思想道德规范，成为了中国几千年封建统治的思想意识、政治基础、儒学思想的源头，影响了周以后近三千年的中华民族文明历史。

在中国的古代历史中，周朝的统治有着其独特的特点，主要有四大制度作为支撑，即封建制、宗法制、井田制、礼乐制，这四大制度对以后的社会有很大的影响。在这四大制度当中，周朝的政治制度的特点为封建制，周朝灭商朝以后，国王大搞分封，把王族与功臣分封到国家的各个地方，建立起了数量众多的诸侯国，其数量超过百个。再通过宗法制和封建制，又建立起一个以周天子为中心，各个诸侯国围绕的封建王朝，同时建立起一套无孔不入的礼乐制度，形成了一个有秩序的封建国家。

（三）秦汉以降中国传统文化的定型

中国传统文化的定型经历了一个漫长的历史阶段，从秦汉时期至晚清末年，前后一共经历了两千余年，成为中国民族文化精神发展演变的第三个关键阶段。秦汉不仅使中国社会从分裂走向统一、中国政治由等级分权专制转入中央集权专制阶段，而且中国思想文化从"百家争鸣"变为"万马齐喑"，秦汉时期奠定了汉民族思想文化统一的基础，建立了相应的制度。尽管从秦汉到晚清，中国历经多次朝代更替，也有过十六国、南北朝及五代十国的分裂时代，但是不管如何演变，都不过是一代代帝王的更替，"秦时明月汉时关"却依旧如常，毛泽东曾说过"百代都行秦政法"，因此中国传统文化的发展模式在"秦钟汉瓦"之下定型凝固。秦汉思想统一的完成。马克思指出"理论在一个国家的时限程度，决定于理论满足这个国家的需要程度"，秦汉时期的理论选择也不例外。

东周时期"田畴异亩，车异轨，律令异法，衣冠异制，言语异声，文字异形"，在群雄崛起的时代，法家"耕战"措施对富国强兵作用最大，强秦正视依靠法家思想扫平六合，秦统一六合后，进行了改革，建立了统一的文化，书同文，车同轨，货币度量衡同制，行同伦，奉行郡县制，实行中央集权专制。但是由于法家思想"严而少恩""可以行一时之计，而不可长用也"，特别是在统一后，秦继续推行霸道政治，终致灭亡。西汉取代强秦后，在总结秦亡"有为""多欲"的经验教训基础上，转向"无为而治"的道家思想，使得汉初呈现了"文景之治"的繁荣景象。但是在中国古代社会，宗法专制是政治统治的社会基础，政治伦理是宗法伦理的自然延伸，基层秩序的稳定和精神奴役的成功对统治阶层异常重要，因此，忽视基层宗法秩序及宗法伦理的道家无法迎合统治阶层的口味，而经过东汉董仲舒改造的汉代新儒学中，诸子百家思想中一切有助于帝王进行集权统治的内容，例如：老庄道家的御权术、韩非法家君主专制的主张，公孙龙名家的名辩主张，邹衍阴阳家的阴阳五行交相和谐的思想，均被整合进新儒家的思想理论体系中，成为"理性地去'支配'此世"的新教，所以董仲舒改造后的汉代新儒家思想成为最迎合巩固帝王专制政权的需要，最贴近当时中国政治与社会环境，最契合历朝历代统治者的政治心态，"夫儒者难与进取，可与守成。"守成才是统治者所亟须的，所以以"守成"为核心的儒家思想历经千秋万代，薪火相传。

两汉经学的兴起。自汉武帝采纳董仲舒"独尊儒术"的建议后，儒学得到了迅速的发展，儒生规模扩大，在"以经取士"的选官制度作用下，经学研究日渐隆盛。两汉经学经历了今文独霸、古文崛起、谶纬盛行和最终融合的发展路径，但究其根本"唯神""唯圣"成为两汉经学的本质特征。"唯圣"是根本，"唯神"是为了"唯圣"，尽管在理论上宣称"以君随天"，然而在现实生活中却是"以天随君"。在帝王的淫威下，士人失去独立的人格，成为唯帝王马首是瞻的奴仆，终日吟唱"述圣""颂圣"之章句。由于汉武帝"好鬼神之祀""垂天人之问"，董仲舒推阴阳、言灾异、为儒者宗，宣扬"天人感应"成为汉代经学的一大特色，并影响整个汉代社会，无论是今文经学还是古文经学，全都凝结在"天人感应"的旗帜下。"以天人感应为核心的神学目的论思想体系，是一种从直观外推为基本方法的经验论思维模式，也为后来的以经验论为特色的传统思维奠定了基础。"

由于谶纬的荒诞不经和经学的烦琐，使其失去了持续发展的能力，随着汉代的结束，魏晋玄学登上历史舞台。魏晋玄学的崛兴。魏晋时期，为矫治儒学繁缛化、神学化的积弊，以何晏、王弼等人为代表的玄学家祖述老庄，开创了所谓的"正始玄风"。从思想上，玄学抛弃了汉学妖妄不经的神学目的论，用"道"的本体论取而代之。从学术上，他们背离了汉学烦琐支离的治学路线，用清新简约的玄理变而易之。从政治上，抨击了汉末名教的虚伪，用老庄自然主义的价值观矫而正之。

因此，"名教"与"自然"彼此之间的关系就成了魏晋玄学主要关注的领域，思想界分化出三个主要的流派：一是以王弼为代表的"贵无派"，他"祖述老庄"，援道入儒，提出"名教"源自于"自然"的主张，意在用自然融入充实到名教之中。二是以《列子·杨朱篇》的作者为代表的"行乐"派，同样也是以道家"自然"论为出发点和依据，主张"从心而动，不违自然所好"。鼓吹恣情享乐的"养生"说。三是以嵇康、阮籍为主要代表的"自然派"，他们利用"自然"作为武器，公开批判抨击名教。但是随着西晋的覆灭，士族的衰落与佛教的兴起，风行一时的玄学受到极大冲击，随即销声匿迹。

宋明理学的兴盛。"理学"是流行于宋明之间融儒释道为一体的一种新儒学，在本质上以"伦理观"为核心，因宋儒研习儒家经典注重阐发义理，故称"理学"。宋明理学人物众多，主要是以"程朱理学"和"陆王心学"两大派为代表。"程朱理学"以北宋时期思想家和理学奠基者的程颢、程颐与南宋时期的儒学集大成者朱熹为代表。他们主要借鉴道家的"道"和佛家的"真如"这一哲学基本范畴，提出"理"或"天理"的概念，将它作为宇宙万物的最高本体，并以此为核心来构筑自己的理论体系。"陆王心学"是以南宋时期的心学开创人陆九渊与明代的"心学集大成者"王阳明为代表。他们主要借鉴佛教禅宗"心即是佛"的思想方法，提出"心即是理""心外无物"的本体论，鼓吹孟子的"反身而诚"和禅宗"明心见性"的修养方法。无论两派的差异多大，他们都注重强调依托道德的高度自觉实现理想人格构建的目标，进一步强化了中华民族的自强不息的精神和自我道德完善的情操，但是他们奉行"君臣夫子之理，无所逃于天地之间也""存天理，灭人欲"的思想，充满了定型化和程式化的特点，加强了中国古代社会的历史惰性，践踏个人权利与尊严，将漠视民众愿望，关注统治利益的文化发展到新的顶点，思想界称为一潭死水，生气全无，陷入程序化的发展模式。晚清朴学的出现。朴学盛于乾隆、嘉庆，因此也称为"乾嘉学派"。"朴学"原来指的是汉代古文经学派的考据训诂之学，意为"质朴之学"，后来指清代的主流学术思潮。

明末清初的一些学者因反对理学家们空谈义理，不务经世之弊，企图改弦易辙，提倡回归汉儒朴实的学风，所以称为朴学。又因这些学者热衷于用汉儒的治学方法研究经籍，故又称为新汉学。梁启超在《清代学术概论》中对朴学进行了总结，并将清朝朴学的兴衰流变分为四期。内中又有吴派（主"博古好古"）、皖派（主"实事求是"）竞相争雄，惠栋、戴震，各领风骚，研经究典，斐然成章。但是清代朴学发展的整体特征是"重名物而轻义理，为学术而忽实用，虽整理文献有徐，而经世先王之志，亦已衰矣"，朴学最终还是沦落为束缚思想的绳索。

二、自由主义、保守主义、马克思主义思潮与传统文化

民国建立后，尽管中国形成了军阀混战的政治局面，但在思想文化领域却出现了前所未有的繁荣。"军阀时期既是混乱的时期，又是具有创造性的时期，这并不相矛盾，因为在受传统约束的中国社会中，新的方式只有在旧的模式崩溃之后才能进行尝试"。在中国历史上，正是春秋战国的"礼崩乐坏"和诸侯混战才促发了思想精英对社会问题作深刻的思考，从而带来了"百家争鸣"。在中国现代，思想的求索也是与社会的内忧外患息息相关的。总的说来，这些求索大体上可分为三个路向，即"向后看"的保守主义（实质是封建主义），"向前看"的自由主义和"全方位"的马克思主义。

（一）自由主义思潮

最先爆发的是自由主义思潮与封建复古主义思潮的斗争。1912年3月，窃国大盗袁世凯迫不及待地登上了中华民国大总统的宝座。无论从出身还是思想意识，袁世凯都是封建势力的残渣余孽，为了复辟封建帝制，他师法历代封建帝王，祭出了"尊孔"这个法宝。声称"中国数千年来立国之本在于道德……孔子之道，亘古常新，与天无极"。因此，从袁世凯上台后就接二连三地发出《大总统祭孔命令》《复学校祀孔命令》等，声称要"整饬纲纪""遏横流""正人心"。袁手下的爪牙，许多省的都督或省长也遥相呼应相继发出通电，或要求推广祀天祀孔，或要求尊孔教为国教。教育部也公然发布《国民学校令》，正式将"读经"科目列入教育的课程体系之中，一时搞得整个社会乌烟瘴气。袁世凯垮台后，中国陷入军阀混战的局面，而康有为却把这归罪于革命、共和，认为这是"谬慕共和政体之故"，叫嚣要"举辛亥以来新法令尽火之，而还其旧"宣称孔教是"中国之国魂"，鼓吹必须将孔教明确成国教。与康有为唱和的是梁启超的开明专制论。

早在革命前，梁启超就曾写《开明专制论》一文为清廷服务，革命后仍以此论为袁世凯等军阀的专制统治提供理论依据。他宣称国民十分幼稚，政府必须实行"保育政策"。

这是公然把他个人的主张说成是国民的要求。其实，开明专制不过是精英对君主的"单相思"罢了，因为在专制制度下，开明必然成为一句空话，历史上孔、孟都是主张开明专制的，到独夫民贼手中就变形、变质。难怪有论者指出，"梁启超的开明专制论为袁世凯、段祺瑞之流建立专制独裁统治，在理论上帮了大忙"。

与这些封建残余势力不同的是知识精英中以梁漱溟等为代表的东方文化派。以第一次世界大战为契机，部分知识精英认为西方文明已经开始呈现衰败景象，而只有用东方文明才能拯救西方文明。梁漱溟说："我又看着西洋人实在可怜，他们当此物质的凋敝，要想得精神的恢复，而他们所谓精神又不过是希伯来那一点儿东西，左冲右突，不出此圈，真是所谓未闻大道，我不应当引导他们于孔子这一条路了吗？"这就完全否定了西方文明（相对于封建文化而言）的历史进步性。而且，他把中国文化与孔子文化等同起来，这等于把汉以后封建专制的罪恶都算在孔子账上了。另一个现代新儒家的代表熊十力则严格地把儒学与封建意识形态区别开来。他说："二千余年学术，名为宗孔，而实沿秦汉术数之陋，中帝者之毒"，他抨击汉唐经师"篡改孔子，使文化归本忠孝""汉宋群儒……无一不是伪学。其遗毒之深直令夏族萎靡莫振"，因此他以"天不丧斯文"的使命感，构筑了以儒为宗，糅合佛学，兼采西学的"新唯识论"。

其实孔子之所以被封建帝王所利用并非偶然，因为孔子也是鼓吹忠孝、严格名分的，既要反专制主义，又要捧孔子之道，必然使自己陷入两难的境地。而且，在自由、平等、科学、民主初播的旧中国，新思想尚未生根、开花，培育、护养尚任重道远。自由主义是近代中国西风东渐、思想启蒙和社会转型的必然结果，而清廷的覆灭与民国的建立则为民初自由主义的大发展提供了条件。

从形式上说，民国虽然建立了，但民族精神还没有实现彻底的现代转换。早在 1916年，自由主义的先锋陈独秀在其《吾人最后之觉悟》一文中就指出了近代西风东渐以来国人觉悟的渐进过程：最初觉悟的是学术（按应指科学、技术），其次为政治的觉悟，但"三年来吾人与共和国体之下，备受专制政治之痛苦……然自今以往，共和国体果能巩固无虞乎？立宪政治果能施行无阻乎？以予观之，此等政治根本解决问题，犹待吾人最后之觉悟……伦理的觉悟为吾人最后觉悟之最后觉悟"。

这实际上已经看到民族文化与民族精神的改造、健康伦理与独立人格的培养，才是改造中国社会最根本的问题。他认为，如果"共和立宪而不出于多数国民之自觉与自动，皆伪共和也，伪立宪也，政治之装饰品也"。"民主政治决非靠政府、党派、伟人从上面所赐予，而是靠多数国民自觉自动地争得。倘若整日仰望善良政府、贤人政治，其卑屈、陋劣，与奴隶之希冀主恩、下民之希冀圣君贤相施行仁政无以异也"。这已经非常准确地击中了中国国民性要害和痛处。

于是，以陈独秀为首的自由派以《新青年》为阵地，在国内掀起了场浩浩荡荡的新文化运动。这场运动以科学和民主为武器，抨击封建名教，号召朝气蓬勃的青年批判封建主义。另一位新文化运动的健将吴虞更直接喊出了"打倒孔家店"的标语，他大声疾呼："儒教不革命，儒学不转轮，吾国遂无新思想、新学说，何以造新国民？悠悠万事，唯此为大！"这又把批判儒教与造就新国民直接联系起来。比吴虞更深刻的是李大钊提出了"民彝"的进步史观，他从辛亥革命以来的历史教训中得出结论："英雄主义乃专制之原""迷信英雄之害，实与迷信历史同科，均为酝酿专制之因，戕贼民性之本，所当力自剪除也"。为了破除英雄迷信，他对《诗·大雅·蒸民》中的"民之秉彝，好是懿德"作出了新的解释，认为"民彝"即心理之自然，又引申为"民欲""民意"，他正确地看到，好的政治能"信其民彝，彰其民彝"；糟糕的政治，则会"屈其民彝，蔽其民彝"。所以"政治者，一群民彝之结晶"。这里所说的"民彝"已经类似我们现在所说的民族精神了。利用"民彝"史观作为依据，李大钊强调国民要自觉其权威，尽自己的责任，他说"时至今日，圣人既不足依，英雄亦莫可恃，昌学之责，匹夫而已。国一日未亡，责一日未卸"。

从后来鲁迅先生改造国民性的思想层面而言，陈独秀、李大钊已经先开其先河了。二三十年代，鲁迅对国民性的批判是中华民族精神现代转换过程中最重要的一环。鲁迅以他独具的慧眼，创造了阿Q这个典型形象，对国民劣根性，如自私、麻木、愚昧、怯懦等做了入木三分的针砭，对那些愚昧的民众他既"哀其不幸"，又"怒其不争"；而对那些"万劫不复的奴才"，"从奴隶生活中寻出'美'来，赞叹、抚摩、陶醉"，则进行了充分的辛辣的讽刺和无情的鞭挞，"红肿之处，艳若桃花；溃烂之时，美如乳酪"！同时，他对形成国民这种劣根性的深层次原因以及今后改造的路径做了分析探讨。他认为"中国人像一盘散沙……是被统治者'治'成功的"。圣人之徒拼死捍卫封建伦常，正是它造成"人的能力十分萎缩，社会的进步也就跟着停顿"。

因此，"最要紧的是改革国民性，否则，无论是专制，是共和，是什么什么，招牌虽换，货色照旧，全不行的"。"唯有民魂是值得宝贵的，唯有他发展起来，中国才有真进步"。尽管他对民族劣根性做了无情的揭露，但他还是深深地热爱着自己的祖国和人民，并抱定"我以我血荐轩辕"的决心，用他的匕首、投枪与保守势力作坚决的斗争。鲁迅的事业虽然未竟，但中国的马克思主义者，中国共产党人作为一支新兴的政治力量，在鲁迅之后把中华民族的新文化推向了一个新的高度。

（二）马克思主义思潮

马克思主义与中国传统文化相结合是马克思主义中国化的题中应有之义。在建设国家软实力，发展繁荣中国文化的当今时代，如何正确理解马克思主义与中国传统文化的关系，对于推进马克思主义中国化，提升中国文化的活力，具有重要的理论与现实意义。

自从马克思主义传入中国之后，中国人历史性地选择了马克思主义，其与中国传统文化就不可避免地产生了直接联系，随之开启了马克思主义中国化的进程。"马克思主义中国化"含有两层意义，一是马克思主义基本原理与中国具体实际相结合，二是马克思主义思想体系与中国传统文化相结合。第一个结合表现在实际、实践、实用、实效层面上，第二个结合表现在精神、思想、理念、理论层面上。马克思主义在与中国文化的互动和结合中形成了中国社会新型的主流文化与意识形态，即中国化的马克思主义。那么，近代先进的中国人向西方学习，几乎搬来了西方的全部思想库，但其结果不是化作过眼云烟转瞬即逝，就是成为少数知识精英的精神奢侈品仅供鉴赏，唯独马克思主义一枝独秀，不但成功地实现了中国化，而且最终取代了统治中国两千多年的儒家意识形态，跃居为中国社会的指导思想，其中的奥秘何在？这是需要认真回答的。

1.马克思主义中国化，首先在于它适应了中国革命实践的需要

1840年以后，中国逐渐沦为西方列强的半殖民地。为了救亡图存，探索"中国向何处去"的历史之问，"中国人被迫从帝国主义的老家即西方资产阶级革命时代的武器库中学来了进化论、天赋人权论和资产阶级共和国等项思想武器和政治方案，组织过政党，举行过革命，以为可以外御列强，内建民国。但是这些东西也和封建主义的思想武器一样，软弱得很，又是抵不住，败下阵来，宣告破产了"。正是俄国十月革命的一声炮响，加之"五四"新文化运动的洗礼，中国人义无反顾地接受了马克思列宁主义，创建了共产党，"自从有了中国共产党，中国革命的面目就焕然一新了"。然而，实践表明，照搬马克思主义的条文和外国经验并不适合中国国情，这迫使中国共产党人找到了一条把马克思主义的普遍原理与中国具体革命实际相结合的道路，进而克服了党内教条主义和"全盘俄化"的错误趋向，终于指引中国革命取得了胜利。新中国成立后又经过艰难曲折的探索，创造性地走出了一条中国特色社会主义道路。实践一再证明，马克思主义只有实现了中国化才能成功地促进中国共产党由革命党转变为执政党，也只有中国化的马克思主义，才能促成中国特色社会主义道路、制度和理论的制定，从而使中国社会永不偏离正确的前进方向。

2.马克思主义中国化，还在于它适应了中国近代主流文化转型的需要

相对于经过文艺复兴、启蒙运动和工业革命洗礼的西欧社会，中国从16世纪起就落后了。与此同时，以儒学为核心价值观的主流文化或意识形态日益捉襟见肘，已不可能成为中国社会变革的指导思想。盘踞中国指导思想地位两千多年的儒家哲学是一种代表着农业社会的意识形态，随着资本主义生产关系的生长，这种农业社会的观念文化越来越表现出与现代性不相协调的特征，其历史性的跌落不可避免，寻求一种新型的、能适应社会发展的指导思想或核心价值势在必行。大约从明代中叶始，中国主流文化已孕育着变革和转型的趋势，中国哲学内部的心学与理学、实学与虚学、经学与理学、宋学与汉学之争，皆表明了儒学试图摆脱困境、完成自身蝉蜕的一种内在努力。直至近代中学与西学、新学与旧学、科学与玄学争辩之声鹊起，显示了一种试图借助外来强势文化以促进内部变动的努力。

"五四"新文化运动无疑是一次伟大的思想解放和启蒙运动，在这场运动中，中西碰撞、新旧杂糅导致了中国主流文化的重新洗牌，马克思主义后来居上成为中国人的不二选择，因为只有马克思主义才能完成中国传统哲学与"西学"所不能完成的神圣使命。换言之，正由于马克思主义能解决"中国向何处"的百年之问，中国人才历史性地选择了它。马克思说过："理论在一个国家的实现程度，总是决定于理论满足这个国家的需要的程度。"恩格斯也说过："一个民族想要站在科学的最高峰，就一刻也不能没有理论思维。"正是由于

中国人接受了马克思主义并使之中国化，中国主流文化遂完成了历史上空前的一次大转型，古老的中国传统文化因马克思主义的融入而枯木逢春。

3.马克思主义中国化，也受益于它与中国传统文化之间所具有的天然亲和力

马克思主义在历史地位和理论层级上，代表着近代人类社会最先进的思想文化，其与中国传统哲学相比，无疑有着本质上的不同：源出的文化背景不同，反映的时代精神不同，立基的生产力和经济发展水平不同，蕴含的阶级属性不同，因而执行的社会与文化功能也不同。然而，马克思主义与以儒学为标志的中国传统哲学之间无疑也包含许多共同之点。

（1）两者在反对宗教神学世界观方面具有相通之处，即都具有无神论的共同特征。中国哲学没有"创世纪"的观念和关于"一神教"的启示，后世儒家不乏唯物主义和无神论大师，自秦汉至明清，从王充到王夫之，无神论汇成了儒家的主体精神特征；马克思主义哲学在本质上是科学无神论，它与中国传统哲学的无神论一样，都拒绝来世观念，主张重视现世人生和现实社会。

（2）两者在实践观上具有相通之处。实践的观点是马克思主义哲学之首要的观点，然而重视实践、拒斥玄虚之学也是中国传统哲学的重要特征。从孔子到荀子、王充，再到明清之际的"实学"大师顾炎武、王夫之、颜元、戴震等人，他们在对"实学"和"知行"关系的论述上，与马克思主义哲学有颇多契合之处。不同的是儒家更多地强调道德实践，而马克思主义哲学则主张"革命的实践"。

（3）两者在辩证思维方式上具有相通之处。美国学者斯塔尔认为，辩证法在中国的文化传统中比在欧洲的文化传统中影响广泛而深刻，中国哲学经典《易经》和汉译本的佛经早已明确表达了深刻的辩证法思想。相对中国哲学的"阴阳辩证法"来说，德国唯心主义哲学中的"概念辩证法"经过马克思的颠倒而为"唯物辩证法"，从"阴阳辩证法"到"概念辩证法"再到"唯物辩证法"，这是一个否定之否定的过程。

（4）二者在历史观上具有相容之处。中国传统哲学非常重视从现实的物质生活根源去寻找历史发展的动因，认为人的道德和政治活动乃至国家的治乱兴衰与人的直接的物质利益和生活状况息息相关，历史的发展在于"势"（必然性），而不在于"圣人意"（绝对精神）。据此，美国汉学家魏斐德甚至认为明末王夫之的哲学，"在某些方面，这引起共鸣的主题让人隐约地联想到了马克思本人"。

（5）两者在道德观上具有相似之处。马克思主义与中国传统哲学一方面承认人的自然属性及其表现形式的合理性，另一方面又认为只有用人的社会属性来规范自然属性才能达到人性的完善，并且强调群体利益高于个人利益。马克思主义主张在改变客观世界的同时改造人的主观世界，共产主义革命旨在树立集体主义的价值观。对此，美国学者窦宗仪说："关于人的完善性，儒家和马克思主义之间是一致的。"

（6）两者在精神信仰和社会理想上具有相通之处。马克思主义与中国传统哲学虽然都反对超验的宗教信仰，但认为理想境界就是理想社会和理想人格的完美统一，只有通过现实人的世代努力才能最终实现"人间天堂"。不同的是：儒家的大同理想是一种"乌托邦"，

而马克思主义的共产主义理想是社会科学和社会行动。

中国人之所以选择马克思主义作为指导思想并使之本土化、民族化，在很大程度上，正是得力于两者之间的那些共同之处所产生的亲和力。

4. 中国传统思想是马克思主义中国化的天然文化土壤

英法两国的空想社会主义和德国的黑格尔哲学是马克思主义的直接思想来源，但是马克思和恩格斯却把它们与中国传统思想联系起来，"虽然中国的社会主义跟欧洲的社会主义像中国哲学跟黑格尔哲学一样具有共同之点，但是……变革必将给这个国家的文明带来极其重要的结果"。英国学者李约瑟写道："现代中国人如此热情地接受（马克思的）辩证唯物主义，有很多西方人觉得不可思议。他们想不明白，为什么这样一个古老的东方民族竟会如此毫不犹豫、满怀信心接受一种初看起来完全是欧洲的思想体系。但是，在我想象中，中国的学者们自己却可能会这样说：'真是妙极了！这不就像我们自己的永恒哲学和现代科学的结合吗？它终于回到我们身边了！'中国知识分子之所以更愿意接受辩证唯物主义，是因为，从某种意义上说，这种哲学思想正是他们自己所产生的。"

时下的中国人很难理解李约瑟的话。但如果放在"五四"时期，李约瑟定会找到知音。如当时郭沫若就发表了一篇《马克思进孔庙》，其中写道："马克思（对孔子）说：'我想不到两千年前，在远远的东方，已经有了你这样一位老同志，你我的见解完全是一致的。'"总之，马克思主义绝不是脱离人类文明大道特立独行的封闭体系，正如列宁所说："马克思主义……没有抛弃资产阶级时代最宝贵的成就，相反地却吸收和改造了两千多年来人类思想和文化发展中一切有价值的东西。"

毛泽东写道："今天的中国是历史的中国的一个发展；我们是马克思主义的历史主义者，我们不应当割断历史。"并强调指出："马克思主义必须和我国的具体特点相结合并通过一定的民族形式才能实现。"正像马克思主义的发展离不开全人类的文化资源一样，马克思主义中国化也离不开几千年中国文明丰厚的思想资源。当代的中国马克思主义，实际上就是马克思主义在与中国优秀传统文化相互影响和互动中形成的中国新文化的主流。

三、中国传统文化与社会主义核心价值观的培育

（一）提炼社会主义核心价值观离不开优秀的传统文化

每一个时代的社会核心价值观都有其时代的特点，表现出鲜明的时代性。另一方面，价值观也具有历史性和鲜明的民族性，任何一种社会核心价值观都有其民族性的基础，都是建立在一定的民族文化、民族需要的基础上的。不管时代如何发展变化，一个民族的民族精神永远会在价值观的形成过程中起着非常重要的作用。一个国家的社会核心价值观反映这个国家、民族的文化积淀和精神基因。社会主义核心价值观作为一种新型的先进的价值观，一方面，体现了人类社会价值理念的发展趋势，表现出超越民族性的一面；另一方面，社会主义核心价值观作为中国特色的集中表达，必然根植于中国传统文化的深厚土壤之中。"三个倡导"的24字社会主义核心价值观，分别从国家、社会和个人层面对社会主

义核心价值观进行了集中的概括和表述。这三个层面的核心价值观，我们都能够在中国传统优秀文化中找到它们的理论渊源。

1. 从国家层面来看，和谐无疑是社会主义国家层面最核心的价值观

因为其他两个方面，是分别从经济、政治、文化角度，表述我们建立的和谐国家和社会所要达到的基本目标。如果说富强、民主、文明等价值理念是世界上多数文化都崇尚的价值的话，那么"和谐"的价值理念则是中华民族对人类社会在价值观领域做出的独特贡献。中国传统文化最大的特点之一就是"和合"文化。中国人历来注重和谐，讲究"和而不同"。"和"是指不同事物通过相互补充，实现事物整体上的和谐，"同"则是指事物片面的绝对的雷同，这是两个既相互联系又相互区别的概念。"和而不同"作为中国传统文化中的处世辩证法，今天仍然具有重要的价值。它不仅可以运用于人与人之间和谐关系的构建，而且还可以为国家与国家之间的和平相处和交往提供一种重要的方法。中国古人眼中的和谐社会，是包含着人与自然、人与人、人与社会的三个层面的和谐社会。在人和自然的关系上，老子认为"人法地，地法天，天法道，道法自然"。传统道家主张，人类只有顺应自然规律，才能更好地利用自然，回归自然。只有这样，才能真正做到"天人合一"。追求人道和谐，建立和谐的人际关系，更是中华民族自古以来的理想。孔子说"己所不欲，勿施于人"，这是人道和谐的前提和基础。墨子主张"兼爱"，提出了人与人之间相互帮助的人道和谐的价值观。"和谐"作为一种价值观，历来被中华民族所追求和向往。同时，"和谐"也是中国向世界展示的最具民族特色的核心价值观。

2. 从社会层面来看，公平与正义应该是社会主义核心价值观最本质的体现

只有社会倡导公平与正义，公民的自由和平等才不是抽象的，也只有在公正的前提下，自由和平等的观念才会得到最终实现。另一方面，法治是保障社会公平与正义的有力武器。社会主义是在战胜资本主义社会的基础上发展来的，是更加具有优越性的一种社会制度。社会主义的优越性，主要体现在这一社会制度能够消灭资本主义社会的剥削和压迫，建立一个共同富裕的公平正义的社会。今天我们倡导的社会主义的公平正义观，同样深深植根于中国深厚的文化传统之中。从中国历史的发展脉络来看，中华民族一直在不断探索一个公平正义社会的建立。历代封建王朝历史上的农民起义的爆发，虽然原因不尽相同，但有一点是一致的，那就是农民深受封建地主的压迫，农民阶级痛恨不公正的社会遭遇，憧憬一个"均贫富"的理想社会。中国传统社会主张的"不患寡而患不均"的朴素思想，尽管带有非常深厚的平均主义色彩和历史的局限性，但从另外一个侧面也说明中国古人追求人人平等的价值理想。从《礼记》的大同理想到近代康有为的《大同书》，"大同社会"表达了广大人民群众对建立一个公正社会的向往和追求。

3. 从公民个人层面来看，重视个人道德修养历来都是中国传统文化的重要内容

中国传统文化中包含的传统美德，成为社会主义核心价值观个人层面的主要思想来源。比如，爱国主义的价值观是中国传统价值观的核心内容之一。中国传统文化追求整体主义价值观，在国家和个人面前，历来主张国家利益是第一位的，个体对国家民族命运要有强

烈的责任感和使命感。再比如，在中国传统文化中，把诚信看作是人与人交往的一个基本准则。孔子说"人而无信，不知其可也""与朋友交，言而有信"。孟子强调"诚"的思想，"思诚者，人之道也"，将诚信视为君子必备的品行，是人人都应当遵守的道德规范。诚信也是开明的封建君主治理国家的根本，"民无信不立"，统治者必须取信于民，才能做到国家的长治久安。总之，中华传统文化为社会主义核心价值观提供了十分丰富的资源，社会主义核心价值观正是在充分吸收和借鉴传统文化优秀成果的基础上建构起来的，是对它的提炼和升华。

（二）增强文化和价值观自信，需要从传统优秀文化中吸取精华

在人类历史上，资产阶级价值观曾经有其历史的进步意义，它是随着西方的文艺复兴运动和思想启蒙运动而不断形成的。作为反对封建社会的思想武器，它所倡导的平等、自由、博爱的核心价值观，是对严格的封建等级制价值观的超越。同样，社会主义核心价值观是在批判地继承人类社会以往所形成的一切价值理念的基础上形成的，是对资本主义核心价值观的超越。社会主义核心价值观的优越性，一方面，体现在它是与社会主义根本制度紧密联系在一起的，这样就使得它的实现不再是不切实际的空想，而是有了根本的制度保障。从人类社会的发展历史来看，我们之所以选择社会主义，是因为这种社会理念以没有剥削、没有两极分化的生产资料公有制为根本特征，以实现共同富裕为根本目标。所以，在社会主义制度下，民主、自由、公平、人权等价值观念，已经不再是一些抽象的概念，而是有了切实可以实现的制度根基和保障。另一方面，任何一个社会的核心价值观都有其鲜明的民族性，任何一种社会的核心价值观都有其固有的民族性的基础，都是建立在一定的民族文化、民族需要的基础上的。所以，作为一种新型的先进的价值观，社会主义核心价值观的优越性，也体现在它有着深厚的文化根基，是建立在中华民族辉煌的民族文化的基础上的。正如习近平总书记指出的，中华优秀传统文化是中华民族的突出优势。

要实现中华民族伟大复兴的中国梦，要增强核心价值观自信，必须大力弘扬中华优秀传统文化。中华优秀传统文化是中国独特的精神命脉和文化基因。今天，我们培育和弘扬社会主义核心价值观，同样要立足于中国优秀传统文化这个民族的"根"和"魂"。我们的价值观的自信，一方面来自于我们坚持的中国道路的正确性；另一方面，也来自于我们的价值观有着深厚的文化底蕴。中华民族五千多年的文明历史，从未间断，它所创造的深厚的文化传统，一方面造就了辉煌的古代文明，另一方面也为今天我们的社会主义核心价值观提供了丰富的思想理论来源。文化软实力是一个国家和民族强大的重要标志之一，它体现了一个国家基于文化而具有的凝聚力以及由此产生的吸引力和影响力。价值观自信来自于文化自信，今天我们提高文化软实力，坚持价值观自信，要努力展示中华文化的独特魅力。

中华民族深厚的传统文化为世界贡献了许多具有当代意义的价值观。今天我们要讲好中国故事，传播好中国声音，阐释好中国特色，一定要深入挖掘传统文化中可以引领世界主流趋势，融入整个世界的传统价值观。比如，"和谐"的价值理念是中国传统价值观的

重要组成部分，也是我们对人类社会在价值观领域做出的独特贡献。"和谐"不仅为中华民族所追求和向往，在当代，对世界其他国家也是具有普遍示范意义的一种价值理念。西方社会讲人权，但在西方的话语语境中，人权更多的是从个人的角度去理解，所以在维护个人人权的过程中，不可避免地会造成社会的相互冲突甚至是战争。"'和谐'则是一个能够超越西方'人权'概念的更加上位的价值理念。"和谐的社会理念尊重个人人权，但也规范人们的权利诉求，从而可以避免人与人之间的相互冲突。"和谐"的传统价值观，今天还可以运用到解决国与国之间的争端之中，可以成为我们反对霸权主义和维护发展中国家权益的有力的思想武器。不可否认的是，当前国际舆论的总体格局仍然是西强我弱，但是，如果我们能够不断地从中国优秀传统文化中吸取精华，立足当代，提高文化软实力，坚持价值观自信，我们一定能够做到增强对外话语的公信力，提高社会主义核心价值观的感染力。

（三）用社会主义核心价值观引领多样化社会思潮，需要弘扬优秀的民族传统文化

当今中国，改革已进入深水区，各种社会思潮和矛盾接踵而来。为了应对文化多元化的挑战，党的十八大报告提出，要用社会主义核心价值体系引领社会思潮。同时，我们也要尊重差异、包容多样，最大限度地形成社会思想共识。社会思潮是在社会发展过程中，各阶层的利益诉求在思想领域的集中反映。随着我国改革事业的不断推进，各种社会思潮纷纷涌现。应该说，目前我国社会思潮的主流是好的，但随着改革开放的深入，西方一些反动的社会思潮也传入中国。这些错误的思潮，虽然在形式和思想内容上不尽相同，但都是以反马克思主义，颠覆社会主义制度为根本目的。所以，如何正确引领多样化的思潮，尤其是如何有效反对错误的反动的思潮，成为当代中国社会发展的一个重大课题。社会主义核心价值观，是我们评价各种社会思潮的根本标准。但是，如何才能有效地发挥它的价值方向引领作用，是摆在我们面前的一个重要的理论和实践课题。

用社会主义核心价值观引领社会思潮，一方面，要立足当代，坚持马克思主义的立场和批判力，用中国特色社会主义理论指导、分析各种社会思潮；另一方面，也要吸取传统文化的精华内容，大力弘扬优秀的民族传统文化。现在是历史的延续，在培育和弘扬社会主义核心价值观的过程中，我们应该态度坚决地反对历史虚无主义的倾向。在经济全球化的今天，面对文化观念上的西强我弱的现实，中国一定要维护自己的文化独立和文化安全。历史上，苏联东欧社会主义国家没有成功抵制西方社会的和平演变，最终走向了解体。今天，吸取苏联亡党亡国的教训，我们一定要大力弘扬中华民族精神，保持自身的民族特色，传承中华民族的优秀传统价值观。

面对多样化的社会思潮，我们要发扬中国传统核心价值观的"和而不同"的精神，尊重差异，包容多样。但是，对于以抽象的人性论为基础，把西方的各种价值观念，特别是美国的核心价值观，比如民主、自由、平等、博爱等，看作是永恒的"普世价值"，则是我们应该根本反对的。"普世价值"论的本质是当代西方话语霸权及其价值渗透方式的表达，其真正目的是改变我国社会主义的发展方向，破坏社会主义的主流价值观。世界上从来就没有一种价值观可以说是"普世"的，因为世界上根本不存在普遍适用的、永恒的价值观。所以，划清社会主义核心价值观与"普世价值"的界限，化解各种西方社会思潮的消极影响，需要我们大力弘扬民族传统文化。

四、弘扬中华优秀传统文化，是培育社会主义核心价值观大众认同的重要途径

培育社会主义核心价值观重在实践。社会主义核心价值观具有强大的感召力和引导力，但只有当它能够得到最广泛的大众认同，它的这种作用才会真正发挥出来。

马克思说，批判的武器不能代替武器的批判。"但是理论一经掌握群众，也会变成巨大的物质力量。"经济全球化、社会思潮多元化的时代背景，给我们培育社会主义核心价值观的大众认同带来了许多不利条件。但是，如果从另外一个视角来看，这一时代背景也给我们带来了很多有利条件。比如，改革开放以来我们取得的举世瞩目的成就，更加坚定了中国人民对中国道路的自信。更为重要的是，我们所倡导的核心价值观有着深厚的民族文化根基，因为当代中国社会是中国传统社会的延续和发展，社会主义核心价值可以借助传统文化来提升人们对它的关注和认可。一般来说，人民群众比较认可他们可以切实感受到的身边的传统文化。只有在社会主义核心价值观的教育中，融入了传统文化，才能够更快更好地被广大人民群众所认同，从而真正做到将社会主义核心价值观内化为精神，外化为行动。传统文化的丰富性，决定了以它为基础，培育社会主义核心价值观大众认同的路径也应该是多样化的。我们可以通过将传统文化的学习融入到学校教育和社会教育之中，以人们喜闻乐见的方式，传播主流价值观，增强人们的民族自豪感和自信心。

近年来，我们通过弘扬传统节假日，把传统节日中蕴含的传统价值观的精华融入到日常的教育中，让青少年一代了解中国传统与当代社会的联系。通过这样的推广，我们在了解传统文化的基础上，也对当代中国的核心价值观有了更深入的体悟。因为中国主要的传统节日凝结的众多的精神理念，与今天我们所倡导的社会主义核心价值观是可以相互贯通的。通过这种宣传，可以为社会主义核心价值观的构建和传播提供行之有效的途径。

总之，我们要利用好中华优秀传统文化所蕴含的丰富的思想道德资源，注重传播的方式，不断地诠释社会主义核心价值观，增强人民群众对它的认同感。当然，另一方面，中国传统价值观的大众化路径也可以为我们实现社会主义核心价值观的大众化提供可资借鉴的经验。在漫长的封建社会，传统的儒家思想，通过官方的倡导、道德的说教和教育的引导，最终实现了由群体价值向个人价值的转化，成为维系封建社会秩序的主流价值观。今天，我们要实现社会主义核心价值观的最广泛的大众认同，同样需要教育的引导、榜样的示范和行政的保障力量。随着中国国际地位的提高，我们提出了文化走出去战略。推动"文化走出去"，向世界传播社会主义核心价值观，既是弘扬民族精神、增强民族自信心与自豪感的需要，也是中国融入世界，向世界展示当代中国形象，提高中国话语权的需要。建

立孔子学院，向世界推广中国优秀的传统文化，是社会核心价值观"走出去"的一个有效的尝试途径。目前，我们已在世界范围内建立起了300多所孔子学院。通过孔子学院，联系中国和世界，向世界各国讲好中国故事，传播好中国声音，阐释好中国特色，向世人展示中华文化的独特魅力。

第二节　思想政治教育概述

思想政治教育是社会或社会群体用一定的思想观念、政治观点、道德规范，对其成员施加有目的、有计划、有组织的影响，使他们形成符合一定社会所要求的思想品德的社会实践活动。思想政治教育专业，是我国很多大学开设的专业。该专业培养具备马克思主义基本理论和思想政治教育专业知识，能在党政机关、学校、企事业单位从事思想政治工作的专门人才。该专业学生主要学习马克思主义、毛泽东思想、邓小平理论和思想政治教育专业的基本理论和基本知识，受到思想政治教育专业技能与方法的基本训练，掌握从事思想政治工作的基本能力。

一、思想政治教育概念及其辨析

（一）"思想政治教育"概念的形成与确立

中国共产党成立以来，思想政治教育概念的形成，大致经历了"政治工作——思想工作——政治思想工作——思想政治工作——思想政治教育"几个阶段。

新中国成立前，主要使用"政治工作"代替"思想政治教育"的内涵。新中国成立后，对这一术语的使用发生了新的变化。与"思想政治教育"最近的概念"思想政治工作"最早由刘少奇提出。1957年，毛泽东在《关于正确处理人民内部矛盾的问题》中，进一步使用和阐述了这一概念。"思想政治工作"的内涵即思想性的政治工作和政治性的思想工作。此外，"思想政治教育"提法出现在此时。1950年2月，第一次全国学校工作会议上提出"坚决地贯彻思想政治教育的进行，是现在学校中开展新民主主义学习的主要关键"。

1980年5月27日至6月6日，原第一机械工业部和全国机械工会联合召开思想政治工作座谈会，提出了思想政治工作科学化命题。并于1984年在高校开设了"思想政治教育专业"课，学科全称"思想政治教育学"。至此，"思想政治教育"成为思想政治教育学科的标准术语。

至此，"思想政治教育"概念得以最终确立。这个过程体现了理论认识上的深化和实践操作上的深入。要指出的是，从发生学意义上讲，"思想政治教育"是从"思想政治工作"演变而来，但后者含义更广。思想政治工作是党的工作系统，表明它与党的各项工作的关系。而思想政治教育的概念更侧重和突出的是学科体系和科学理论的建设方面。可见，"思想政治教育"这一概念侧重的是它的学科和理论意义。

（二）思想政治教育的含义

关于思想政治教育，张耀灿老师认为，思想政治教育是指一定的阶级、政党、社会群体遵循人们思想品德形成发展规律，用一定的思想观念、政治观点、道德规范，对其成员施加有目的、有计划、有组织的影响，使他们形成符合一定社会、一定阶级所需要的思想品德的社会实践活动。苏振芳老师认为，思想政治教育可定义为"一定的阶级或政治集团，为实现一定的政治目标，有目的地对人们施加意识形态的影响，以期转变人们的思想，进行指导人们行动的社会行为"。郑永廷教授认为，可以对思想政治教育的性质作如下概括：思想政治教育是一种有目的性、具有超越性的实践活动。这种实践活动随着社会的发展和人们的主体性的增强，其作用越来越重要。思想政治教育在社会生活中，是一种多属性、多因素的特殊活动。

这几个提法有不同的侧重点。张耀灿老师是从社会思想品德的需求角度来看，苏振芳老师主要突出思想政治教育的指导作用，郑永廷强调思想政治教育活动中人的主体性地位。当然，这几个提法都有其肯定的地方，首先都对思想政治教育的概念进行了比较系统、理论的界定。对思想政治教育的对象、目的、性质都做了系统的解释。其次，对于思想政治教育概念的理解，三位学者都认为思想政治教育是一项有目的的阶级性社会实践活动。目前，学术界比较权威的是张耀灿老师下的定义。

思想政治教育是什么？思想政治教育是指一定的阶级、政党、社会群体以政治教育为主导，遵循人们思想品德形成发展规律通过一定的基础性、主导型以及拓展性内容的思想对其成员施加有目的、有计划、有组织的影响，并且内化成为自身的一种具有政治观点、思想观念、道德规范、心理教育的教育，从而培养自由、全面、生命自觉的人的一种社会实践活动。这个概念主要从突出政治教育的重要性、强调内化作用、包含内容体系三方面进行扩充。

（三）思想政治教育概念辨析

从定义的分析的角度，一方面要注意事实判断与价值判断的统一，既要注重思想政治教育概念的现实性和描述性，又要注重概念的目的性和价值性；另一方面，要注意社会需要与个体需要的结合，既要重视统治阶级的社会需要的合理性，又要注重个体的需要和接受规律的科学性，这样才能使思想政治教育的概念更加合理和完善。按照事实判断的描述性的陈述要求，思想政治教育的施加、转化、内化等观点，也是思想政治教育内涵的重要组成部分。同时按照价值判断的规范性表述要求，又必须把发展、目标、理想等价值词纳入思想政治教育的概念中。按照社会需要的尺度，统治阶级的意识形态政治观价值观等的教育是必需的；而按照个体发展的需要，遵循个体发展的层次和规律，自由全面发展的目标也不可或缺。为此，按照概念的普遍性和特殊性相统一事实判断和价值判断相统一个体需要和社会需求相统一的要求，思想政治教育应该是教育者对受教育者有目的地施加正确的思想观念的影响，并培养其优秀的思想品质和理想人格，从而促进人的自由全面发展的活动和实践。具体而言，应该是教育主体用思想的科学理论政治的先进观念道德的优秀品质，即科学的世界观、价值观、人生观，按照教育对象的特点和规律进行的教育活动，培养教育对象具有良好的思想观念、政治素养和道德品质，其目的就是为了促进人的自由全面发展。

随着时代的进步、物质富足、科技进步、社会分化的发展，一切建立在社会不断进步基础上的意识形态都需要不断的更新和调整。思想政治教育学科随着自然包括社会一切领域的发展也有所发展，思想政治教育的概念也应当不断地进行调整。思想政治教育概念除突出以政治工作为主，强调内化作用、包含内容体系外，也忽视了一些东西，即缺少灵魂再现的魅力，缺少一种激情。思想政治教育定义给人的感觉是呆板的，而不是生动的，缺少一种生命的自觉。思想政治教育作为一种教育实践活动，同样也应该汲取教育学的精华。笔者认为这种生命自觉应该回归到人，即思想政治教育的活动参与者当中。在现代社会中，起基础作用的是知识，而掌握知识的最终还是人。因此，人的作用不可忽视。思想政治教育担任培养人的重任，就需要培养出具有思想政治教育素质的人，即承担责任、宽容开放、自由全面的文明主体。在这个过程中，让学生学会独立思考、体悟、践行，在反思中接受挑战，还应该培养我们对思想政治教育的敏感性，我们的教育过程应该是一个互动的、创造思维的过程。思想政治教育最终培养的对象不仅仅需要符合宏观的国家、社会、政党的需要，同时还要提升自己的生存质量，拥有一个优雅的人生。因此，思想政治教育的内涵应该赋予新的活的元素，即强调生命，强调主体人，培养自由、全面、生命自觉的人。

二、高校大学生的特征与心理分析

我国大学生年龄一般为 18 ～ 22 岁，处于人生的青年中期，有自身的心理特点和心理倾向，受周围环境、社会发展等诸多因素的影响，体现出比较鲜明的特点；个体的生理接近完成，心理趋于成熟。

（一）当代大学生的心理特点

当代大学生的思维能力明显提高，自我意识显著增强，创新意识具有鲜明时代特点，步入一个心理转型期。因此，当代大学生心理特点研究主要考虑大学生的思维能力、自我意识、创新意识和心理转型期的特点，这些特点都具有一定的代表意义。

1. 思维能力

大学生的思维能力迎来了个体发展的一个高峰。大学生的校园环境和社会以及大学生的期望同中学生有很大差别，作为一个独立个体，其思维能力、思维目标与中学生均有很大差别。他们的思维独立性、合理性和灵活性的显著增强，需要增加协作性的培养。

2. 自我意识

大学生在个体上步入成年，对未来充满诸多理想和幻想，对现实具有很强的改造欲望，自我意识较强。这种自我意识体现在大学生学习、日常生活和与同性以及异性朋友的交往中，正确的自我意识是心理健康的重要条件，是人格的核心。它是指个体对自己以及周围世界关系的认识和体验。具有正确自我意识的人，能把理想的我与现实的我有机地统一起来。大学生积极自我观的培养是大学生活一个必不可少的命题，恰当地认同他人，积极地面对和接受现实，成为大学生协作能力的一个基本要求。

3. 创新意识

处于大学阶段，大学生已掌握一定的社会和专业知识。因此，该阶段是人生求知欲、创造和创新意识比较强烈，具备一定创造和创新能力的阶段。在现代网络环境和信息渠道下，他们接受新事物能力强，勇于接受挑战，创造和创新意识在人生中达到一个发展较快的阶段。

4. 心理转型期

大学阶段是步入成年的阶段，学习、求职、恋爱等综合因素影响着大学生的心理，从未成年人心理成长为成年人心理是该阶段大学生的特点，被认为是心理断乳的关键期。可能会不时出现心理盲区，而盲区的出现与消失，是一个大学生心理趋向成熟的表现。这要求对此阶段或心理转型阶段的大学生做好心理引导工作。

（二）当代大学生的相关心理问题

当代大学生的相关心理问题从毅力、责任感、依赖性、解决问题的能力、心理调节能力等方面来进行研究，具有一定的现实意义。大学生阶段作为人生的一个充满憧憬，创造力和创新能力达到一个高峰的阶段，遇到的问题和困难具有本年龄段的特点，依赖性较强，遇到问题很多时候处于迷茫的状态，心理自我调节能力需要加强。

1. 遇到困难时毅力不够

大学阶段是大学生从未成年人走向成年人的阶段，其很多意识处于懵懂阶段，但创造能力和创新意识逐渐增强，解决困难的毅力随着年龄段的增长而坚韧。

2. 关键时期不能体现出责任感

当代大学生具备较强的责任感和使命感，而在时机的把握上较欠缺。时机把握的欠缺主要因为准备得不够充分，经验不足，能力欠缺。大学生需要在日常的学习、生活和社会实践中全面发展，有目的和有针对性地提高自身素质和能力，注重积累经验，"用得到，做得好"。

3. 依赖性较强

大学生由于其自身的特点，在社会、经济和很多方面对他人的依赖性较强，因此，培养大学生自立自强意识已成为学校和社会关注的话题。

4. 遇到障碍时，解决问题的思路不够清晰

大学生由于其年龄段的特点，遇到障碍时，解决问题的思路不够清晰，或者由于不合适的信息渠道而分析辨别的能力不够。正确的自我意识是心理健康的重要条件，要处理好自我与周边环境之间的关系，而协作性和环境适应能力也成为大学生心理健康的一个重要命题。良好的协作性和环境适应能力建立在良好的知识基础和正确的社会实践之上，大学

生要加强这方面能力的培养。

5.心理调节能力有待加强

大学生需要良好的心理调节能力，很好地控制自己的情绪和行为。大学生在这个步入成年的时期，要加强心理调节能力的培养。

三、高校思想政治教育的意义和作用

教师应该认真研究大学生心理特点和年龄段带来的问题，与学校和大学生周边环境要做好协作工作，引导大学生形成健康的心理。良好的心理特点是良好的素质和能力的前提，是大学生步入工作岗位，成为高素质人才的重要保证。因此，研究当代大学生心理特征倾向应该是教师工作的一个重要组成部分，是培养社会有用人才的一项基本能力和要求。全面加强大学生思想政治教育，是培养合格的社会主义事业建设者和接班人的重要举措。因此，根据大学生思想政治教育所面临的新情况、新任务，积极探索与之相适应的新途径，对提高思想政治教育的实效具有重大意义。

（一）新时期开展大学生思想政治教育工作的途径

从当前形势来看，我国大学生思想政治教育工作面临着许多新问题和新挑战，情况不容乐观，还存在很多薄弱环节，这就需要教育工作者结合时代特征，在校园里创新开展思想政治教育工作。

1.加强校园文化建设

大学校园是大学生成长的具体环境，校园文化蕴含着师生员工共同的价值观念、大学的精神、校风、教风、行为准则等等，这些都对学生价值观起着潜移默化的作用。良好的校园环境对大学生思想和心理的健康发展起着积极的促进作用，创建一个和谐、优美、宽松、积极向上的育人环境，是高校思想政治教育工作当前所面临的艰巨任务。高校要充分利用社会教育资源，增强教育者与受教育者心理环境的有效互动，积极构建一个以理想信念教育为核心，以爱国主义教育、社会主义荣辱观教育为重点，以深厚的校园人文底蕴为支撑，以健康向上、形式活泼、主题鲜明的校园文化活动阵地为载体，营造一个教书育人、服务育人、管理育人和促进大学生全面发展、互动对话的生态教育环境。

2.主动占领思想政治教育的新阵地

随着信息技术的发展，网络已经成为学校开展思想政治教育的重要阵地。由于网络具有覆盖面广，信息容量大，信息传递速度快，直接面向对象，没有空间和时间上的限制等优点，而且对于好奇心强的学生也乐于接受，因此网络教育必将成为未来德育教育的新天地。

学校在开展德育进网络工程中，首先要加大网络建设的投入，充分利用现代信息及网络传媒技术，如互联网、闭路电视、录像等现代化教育手段，全方位、多角度地将世界最前沿的动态、国内外形势发展动态以及一些社会热点问题、焦点问题，提出正确的观点，对学生进行正面地教育和引导。其次是建立专门的德育和思想政治教育网站，全面加强高校的党建和团建网站、校园网、学院网、班级网的建设，牢牢把握网络思想政治教育的主动权，积极开展以网络为载体，形式多样、生动活泼的网络思想政治教育活动，使网络成为弘扬校园文化的主旋律，形成网络思想政治教育工作体系。最后是在开展网络思想政治教育的同时，加大对网络的监控力度，规范网络行为，建立网络环境中的行为道德规范，帮助广大学生增强网络法制和网络伦理道德观念，提高辨别是非的能力，防止受到不良信息的侵害。

3. 开展形式多样的思想政治教育活动

第一，开展基本国策和形势政策教育。形势政策教育是思想政治教育的重要途径，通过设立形势资料报告库，定期在校园里组织形势报告会，让在校学生及时了解国际国内形势的发展变化以及我国改革开放的最新成果，增强学生的民族自豪感和社会责任感。

第二，开展社会主义荣辱观教育。胡锦涛在树立社会主义荣辱观的讲话中旗帜鲜明地提出以"八荣八耻"为主要的社会主义荣辱观，它为高校的思想道德教育指明了方向。高校具有得天独厚的人才资源和研究优势，努力拓宽大学生荣辱观教育途径与形式，使理论教育与实践教育有机结合，让大学生群体知荣明耻，推进社会和谐发展。在高校中开展社会主义荣辱观教育，要注重三个结合：社会荣辱观教育与课堂教学相结合，充分发挥课堂教学的主阵地、主渠道作用；社会主义荣辱观教育要与校园文化建设紧密结合，充分发挥校园文化的熏陶作用；社会主义荣辱观教育要与师德建设紧密结合，发挥教师言传身教的作用。

第三，积极探索大学生社会实践内容和形式，深入开展社会实践活动。在过程中，针对青年学生喜欢参与性活动和竞争性活动的特点，鼓励学生以勇于创新、敢于创造、善于创业的精神参与各种形式的社会实践，如参加社会公益活动、志愿服务、业余科技发明、社会调查、勤工助学等等活动，来培养大学生坚韧不拔的品质和乐于奉献的精神，实现社会实践与校内教育、实践育人与理论育人的有机统一和良性互动。

（二）新世纪，大学生思想政治教育方法创新具有十分重要的意义

1. 更好地适应文化开放的大环境

在经济全球化浪潮的推动下，特别是随着我国改革开放的逐渐深入和加入世界贸易组织，我国的对外开放程度进一步提高，对外开放进入了新的阶段。对外开放的国策，对外开放的环境，一方面有利于我们广泛地吸收人类文明的优秀成果；另一方面，伴随着各种思潮的传入，使人们的思想观念日趋多元化，打破了原先封闭条件下主流思想占据主导地位、一枝独秀的局面，出现了文化多样化的发展趋势，同时在多元化中还伴有强势文化的扩展。特别是西方强势文化、价值观念对我国的主流思想的冲击更为严峻。而随着西方资产阶级思想文化的渗透和扩张，必将对高校大学生的思想信念、道德伦理产生潜移默化的影响。因此，开放的环境大大增强了思想政治教育的难度，并对其所处的环境提出了严峻的挑战。这就要求高校的思想政治教育工作者要认真研究在新时期新形势下如何采用各种有效的方法有针对性地对大学生进行思想政治教育，切实做到体现主旋律、弘扬主流意识

形态。面对新的发展趋势，大学生思想政治教育显然不能，也不可能使学生的思想游离于现实世界之外，必须突破高校和社会的隔离。牢牢地把握这个趋势，大学生思想政治教育必须勇敢地迎接社会和世界上各种思潮和文化，以非凡的毅力抵抗不良思潮和文化的侵蚀，以超人的能力辩证吸收借鉴其中的先进成果。在教育过程中让学生正确的认识世界、了解世界，培养和增强学生的判断、选择、适应能力，才能更好地提高大学生思想政治教育的效果。

2. 完善大学教育的育人机制

思想政治教育的目标必须借助一定的方法才能实现，思想政治教育的内容也必须通过一定的方法才能达到影响教育对象的目的。新形势下，大学生思想政治教育的内容、目标都发生了重大变化。教育内容注入了鲜活的思想、知识，在进行政治教育的同时，加强民主法制教育、形势与政策教育、人文素质教育、集体主义和团结合作精神教育、诚信教育以及社会公德、职业道德、家庭美德教育。与此同时，还充实了指导大学生个性健康发展、人格健全完善、崇尚科学精神、培养学生创新意识及择业就业等方面的内容。教育目标也不再仅仅注重社会价值的实现，而是从人的全面发展的视角来重新审视思想政治教育目标，注重开发大学生的潜能，进行素质教育，促进大学生思想道德素质、科学文化素质和健康素质协调发展，引导大学生勤于学习、善于创造、甘于奉献，成为有理想、有道德、有文化、有纪律的社会主义新人。加强素质教育，最重要的是加强和改进大学生思想政治教育。只有把大学生思想政治教育这项"基础工程"抓好，素质教育才能真正落实，学生全面发展的目标才能实现。

在思想政治教育目标、内容发展变化的情况下，如果方法仍然固守传统的讲授、学习、规劝、说服、强迫执行、训诫、奖惩等形式，那么思想政治教育的实效性大打折扣。因此，只有进行方法创新，如建立良好的校风，创建优美的校园环境（包括教师的教风、学生的学风和干部职工的工作作风），转变教育思想，更新教育观念（如尊重学生的主体地位，采取启发的教学方法，充分发挥其创造性的思维，促进学生的个性发展），加强教师队伍建设，全面提高教师的素质（如教师在讲课的过程中，不仅把知识传给学生，也把人生观、价值观、思维方法传给学生，还要用治学的态度、高尚的品格、奉献精神去影响学生），加强大学生深入社会实践活动，繁荣学术社团，增加人文讲座等，才能适应当前思想政治教育目标、内容变化发展的要求，才能使思想政治教育具有时代性，也才能使思想政治教育的内容为大学生所接受，达到思想政治教育的目标，从而提高大学生的综合素质。

3. 推动大学生人格的全面培养

马克思关于人的全面发展理论指出，人格发展要经历以人的依赖关系的"依赖人格"，以物的依赖关系的"独立人格"，个性全面发展的"自由人格"三个阶段。教育的重要使命是陶冶人性，铸造健康饱满的人格。教育最根本的任务是教会学生学会做人。学会做人是立身之本，学习知识、掌握知识只是服务社会的手段。不仅要使学生学会生存，而且要使学生学会关心，关心他人、关心集体、关心社会、关心人类。我国著名的文学家讲过，一切彻底的成功都是做人的成功，一切彻底的失败都是做人的失败。美国品德教育联合会主席麦克唐纳说，光有品行没有知识是脆弱的，但没有品行光有知识是危险的，是对社会的潜在威胁。用人单位一致提出，大学生首先要做人，做人是做事的基础。他们讲，人都做不了，还做什么事？只能做坏事，只能害人。从这个意义上讲，道德人格、道德品质的培养比谋生手段的训练、竞争能力的培养、专业知识的学习更难、更根本、更重要。以现代人的精神培养现代人，以现代人的视野塑造全面发展的人格，把学生培养成有志有为、德才兼备的人，是当代高校思想政治教育的重要使命。

当今时代是一个飞速变化和发展的时代，学生的思想信念和价值取向都呈现出科学化、复杂化特点，要求思想政治教育必须随着科学的进步和时代的发展不断增加科学含量，思想政治教育方法创新的过程实际上就是将科学思想、科学知识和科学精神融会贯通的过程。如大学生思想政治教育方法在研究中注重借鉴相关学科的最新研究成果，丰富其方法体系；借鉴心理学知识，形成了心理咨询法；利用信息科学技术的高速发展，形成了网络教育法；运用美学知识等形成了情感熏陶法、形象感染法等，这些方法的综合运用，增强了大学生思想政治教育方法的科学性，提高了思想政治教育的实效性。

第三节　中国传统文化与思想政治教育的关系

正确认识中国传统文化与思想政治的关系是当代思想政治教育实现科学发展的思想前提。中国传统文化与当代思想政治教育在教育对象、内容、方法上存在诸多一致性。思想政治教育应借鉴传统文化资源强化教育对象的文化自信、坚定教育对象的理想信念，进一步推进社会主义核心价值观的培育践行。

一、传统文化是思想政治教育的历史场景

古代典籍曾指出，"传者，相传继续也""众丝皆得其首，是为统"，无论是"传"，还是"统"都具有时间上的延续性以及前后相继的关系。今天，我们之所以能清晰地了解到两千年前的社会生活状况，能清晰地把握文化在每一个阶段的发展变化，能通晓每一个汉字的音形演变过程，正是由于传统文化发挥了记事、载道、化人的作用。每个人都生活在传统之中，谁也不能脱离传统而生存，因为我们还在胎儿的时候，已经有一些传统文化的因素影响了我们。当我们能够独立开展社会实践的时候，传统文化已经通过社会化教育的方式进入我们的思维习惯中了。马克思说："人们自己创造自己的历史，但是他们并不是随心所欲地创造，并不是在他们自己选定的条件下创造，而是在直接碰到的、既定的、从过去承继下来的条件下创造。"

中华传统文化就是这些"既定的、从过去继承下来"的历史条件。它是当代思想政治教育的重要文化背景，思想政治教育要实现科学化的发展就不能不重视传统文化的作用。

当代思想政治教育必须重视传统文化的一个重要原因是其核心内容——社会主义核心价值观也来自于中国优秀传统文化。习近平同志在中央政治局第十三次集体学习时的讲话中指出："牢固的核心价值观，都有其固有的根本。抛弃传统、丢掉根本，就等于割断了自己的精神命脉。"社会主义核心价值观的三个层面12个方面在传统文化中都有着鲜明的体现。比如千百年来，中国人一直把对小康社会和大同理想的追求当作自己的奋斗目标之一，这是"富强"的思想底蕴；"民惟邦本""民贵君轻"的思想则为民主的内涵；"文以载道，文以化人"，对文明的追求是人区别于动物的根本标志；"和实生物，同则不继"的和谐思想是传统文化最明显的标志，等等。可以说，中华优秀传统文化是社会主义核心价值观的源头活水。传统文化不是静止不变的，而是跟着时代的变化而变化，在不同的阶段有着不同的特点，特别是近代以来，中国传统文化在接纳马克思主义的基础上，其内涵得到了丰富和完善，呈现出新的气象，形成了新的传统。郑永廷等人指出"民族文化不仅是指中国古代文化，还包括现代以来的革命传统文化"。也就是说，中国古代传统、马克思主义中国化的传统和中国革命传统共同构成了我们开展思想政治教育的文化背景。

二、传统文化与思想政治教育的价值契合

思想政治教育作为晚于广义文化而出现的文化子系统，本质上是基于对传统文化反思、甄别、借鉴而形成的价值观教育，涉及人们的理想、信念和信仰的确立或改变。作为社会共同体得以存续和文化传承的重要渠道，对凝聚社会共识、引导主流观念、抵制错误思潮具有重要作用，它在当代的核心问题是如何实现在马克思主义的指导下实现传统性与时代性的统一。从根本上讲，这种统一有着内在的逻辑基础，毕竟它们两者作为"思想"的上层建筑或"观念"的上层建筑，都是由物质生产关系所决定的，二者存在诸多相关性。这些内在的联系为思想政治教育借鉴传统文化提供了历史的基础和现实的可能。

（一）在教育对象上，都注重人格塑造

传统文化的"化"和思想政治教育的"教"在价值目标上都是一致的，即通过有意识的教育，培养符合一定时代要求的理想人格主体。在中国传统文化中，理想的人格主体是具有君子人格的人。"对于君子人格的设计蓝图，历代中国人接受最广、吸收其他人格模式优点最多、在中华文化广袤沃土中扎根最深，与中华文化思想精华和道德精髓重叠面最大。"君子人格之所以异于别的人格，在于君子"以仁存心，以礼存心"。这样的人能够"坦荡荡""贫穷而志广，富贵而体恭"，能够"好人之好，而忘己之好"，能够"尊德行而道问学，致广大而尽精微，极高明而道中庸"，能够"穷则独善其身，达则兼济天下"。这种君子人格基于中国文化传统和历史社会现实而形成，具有实现的可能性，君子人格在今天也同样需要，它是人的现代化在道德上的体现。

（二）在教育内容上，两者存在一致性

用什么样的内容开展思想政治教育是文化育人和开展思想政治教育的关键环节。古往

今来，中华优秀传统文化中三个方面的内容，即核心思想理念、传统美德、人文精神始终是具有超越时空的价值，不但在古代社会得到大力弘扬，在当代中国也极为需要。传统文化的核心价值理念中的革故鼎新、实事求是、天人合一等，传统美德中的精忠报国、见贤思齐、礼义廉耻等，人文精神中的求同存异、和而不同、俭约自守等对于我们建构当代中国人的精神家园和安顿人的心灵、抵制西方消费主义的诱导和市场经济所带来的负面影响、形成理性平和的社会文化氛围具有重要的作用。这些内容曾广受批判和轻视，经过一个时期的发展，当我们对"道德滑坡""价值失落"等社会问题进行理性反思时，才发现中华民族最可贵的文化基因正隐藏于此。

（三）在教育方法上，都强调"以文化人"

随着时代的发展，人们逐渐意识到用纯政治的形式来看待思想政治教育，或者把思想政治教育等同于"政治教育""政治思想教育"不但无助于思想政治教育任务的完成，而且会有损思想政治教育本身及其工作者的声誉。因为思想政治教育并不是板起面孔生硬说教，而应该是内涵丰富的文化滋养。当前，学界普遍认识到，思想政治教育应更多的回归文化性，用文化的方式来濡化人们的思想才容易被理解和遵守。文化的方法，主要包括内外两个方面，内在的是"悟"，即"见贤思齐焉，见不贤而内自省也"，通过道德理性来自觉自察，实现内在超越；外在的是"化"，通过柔软的方式以文化人、以情动人、以理服人，使教育者主动认同价值观念。不管是内在的"悟"还是外在的"化"，都需要锲而不舍地"积"，最终实现由少成多、由小变大，由量变达到质变。

三、以优秀传统文化提升思想政治教育实效性

中华优秀传统文化作为沉淀在中国人心中的集体意识，以潜在的方式时刻影响着中国人的价值取向、思维习惯、生活观念、行为方式等各个方面。当代思想政治教育作为培养人们形成符合社会主义要求的世界观、人生观、价值观的学科，要切实发挥其对人的价值共识凝聚、精神状态提振、和谐心理培育的作用，就不能不重视传统文化作用的发挥。当前，推进中华优秀传统文化创造性转化创新性发展，实现传统文化与现代文化的内在统一，把优秀传统文化育人的内容、方法等诸多方面融入当代思想政治教育是提升其有效性的重要路径。

（一）用中华优秀传统文化来增强文化自觉文化自信

文化自觉文化自信是一个民族基于对本民族文化认识而形成的心理状态，是一个国家文化软实力的重要组成部分。近些年，中华优秀传统的重要作用日益受到关注，但相对于强势的西方文化，我们还需要拓展传统文化的价值理念、伦理道德、话语体系等。很多人"以洋为尊""以洋为美""言必称希腊"，动辄就是外国学者怎么说的，对自己的珍宝却不认识、不熟悉或了解不多，真可谓"抛却自家无尽藏，沿门持钵效贫儿"。如何重构当代中国人的精神世界、建设我们共同的精神家园是当代思想政治教育的重要任务。思想政治

教育应把优秀传统文化当作自己的重要内容，并通过对其弘扬、传承，让中国人意识到优秀传统文化是我们的突出优势，是我们最深厚的软实力，认识到中国优秀传统文化不仅为中华民族伟大复兴的中国梦提供精神支持，对世界其他国家也具有重要的启发意义。深受传统文化浸染走出来的中国人一定能以更加开阔的视野、更有抱负的胸襟、更加积极的心态来应对各种挑战。

（二）用优秀传统文化中的红色基因来强化理想信念教育

红色文化是中国共产党领导全国各族人民在长期革命、建设、改革进程中创造的以中国化马克思主义为核心的先进文化，是古代优秀传统文化在近代和现代的创造性发展，集中体现了中华民族在实现伟大复兴中国梦道路上的价值追求和精神风貌。红色文化在不同的历史阶段形成了不同的表述，如红船精神、井冈山精神、苏区精神、遵义会议精神、长征精神、延安精神、抗战精神等，它们的共同特征是忠于信仰、坚定理想、顾全大局、甘于牺牲。邓小平说："我们这么大一个国家，怎样才能团结起来、组织起来呢？一靠理想，二靠纪律。"拥有坚定的理想信念，中国革命才取得了巨大的成功，今天在实现中华民族伟大复兴的道路上，同样需要坚定的理想信念。红色文化离我们很近，从其萌芽至今只有100年时间，它以其历史真实性激励着我们不忘初心，勇于前行。我们要把这种红色精神变成对马克思主义信仰的坚定和走社会主义道路的自信。

（三）用中华优秀传统文化涵育社会主义核心价值观

作为思想政治教育重要价值指引的社会主义核心价值观不能仅仅停留在理念上，更重要的是落实在实践中。要把社会主义核心价值观落细、落小、落实，使其影响像空气一样无所不在、无时不有，还要依靠优秀传统文化的力量。正如习近平总书记指出的，"要认真汲取中华优秀传统文化的思想精华和道德精髓，大力弘扬以爱国主义为核心的民族精神和以改革创新为核心的时代精神，深入挖掘和阐发中华优秀传统文化讲仁爱、重民本、守诚信、崇正义、尚和合、求大同的时代价值，使中华优秀传统文化成为涵养社会主义核心价值观的重要源泉"。中华优秀传统文化不仅是社会主义核心价值观的重要来源，而且是培育社会主义核心价值观的载体。由于传统文化是以"日用而不知"的方式作为社会存在的，用它来引导人们认识社会主义核心价值观，对接受者来说具有天然的亲近感，有利于接受和认同。

第三章　中国优秀传统文化的
现代价值与反思

文化的发展过程有其内在的生长规律性，可以说，现代文化与传统文化具有一条不可分裂的潜在纽带，传统是现代的生长点和稳固基石，人类任何一种文化不是凭空捏造出来的。我国传统文化可以说是以儒家文化为根基，以儒、道、释三家结合并逐步发展，我国优秀的传统文化主张把重视个体的情感上升到集体主义、爱国主义情感。诚然，我国优秀的传统文化也有特殊性并在现代化的过程中彰显她应有的现代价值。国人要发扬传统文化以人为本、内圣外王、贵和尚中的基本精神，弘扬天人合一、人际和谐的人生观，促进文化软实力的提升和文化产业繁荣的良性循环。

第一节　中国传统文化的现代价值

中华民族从近现代以来所面临的问题归根结底就是一个社会转型的问题，无论是政治革命、经济建设、思想启蒙乃至优秀传统文化的转换，全都与传统社会的现代转型息息相关。社会的转型是一项系统工程，是社会系统的根本性质变，它具有一定的显性指标，又含有一定的隐性指标：就前者而言，从传统政体向现代政体的转变，承认人民主权的宪法的颁布均可视为其显性指标，但这种显性指标往往只体现了形式的变化，它是有可能"新瓶装旧酒"的。从系统的角度来看，只有开放社会、民主政治、市场经济、科学观念、独立人格这些要素的具备才是社会转型更重要的隐性指标，是内容实质的变化。这些要素往往与文化息息相关，只有文化的转型才是社会的彻底转型。文化的转型并不是须臾就能完成的，它需要经历一个漫长的发展过程，其中不仅包含长期价值目标，还含有近期时代主题要求。对于整个人类社会发展方向而言，文化发展的终极价值在于为了实现人的全面自由的发展，而对于当代中国具体实践，文化的时代主题价值就是文化的现代化建设，不断增强人们群众的道路自信、理论自信和制度自信。在优秀传统文化的终极目标和时代主题的双重坐标中，只有通过对优秀传统文化进行创造性转化，才能实现优秀传统文化的时代主题价值目标，并最终为终极价值目标的实现奠定基础。

一、优秀传统文化的传承指向中华民族

英格尔斯指出："在整个国家向现代化发展的进程中，认识一个基本因素。一个国家，只有当它的人民是现代人，它的国民从心理和行为上都转变为现代的人格，它的现代政治、经济和文化管理机构中的工作人员都获得了某种和与现代化发展相适应的现代性，这样的国家才可真正称之为现代化的国家……人的现代化是国家现代化必不可少的因素。它并不是现代化过程结束后的副产品，而是现代化制度与经济赖以长期发展并取得成功的先决条件。"从"人是目的"这一点出发，再铸造的优秀传统文化从根本上说应该是一种内涵深广的人文精神，是对人的处境、命运和心灵的高度关切，也是对人的全面发展的努力追求。首先，它应该承认人性存在客观性与合理性，肯定人寻求世俗幸福的权利和意义。其次，还应该肯定人的主体地位、生存尊严，提高人的生存价值意义。最后，它还应该把对人的各方面的关切落实为对民族国家的社会关怀，并上升为对全人类生存与发展的关怀。由此，这种优秀传统文化的精神必然展开为自由、平等、博爱、科学、创新、民主、法治等各种精神，也就是说，一切有利于提高人的幸福、肯定人的价值、促进人的全面发展的理性追求，都是优秀传统文化的体现，也是我们传承优秀传统文化的时代价值指向。它既可以体现民族特色，但不能违背普世价值，否则就背离了马克思主义基本原理的原则和大方向。

优秀传统文化的现代化转型是实现人个体实现全面现代化发展的前提和保障。其实，马克思早就看到人的发展与社会发展的密切关系，在论述三种社会形态时，他揭示了与三种社会形态相适应的是人的发展的三个阶段：依赖阶段、独立阶段、自由与个性。与这三个阶段相对应的人的发展状况则是权威本位、个人本位和类本位。在权威本位阶段，人处在对身份权威的依附状态之中，毫无个人独立性可言；在个人本位阶段，人虽然摆脱了人身依附状态而具有"人的独立性"，但在资本主义社会里人的劳动在本质上并不是自由的劳动，而是异化的劳动；不是全面发展的人，而是片面发展的人。因此，只有在类本位阶段，自由个性得到全面发展，人才实现了对自己的本质的全部占有，这是最理想的状态。但是，由于马克思认为"每个人的自由发展是一切人的自由发展的条件"，因此，"一切人的自由发展"这种理想状态是无法一蹴而就的，它只有经过个人本位阶段才能进入类本位这个理想状态，所以，从传统社会向现代社会过渡，资本主义的一切肯定成就，包括争得人身解放，摆脱精神依附，树立科学观念，培养独立自主的人格，这些都无法直接跨越，没有个人的自由发展就没有民族人类的全面发展，也就没有国家社会的现代化。

当前最大的命题就是实现社会整体的现代化，这是因为中国社会农业文明长期存在这一事实以及传统文化的超稳态结构决定的。智利学者班迪博士在总结不发达国家现代化坎坷道路时指出："落后和不发达不仅仅是一堆能勾勒出社会经济图画的统计指数，也是一种心理状态。"美国学者阿历克斯·英格尔斯指出："如果一个国家的人民缺乏一种能赋予这些制度以真实生命力的广泛现代心理基础，如果执行和运用这些现代制度的人自身还没

有从心理、思想、态度和行为方式上都经历一个向现代化的转变，失败和畸形发展的悲剧结局是不可避免的。"这就说明人的个体现代化是整个社会民族现代化的基本前提，只有个体的人实现了现代化的转型，才能加速推进整个民族文化转型的速度和进程，才有可能完成整个国家和民族现代化转型。所以，无论是单个个体人的现代化还是整个民族的现代化，都无法离开现代文化。

因此，国家民族现代化的方方面面都被聚焦到"人的现代化"问题上：市场经济离不开人的竞争意识与法治意识；民主政治离不开人的自由精神和公民意识；开放社会离不开人的开拓精神和进取意识；科学观念离不开人的理性精神和世俗意识；独立人格离不开人的独立精神与主体意识……就中国而言，由于市场经济刚刚起步，民主政治尚待完善，思想启蒙不够深入，传统习惯势力强大，许多人仍缺乏现代人所应有的权利意识、自主意识、公民意识、法制意识、竞争意识、责任意识，往往表现出对权力的膜拜、对官员的奉承、对迷信的热衷、对政治的冷淡、对社会责任的无动于衷……这说明独立人格和公民社会尚未形成，因此，首先要使社会成员的人格从依赖型、服从型的臣民人格向自主型、自尊型的公民人格转变。

现代公民人格应该具有与这样一些特征：积极进取的人生态度；争强好胜的竞争精神；独立自主的权利意识；尊重他人的平等观念；接受变革的成熟心态。这样一种理想人格即是社会现代化的标志性产物，又是整个社会现代化的主要推动力量。然而，公民人格还只是体现在个人身上，必须把它提升为优秀传统文化精神，才能使他凝聚为一股强大的社会力量，体现出一个新生民族的精神风貌。

二、传承优秀传统文化是时代呼唤

19世纪富国强兵的时代主题孕育了改良主义思潮，20世纪的民族民主革命的时代主题催动了革命主义思潮，新中国成立后建设社会主义现代化国家的时代主题影响了文化转型的思潮。时代主题是中国文化转型变化的外在直接动力，也是传统文化永葆旺盛生命力的动力源。同是这个传统文化，在不同的时代主题下，不同的境遇会导致对它有不同的态度：国家积弱导致文化彷徨与文化迷茫，民族自强则催生文化自觉与文化自信。清末民初的民族危机曾导致了对传统文化的全盘否定，而如今中国的大国崛起则催发了对优秀传统文化的再发现。特别是到了90年代以后，改革开放的成效日益显现，特别是我国经济实力和综合国力不断增强，加强优秀传统文化传承，发挥文化强国和文化软实力的作用被日益重视，全社会愈来愈多的人认识到文化软实力是衡量一个国家综合国力大小的重要标志，"一个民族、一个国家，如果没有自己的精神支柱，就等于没有灵魂，就会失去凝聚力和生命力。有没有高昂的民族精神，是衡量一个国家综合实力强弱的一个重要尺度。综合国力，主要是经济实力、技术实力，这种物质力量是基础，但也离不开民族精神、民族凝聚力，精神力量也是综合国力的重要组成部分"。

马克思、恩格斯指出："每一历史时代的经济生产以及必然由此产生的社会结构，是该时代政治的和精神的历史的基础。"纵观优秀传统文化在近现代和当代的发展历程，自西方列强用船坚利炮叩开中国大门后，优秀传统文化在困惑与迷茫中曲折前行，步履维艰。中国优秀传统文化在西方现代工业文明的猛烈冲击下停滞不前。中国表面上是输给了西方先进的科学技术上，但是根本原因在于中西文化的差异，在于中西方所处的时代性的差异。尽管人们已经看出旧的思想文化体系已经不能适应社会发展需要，优秀传统文化需要改变形态适应时代发展的要求，但是始终未被提上议事日程。甚至到了改革开放以后，一个具有现代意识、多维视野和民族特色的文化体系始终未能建立起来。历史告诉我们，文化的转型与发展始终是不同时期的时代主题进行的。

近年来，全面建设小康社会，实现中华民族的伟大复兴成为当今时代进步的主题，为了配合时代主题，党的十七届六中全会明确提出了建设社会主义文化强国的宏伟目标，特别指出文化强国将事关中华民族的未来。因此，文化建设在当代中国愈显特殊与重要。而中国优秀传统文化是文化软实力的基础和底蕴，是社会主义文化强国建设的历史支撑，更是与世界各国文化相互借鉴的重要支撑。优秀传统文化中"公正、和谐、宽容、乐善、民本、民监"的思想，支撑了中华民族几千年的精神生活，他们是优秀思想、合理的制度、良好的社会伦理和历史反思，这都是我们建设社会主义文化强国最为宝贵的精神财富。同时，我们进行文化强国建设，是在既定的历史条件下进行的，不仅要立足当代中国现代化建设的需要，还要面对世界发展的总体趋势。

随着全球化浪潮的席卷，西方资本主义社会的弊端性日渐显现，全人类对价值理性的呼吁日益强烈，中国优秀传统文化的现代价值被日益彰显。当代社会人类缺失的道德伦理、精神信仰，恰恰优秀传统文化能够很好解决人类这一难题。中国优秀传统文化中的很多思想有可能成为解决人类道德危机的精神良方。所以，在当代加强优秀传统文化的传承是时代的要求和历史发展的必然选择。

三、优秀传统文化转型的路径

进入21世纪，多元文化的并存是世界文化发展的必然趋势。如何充分发挥文化的整合、激励、凝聚功能，推动传统文化向现代转型，从而推动整个社会现代化的发展，成为文化发展的重中之重。研究中国传统文化向现代化的转型问题，不仅对于现实社会产生重要的影响，而且在走向开放，面向世界和未来的进程中仍将具有深远的价值和意义。

选择两百多年来，中国知识精英为了追求文化的现代化转型进行了不懈的探索，这其中各种形式和各种方式的探索都是有助于推动文化转型的。但是，不同深度不同路径的文化探索所产生的历史作用极其不同。例如，文化激进主义虽然很激烈和革命，但往往流于表面化，是一种表层式的探索，很难引起共鸣；文化保守主义则执着于过去的传统不变，忽视了时代的背景与文化现代化的整体性目标，与社会转型的目标相背离。

另外，我们还要看到，当自然经济、宗法社会和专制政治已被历史的大潮冲刷涤荡之后，传统文化中的优秀成分中那些超时空的价值便重新焕发出它强大的生命力，就像"轴心时代"产生的优秀思想总是为后人提供精神动力那样。美国学者希尔斯在《论传统》中指出："传统应该被当作是有价值生活的必要构成部分。在现代，人们提出了一种把传统当作社会进步发展之累赘的学说，这是一种具有重大历史意义的错误。"恩格斯曾批评近代欧洲"对中世纪残余的斗争限制了人们的视野"，没有看到它的成就，"这样一来，对伟大历史联系的合理看法就不可能产生"。基于相同的道理，中国传统文化即使有其局限性，但古今之间也存在"伟大的历史联系"。如果缺乏历史传承，时代性与民族性就会失去内在联系，就可能脱节；如果不对传统文化进行扬弃，继往开来的新文化建设便缺乏民族心理的依托。所以，实现中国优秀传统文化向现代转型的主要路径就在于对优秀传统文化进行创造性转化和创新性传承。

传承绝不是简单意义上的照单全收或者全盘吸收，而是在文化忧患意识下，进行文化反省和文化批判，在对古今中外各种文化进行比较的基础上，析离出那些仍然焕发着生机、适应时代发展的优秀元素，加以传承。毛泽东同志早在《新民主主义论》中说："中国的长期封建社会中，创造了灿烂的古代文化。清理古代文化的发展过程，剔除其封建性的糟粕，吸收其民主性的精华，是发展民族新文化提高民族自信心的必要条件；但是绝不能无批判的兼收并蓄。"但是经过长期的艰苦卓绝的革命实践，中国人民理性的选择了马克思主义，选择了社会主义道路，因此优秀传统文化无法取代马克思主义，成为当代中国革命和建设的指导思想。

近代中国革命的探索证明，伟大的中华民族要实现复兴，要改变自己的命运，不可能再沿着过去改朝换代的老路走，沿着历史上传统儒道的治国理念老路走，必须坚持马克思主义理论的指导地位。马克思主义是马克思、恩格斯在 19 世纪中后期对人类文明成果进行全面总结和批判改造的基础上创立的。

作为一种科学的世界观和方法论，马克思主义正确地揭示了自然界进化、人类社会运行和人思维运转的普遍客观规律，为人类提供了改造主客观世界的正确立场、观点和方法，是无产阶级政党谋划制定正确思想路线的理论依据。马克思主义的科学性表现在：第一，它自觉地建立在各门具体科学所提供的大量翔实材料的基础上，是对自然科学知识、社会科学知识和思维科学知识的科学性概括。第二，它是建立在实践的基础上，来自实践又付诸实践，经实践检验又在实践中发展。第三，它的理论体系是开放的，而不是封闭的。它没有终结真理，它拥有很好自我完善的机理，随着社会不断进步能够不断的与时俱进。我们的事业要以马克思主义为指导的依据就在这里。马克思主义作为西方文明的产物，又必须与中国社会当前的具体实践相结合才能发挥它的强大作用。所以马克思主义又不能完全取代中国传统文化，马克思主义理论的强大力量就体现在它与中国革命和建设的具体实践相结合，是马克思主义基本理论在中国的民族形式。

毛泽东思想的一个鲜明特点是一切都从中国革命的具体实际出发，坚持实事求是的原则，把马克思主义的普遍真理融入到中国革命的具体实践中。刘少奇指出："毛泽东思想……就是马克思主义民族化的优秀典型。"毛泽东也反复强调，马克思主义的本本是要学习的，但是必须同我国实际情况相结合。要使马克思主义在中国具体化，洋八股必须废止，教条主义必须休息，而代之以新鲜活泼的，中国老百姓所喜闻乐见的中国作风和中国气派。美国学者施拉姆指出，马克思主义在中国"被领袖自觉地'中国化'给群众，同时，它还被领袖们用自己的领悟马克思主义的方法，不自觉地'中国化'给自己"。马克思说："理论在一个国家的实现程度，决定于理论满足这个国家的需要的程度。"

中国革命的具体实践在毛泽东思想指引下取得胜利即是对这句话最准确的诠释。中国共产党是中国的共产党，是在中国我们自己的土地上建设社会主义。它们均植根于具有悠久深厚历史文化传统的 13 亿多人口的中国，必须重视中国传统文化尤其是优秀传统文化中对中国社会结构、民族气质、人的心理情感和价值观念的深刻影响。其次，科学理性对待优秀传统文化，还要反对"历史虚无主义"的思潮，这种思潮把优秀传统文化通通视为社会发展前进的包袱和阻力，主张彻底"全盘西化""根本改变和彻底重建中国文化"。

因此，文化的传承或积累不只是继承先前的传统文化元素，只有创造性转化与创新性的传承相结合才是实现文化现代化转型的根本路径，创造性转化必须始终坚持马克思主义理论的基本原则和立场，通过文化比较，遵循着去粗取精、优胜劣汰、为我所用的原则，选择与采借现代社会中传统文化没有的现代优秀元素，与传统文化的优秀元素进行整合，融入文化传统中，形成新的文化。最后通过文化再解释，对新文化体系进行再凝练，使其产生新的文化体或价值内核，并被继续传承下去。同时，通过不断提升人的文化传承自觉性，加强传承人才队伍、保障体系和教育等方式的创新，在国内形成良好的传承氛围，构建系统化、制度化的传承体系，为优秀传统文化的生生不息提供可能。所以，创造性转化和创新性传承中国优秀传统文化是实现传统文化自我更新自我发展的有效途径，是中国传统文化最终走向现代化转型的根本途径。

传统文化和现代化都是人们生活中必不可少的组成部分，传统文化是现代化的起步和基础，现代化不是一个历史的开端，而是一个连续的历史过程。在一定意义上，现代化的过程是文化变革和发展的过程，任何一个民族的文化传统，都是其走向现代化的立足点和出发点，是文化变迁的价值母体。推动人的现代化进程，需要全民族的一种广泛而持久的精神力量。所以，我们要从现代的角度去考察，去思考。中国在抛弃封建传统文化的同时，还改革了传统的社会主义文化，形成了有中国特色的社会主义，并且这种改革还在继续，这是一种显然的不断打破传统的行为。尽管社会的发展是一个不断打破传统的过程，但并不是我们不从传统中继承和吸取好的东西，那些符合时代精神与社会发展的传统，我们应当保持并发扬光大。

中国传统文化是人类文明的一个独特的部分，包含着许多优秀的思想道德成果。任何一种优秀的文化传统，只有随着时代的前进，不断地扬弃、改造和更新，才能保持其旺盛的生命力，并给现实生活以永不枯竭的推动力。我们应该继承优秀传统文化，既保持其主体性，又适应现代市场经济社会的要求，超越国家和地区局限，使其成为世界性、全球化的文化思想。相信在未来的全球化浪潮中的文化博弈里，中国传统文化丰富的道德智慧和独特的价值取向、艺术情趣等必将会大放异彩。只有这样，中国传统文化在历史的发展中才能修正那些不适应于现代化发展的因素，从而更好地为建设中国特色社会主义和谐社会服务。

习近平总书记说："实现中华民族伟大复兴的中国梦，就是要实现国家富强、民族振兴、人民幸福。"而要全面建成小康社会，实现中华民族伟大复兴的目标，就必须推动社会主义文化大发展大繁荣。文化是民族的血脉，是人民的精神家园，文化实力和竞争力是国家富强、民族振兴的重要标志。振兴中华文化，提高国家文化软实力，努力建设社会主义文化强国，更是我们义不容辞的责任。所以，我们要在实践和创作中奋发进取，开拓创新，努力实现当代中国的文化复兴，为"中国梦"插上腾飞的翅膀！继承和发扬中华传统文化，推动向现代化转型并走向世界，提高中国文化的竞争力和影响力。让中华文化引吭高歌、浓墨重彩，带动起整个国家的全面发展。相信中华文化必将实现伟大复兴，绽放出更加灿烂的光芒！

第二节　中国传统文化面临的挑战与反思

全球化是当今世界不可阻挡的发展趋势。在全球化这柄双刃剑面前，中国的传统文化承受着狂风暴雨般的洗礼。在这场文化较量中，对于我们一向以五千年文明历史而自豪的中华民族，必须认真思考中国传统文化在全球化过程中所面临的机遇与挑战以及复兴中国传统文化的措施等问题，只有这样才能推动社会主义文化的发展。

一、当前中国优秀传统文化面临的挑战

传承了五千年的优秀传统文化，在全球化的冲击下，中国优秀传统文化的传承面临着传承主体传承意识日渐淡薄，传承的人才队伍也日趋匮乏，优秀传统文化教育相对薄弱，传承保障体系还需要进一步完善的困境。

（一）传统文化传承意识淡薄

全球化的冲击，使得以欧美国家为主导的资本主义现代文化冲击中国的传统文化，西方价值观和价值体系也在通过文化产品不断向中国渗透，资本主义现代文化的符号充斥在世界的每一个角落，中国人开始越来越疏远自己的民族文化，甚至漠视传统文化，传统与现代之间的关联开始断裂，还有许多中国人开始对传统文化中的思想观念、核心价值观及主流价值体系、政治制度等开始产生怀疑甚至反感，以至于开始出现文化混乱、道德冷漠等等现象。因此，文化全球化浪潮正在影响冲击中国优秀传统文化，消解我们的文化认同，抹杀我们民族文化基因。许多中国人开始出现文化迷茫和纠结，越来越多的国人开始痴迷于过西方节日，而漠视自己民族的传统节日。

另一方面，由于我们缺少传统文化传承的意识，许多中国优秀传统文化的元素被西方

国家盗用，并进行歪曲诠释，对其进行改造包装，赋予本民族和国家的含义与价值理念，最终成为自己国家和民族的文化产物。譬如美国好莱坞创作的以中国经典传统故事为题材的动画片《花木兰》就是非常具有典型意义，花木兰是中国传统文化中著名的巾帼英雄，而美国著名迪斯尼电影公司则利用中国古代经典故事"花木兰替父从军"这个题材，拍摄了具有显著美国文化元素的动画大片《花木兰》，通过商业运作，将这部富有中国特色的"商业电影"推向世界，电影中仅仅使用了"花木兰"的人物形象，但是却赋予了西方现代全新的女权主义价值理念，深深影响中国青少年。中国古典名著《西游记》，美国从 2001 年开始将这一题材拍成电影，内容从爱情片到功夫片，与我们的传统价值观背道而驰，影响世界对中国的认知。对传统文化缺少传承的意识，使得许多我们民族的瑰宝流落海外，例如，中国的敦煌名扬世界，而敦煌学却不在中国，在美国等一些资本主义国家。韩国比中国人更像中国人地学习中国文化，甚至抢先将中华民族的端午节、中秋节等传统民族节日申报世界非物质文化遗产。中国的文化的瑰宝正被许多人吞噬而大快朵颐。

相反，中国传统文化一些消极内容被放大和神秘化，蛊惑人心。同时，由于缺乏传统文化传承的意识，对优秀传统文化的开发利用也缺少系统有效的规划。尽管对优秀传统文化的开发和利用是一个耗费时间长、牵涉面广、工程浩大、投入巨大的系统性项目。但是目前在我国在传承优秀传统文化的过程中，没有意识到传承的重要性，对优秀传统文化开发和利用缺少政策支持，同时协调不一，甚至出现地方保护主义，因此，有的地方传统文化传承基础极其薄弱，有的地方传统文化传承则过热，再加上各个地方在文化传承上存在地方保护主义，缺乏统筹协调，整体规划与合理布局，因此使得优秀传统文化没有得到理性的传承，同时在传承中优秀传统文化的经济价值没有得到充分挖掘和合理利用，或者是片面一味追求经济效益，但是造成了对传统文化遗产的破坏。

（二）传统文化传承人才队伍亟待加强

在优秀传统文化传承的过程中，人才一直起着基础性和关键性的作用，人才是决定着文化传承抑或失传的关键因素。但是由于传统文化传承意识的淡薄，缺少良好的传承环境，普及力度不够，宣传缺乏力度，教育功利化和现实主义，在全社会缺少优秀传统文化传承的浓厚氛围，中国优秀传统文化专业人才的培养也随之陷入困境。不仅如此，中国传统文化中还包括中国的传统节日、古典戏剧、特色建筑、传统医学、民间工艺、民风民俗、衣冠服饰、音乐饮食等等与中国传统有关的各个方面的知识，从事上述领域的人才队伍也都在不同程度上出现了极大地流失。还有随着中国进入老龄化社会，一些典型的文化传承人都进入高龄状态，马上就要面临衰亡的高峰期，但是年轻一代的传承人却极其缺乏，许多年轻人没有经过传统文化熏陶，难以在短时间内迅速地接掌传统文化，因此造成的文化传承人代际断层，对优秀传统文化的传承形成严重威胁。

在现实性和功利性的冲击下，加上传承人自身精力的原因，大部分从事传统文化传承的人收入不高，地位一般，因此造成了部分文化传承人对传承工作重要性认识不足，从事的积极性不高，造成传承人对于其传承工作的热情和动力不足，这都是值得社会关注的问题。此外，由于相关部门的人才意识淡泊，对从事传统文化人才的重视和保护的力度不够，造成了部分优秀传统文化传承人文化层次水平较低，缺乏基本的学术涵养，历史视野稍显狭隘，对优秀传统文化的理解与展现只能停留在自己的实践认识和自然经验的基础上，他们的专业理论水平尚待提高。因此，我们亟待加强传统文化传承人才队伍建设，培养一批深受广大人民群众喜欢的传承人。

（三）优秀传统文化教育的薄弱

要实现对优秀传统文化的有效传承，教育是非常重要的手段。但是一直以来优秀传统文化教育始终处于边缘化的层面，学校教育陷入功利主义的陷涡不能自拔。对优秀传统文化内容缺乏全面客观地认识，什么是"优秀"的传统文化，"优秀"的标准从何而来？优秀传统文化的教材内容单一枯燥，优秀传统文化师资队伍薄弱，课程体系设计不合理，教师教育手段单一，教育途径陈旧缺乏创新。长期以来，受工具理性主义的影响，中国教育始终以功利主义为自身的价值取向，高考成为教育的指挥棒，一切教育的形式、手段和方法都围绕高考而进行。大学的办学则围绕市场，根据社会、市场需要什么学科专业、哪个学科专业热门，就设置什么学科，办什么专业，开设什么课程。教育过程的安排一切都是围绕升学和就业而进行。至于"人文修养""社会道德""国家责任"往往被当作可有可无足轻重的修饰。对于公民责任和社会担当则忽略带过，根本无法将知识、情感、心智三者放在一个平等的地位，进行有机结合。已经充分形成社会行为惯性和思维心理惯性的文化逻辑，一时难以改变。学科地位和建设薄弱。

优秀传统文化一直以来都没有形成独立系统完整学科体系，长期依托于其他艺术、政治、美学、文化学等学科，尽管这些学科是研究和传承中国优秀传统文化的重要基础和学术背景，但依然无法代表中国优秀传统文化的全部。例如：生命科学、艺术学、民族学、人类学等学科对中国优秀传统文化同样具有重要背景和支撑。优秀传统文化学科有其一定的独立性，与各个学科相互依存相互支撑，然而在国内的学科分类体系中却始终没有自己的位置，因此也就不会有优秀传统文化教育的系统课程设置体系和专业人才培养体系，这对优秀传统文化教育教学的理论和实践指导影响重大。优秀传统文化的教材内容单一枯燥。近几年来，关于优秀传统教材归纳起来主要集中在，《三字经》《弟子规》《围炉夜话》等蒙学类教材。这类教材种类繁多，但是都存在一致性的问题。首先，是没有很好地对经典文本选择进行施教，传统文化中的部分内容严重脱离现代社会的实际和违背现代的价值理念。其次，对传统经典文本的选择仅仅局限于儒家学说，对于其他流派的经典文本很少选择，严重限制了优秀传统文化的广度和深度。最后就是传统文化教材内容没能与受众进行互动，传统文化教育的目的是为了提高受众的道德品质，实现其健康成长，但是现在传统文化教材往往只重视对文化的传承，忽视教育的互动作用，从而脱离受众实际生活，教育难以达成良好的效果。从事优秀传统文化教育教学的教师匮乏，教师自身的传统文化素质有待提高。随着国家的重视，优秀传统文化教育越来越受到国人的关注，也涌现了一批文化名师，但是从总体上而言，教师数量还是明显匮乏，教师自身传统文化的素质也有待提高。目前国内大部分学校都没有传统文化教师的专门岗位，大部分由语文、历史等文科教师承担起传统文化教学的任务。文科教师兼职传统文化教育的精力一定难以保证，教学质量也无法提高。

同时，从事传统文化教育教学的教师自身传统文化的素质也是参差不齐，许多教师对优秀传统文化的内容难以区分，无法正确地选择适合学生成才成长的内容，因此，教师自身素质也有待于进一步提高。另外，传统文化教育的课程体系设计也不合理。课程如何安排？课程实施的进度如何把握？传统文化课程与现代的语文、历史、地理如何协调安排？面临一系列的问题。还有，就是传统文化教育的教学方法还停留在就事论事的较低层次。这些都是目前在全社会开展优秀传统文化教育教学所面临的各种问题。

（四）传统文化传承保障体系不够完善

近年来，尽管党和政府越来越重视优秀传统文化传承的相关工作，加大了对优秀传统文化的扶持和投入力度，但是，从目前现实情况来看，中央一级的财政尽管有了一定的投入，地方财政投入却基本为零，两者相加与庞大的优秀传统文化传承系统性工程相比显得杯水车薪。同时，政府对引入民营资本参与优秀传统文化的开发，缺少政策支持和法律保障，所以无法发挥民营企业在优秀传统文化传承中的潜力和支撑。另外，由于对优秀传统文化的产业化程度较低，优秀传统文化中经济价值的转换，显得较弱，如果没有自身的"造血"功能，不能自己产生经济价值，一味依靠政府财政投入，优秀传统文化的传承就无法实现可持续性发展。由于传统文化传承的资金投入不足，传统文化传承很重要的依托传承场所文化场馆等文化公共设施建设明显滞后。特别是在一些偏远落后地区，政府财政投入少，文化建设资源匮乏，群众性公共设施严重缺乏，群体性的传统文化几乎没有，群众普遍缺乏文化意识观念。另外，中国优秀传统文化在传承中缺少系统的制度与法律措施的保障。纵览世界许多文化传承比较的好国家，从很早起，就懂得利用法律和制度措施来保护和加强本民族文化的传承。而在中国通过法律和制度来保护传统文化，可以说从古至今几乎是空白的。这是因为一方面由于对中国传统文化的继承和发展没有引起国家治理者足够的重视，尽管生活在一个历史悠久文化底蕴深厚的环境中，但是法律和制度在文化传承中的地位和作用一直缺失；另一方面主要是因为对传统文化传承的法律制度保障体系上还存在许多人为的障碍。例如，对优秀传统文化传承立法的角度许多人意见不一；对传统文化传承法律层面的性质存在分歧；对需要法律制度保护的具体传统文化的内容界定不清晰，认识不统一；如何在传承优秀传统文化的法律保护上形成系统性和整体性还缺乏有效沟通。法律在一个成熟的社会拥有强大的强制性、规范性和引导性，因此如果国家一旦以法律和制度的形式对优秀传统文化的传承进行规范和强制，必然引导越来越多的人们自觉自发的传承优秀传统文化，从而在整个社会营造一个良好的优秀传统文化传承的氛围，促进优秀传统文化的传承，促进中华民族现代先进文化的建设。因此，党和政府要提高对优秀传统文化法律制度保障体系的重视，制定和完善一系列文化传承相关的法律和制度，加大立法执法的力度，使文化传承有法可依，有法必依。

二、中国传统文化危机因素分析

（一）复古主义思潮对当代中国文化的影响

在当代中国的语境中，文化保守主义有广义和狭义之分。前者是指服膺传统文化价值，主张以儒家思想为基础，吸收某些外来文化，创造中国新文化的主张或思想倾向。后者则单指当代新儒家而言。本文所论是广义的文化保守主义。国学研究与出版热、传统文化复兴热、读经热、祭祀热（祭孔、祭轩辕等）以及大陆新儒家的崛起，《学人》《东方》《原道》、中国儒教网、儒家中国网等具有文化保守主义色彩的刊物与网站的创办，文史领域"告别革命"的言说、对农业文明的颂赞和对道德理想的追求等等，无不显示出一批文化界人士的自觉表达和文化保守主义对一般公众的显明影响。这也正是当代中国文化保守主义最突出的特点，即传播迅速、影响力巨大。

当代文化保守主义思潮的传播，已经不再局限于课堂、书籍、报刊、广播等传统媒介。电视、电脑网络、光盘等电子传媒方式为文化保守主义思想由书斋走向大众、走向社会提供了前所未有的便利条件。特别是网络的普及，使文化保守主义与社会的接触更为广泛、互动更为有力。据笔者有限的统计，具有文化保守主义色彩的网站与论坛至少有 30 多个，其中影响较大者有原道、中国儒教、孔子 2000、当代儒学、儒家中国、儒教复兴论坛、乌有之乡、中国儒学、中国国学等。

当代文化保守主义思潮的倡导者不仅在理论上反复阐明和宣传文化保守主义，而且通过各种方式将其灌注到教育实践、社会实践中去，为民众践行提供途径。文化保守主义者除在文化观的探讨中标明自己的主张外，还在社会生活实践中积极予以落实。在政治哲学领域，他们提出了一套政治儒学的主张；在社会生活中，规模宏大的祭拜大典、绵延不绝的国学热无不有文化保守主义的影响；尤其在教育领域，文化保守主义者开展了从儿童读经、书院讲学到推动建立大学国学班、国学院、国学专业等多种教育活动。"这一向下的开展，立基于现实生活的开展，使得今天的文化保守主义直接切入到中国人当下最为关注的政治问题、人生问题、教育问题、家庭问题，与社会生活、与广大民众有了直接的联系，从而促成和推动了时下的读经热、儒学热、国学热、传统文化热，产生了比 20 世纪上半叶的文化保守主义要大得多的影响"。可以说，包括大陆新儒家在内的文化保守主义者再不是"平时袖手谈心性，临危一死报君王"的一介书生，而是既坐而论道，又起而救世的行动者。

各级政府努力挖掘当地的古代名人资源，通过举办祭祀名人活动、开展名人文化节等形式的复古活动此起彼伏，通过各种古代文化活动的举办，不断有人古板僵硬的复制古人的行为话语特别是封建迷信的活动不断在生活中照搬复制，各类"风水大师"充斥在我们身边四周；古代封建社会的一些文化理念、文化形态和文化秩序替代了优秀传统文化，圣人遗训当成治国法宝，片面强调"德治""仁政"在治国理政中的作用，这些渗透到文化、思想等领域的复古主义，在当下日益成为一种文化现象。这种复古主义的文化思潮愈演愈烈，甚至出现了要用儒家学说和理论中的"三纲五常"来取代马克思主义基本原理的文化现象，而对社会主义文化、民主和政治进行刻意回避，体现出对马克思主义基本原理和中国特色社会主义理论的排斥情绪，还有人提出"儒化中国"的目标。

"复古主义"的文化思潮严重冲击着优秀传统文化在当代的传承。这种将两千年以前所有传统文化全盘吸收的文化思潮，从根本上而言，是期冀恢复封建的意识形态，取代社会主义思想意识形态，尽管是以文化自觉的形式出现的，但这不仅对优秀传统文化的生存和发展形成了冲击，更是体现了思想上的大倒退和社会发展的倒退，将严重阻滞当代中国正在进行特色社会主义的建设和发展。它加剧了优秀传统文化的生存环境复杂性与艰巨性，使得人们更加难以区分传统文化的好坏优劣，不断使人曲解和误解优秀传统文化的内容，阻滞优秀传统文化与马克思主义基本原理相结合，阻滞优秀传统文化与西方各民族优秀文化和现代文化相结合，延缓优秀传统文化向现代的转型。

中国是当代的中国，是处于全球化交流与碰撞中的中国，中国当代先进的文化内容应当包括当代各种先进思想和先进文化，特别是不能离开了马克思主义理论的指导，必须是以马克思主义文化为主流的文化；绝不能离开与世界各民族优秀文化的交流与借鉴。因为历史证明，马克思主义是指导中国革命和建设的根本，优秀传统文化是中国的民族特色、民族血脉，世界其他民族的优秀文化是我们的有益补充，只有将优秀传统文化与马克思主义基本原理、世界其他国家民族的优秀文化相结合，才是我们当代中国特色社会主义文化建设的根本途径。

（二）历史虚无主义思潮的冲击

古往今来，一切民族和国家都会重视自己的历史，都会善待自己的历史遗产。历史是弥足珍贵的精神财富和智慧宝库，它不但有助于提升民族素质，增强民族的自信心和凝聚力，而且会提供丰富的经验，以史为鉴，可以帮助人们察往知来，创造更加美好的明天。但是，近年来，在如何对待历史这样重大的问题上，却不时出现刺耳的噪音，这就是以否定人民革命和社会主义建设成就的历史为重点的历史虚无主义思潮的泛起，历史虚无主义否认历史的规律性，承认支流而否定主流，透过个别现象而否认本质，孤立的分析历史中的阶段错误而否定整体过程，其一个明显的代表就是中国全盘西化的造势者，通过对我国一些阶段性错误发展的分析，而想全面抹杀我们先辈的革命，抹杀我们民族独立斗争的历史。这股错误思潮具有很大的欺骗性、迷惑性和渗透性，值得我们严重关注。专家学者对历史虚无主义的定义是：其根本就是历史唯心主义。

1. 历史虚无主义思潮的表现

历史虚无主义思潮的一个突出表现，就是竭力贬损和否定革命，诋毁和嘲弄中国人民争取民族独立和人民解放而进行的反帝反封建斗争，诋毁和否定我国社会发展的社会主义取向及其伟大成就。所谓"告别革命"论，既是这种思潮的集中表现，又是它不加隐讳的真实目的。一些人拼命渲染革命的弊病，在反对所谓"激进主义"、推崇保守主义的名义下，否定革命，颂扬改良。在他们看来，革命只起破坏性作用，没有任何建设性意义。他们把近代中国凡是追求变革进步的都斥为激进而加以否定，而把维护封建专制统治的称为稳健加以肯定。他们否定近代中国历史上的农民运动，认为每次农民革命都造成社会生产大规模的破坏。继而，抬高洋务运动，贬低戊戌变法，抬高清廷的新政，贬抑辛亥革命、五四运动和中国共产党领导的革命运动。历史虚无主义把"重新评价"的重点放在近现代史的原因，就是为了否定革命。

2. 历史虚无主义思潮的严重危害

应当说，历史虚无主义我们必须认真对待，因为持历史虚无主义态度的一些人有很强的现实目的性，试图按照他们对现实的要求，来改造历史。作为一种错误思潮，它的流传和泛滥会造成人们思想的混乱，甚至导致严重后果，值得我们高度警惕和重视。

历史虚无主义所散布的种种言论，歪曲历史真相；鼓吹妥协投降在历史支流中寻找负面影响；回到唯心史观。如果这些原则问题被颠倒、被消解，就会从根本上搞乱人们的思想，一个民族、一个国家就会失去立足和发展的思想基础。中华民族从不屈服于国内黑暗势力的统治，也决不屈服于国外侵略势力的压迫。在外敌入侵的危难时刻，各族人民总是能够团结起来，同仇敌忾，保卫自己的家园，维护国家的统一，血染山河，宁死不屈，没有丝毫奴颜媚态，有的只是铮铮铁骨和凛然正气。这在近代中国反侵略斗争中都有鲜明表现，演出了一幕又一幕让侵略者丧魂裂胆、感天动地的活剧。面对穷凶极恶的外国侵略者，面对亡国灭种的危险，中国人做出了自己的回答："要用血肉之躯筑成新的长城，中国人决不言放弃，中华民族不会亡。"千千万万爱国志士抛头颅，洒热血，为挽救民族危亡而前仆后继。这是中华民族历经磨难而仍然屹立于世界，并能在凤凰涅槃中获得再生的内在力量。

然而，历史虚无主义的一些鼓吹者却丧失了起码的民族良知，他们不但渲染民族失败主义情绪，而且公开走上称颂帝国主义侵略，称颂殖民统治的道路上去。在他们看来，像琦善、李鸿章这样主张妥协投降的人物，是实事求是的、明智的，是负责任的态度，是真正的爱国，而主张抵抗的林则徐等人则成了不负责任的蛮干。是非黑白竟然被颠倒到如此地步！有的人竟然走到美化帝国主义、颂扬侵略的邪路上去，连起码的爱国之心、民族大义都化为乌有。这里还要指出，历史虚无主义必然导致民族虚无主义和文化虚无主义，一些人不但歪曲近现代中国历史，而且对我们伟大的以爱国主义为核心的民族精神，源远流长的灿烂文化也恣意抹杀。在一些人的笔下，我们的民族不仅愚昧、丑陋，而且充满奴性、安于现状、逃避现实等等。一个民族的精神被矮化、丑化，优秀的文化和文化传统被否定、抹煞，民族独立的历史被嘲弄、糟蹋，这个民族还能立得起来吗？建设中国特色社会主义是中国人民的共同理想，这是近代中国的历史性选择，是实现国家富强、民族振兴的唯一正确道路，具有极大的凝聚力。中国人民行进在社会主义道路上已经半个多世纪了。

60多年来，中国社会发生了翻天覆地的变化，一个极度贫弱、任人宰割的旧中国已经变成了一个初步繁荣昌盛、举世瞩目的新中国。这是中国人民引以自豪的伟大成就。然而，历史虚无主义者以阴暗、仇恨的心理看待人民革命和人民共和国的历史。他们利用我们所经历的曲折，把错误无限扩大、上纲上线，借以否定中国共产党领导中国人民取得民主革命、社会主义革命、社会主义建设和改革开放伟大成就这一历史的主体。他们否定中国走上社会主义道路的历史必然性，散布社会主义失败论，颠倒是非，混淆视听，如果听任其发展下去，就会动摇中国人民的共同理想，摧毁近代中国苦苦追求的国家富强、民族振兴的伟大事业。

历史虚无主义不但颠倒了历史，而且也搞乱了人们的历史观。科学的历史观对于人们确立正确的世界观、人生观和价值观关系极大。对历史的颠倒，必然会导致是非、美丑、荣辱标准的颠倒。这种是非判断标准的颠倒，会在社会上造成极大的思想混乱，而社会思想混乱进而就可能会造成政治上的动乱。在苏联解体的过程中，否定和颠倒历史大行其道，从全盘否定斯大林，到全盘否定列宁和十月革命，把社会主义说得一无是处，这是最终导致苏联解体的一个重要原因。这个惨痛的历史教训值得我们认真记取。历史是一面镜子。从苏联解体的过程中，我们可以清楚地看到乱史灭国的轨迹，看到历史虚无主义思潮所造成的严重危害。坚持唯物史观，反对历史虚无主义思潮，将是一个长期的重要任务。因此，我们必须清醒的意识到历史虚无主义思潮对优秀传统文化传承将带来严重的冲击与挑战，唯有坚持运用历史唯物主义的基本原理，旗帜鲜明地批判历史虚无主义思潮，引导广大群众正确认识和对待优秀传统文化，以高度的文化自觉和文化自信，在优秀传统文化传承历史实践里积极践行社会主义核心价值观。

（三）功利主义思潮的侵蚀

西方的概念"Utility"一词，自从严复翻译《天演论》以来，就被译为"功利"。不过，这一概念也被译为"功用"或"效用"。"Utility"一词作为西方功利主义所提倡的学说中的核心概念，是为功利主义之父边沁在休谟的著作中发现的。这一概念在休谟那里所表明的就是"有用性"。

要理解功利主义内含的"功利"概念，我们必须明确功利主义的基本主张。功利主义的基本主张是关于个人幸福与社会幸福的主张。这一主张的基点是建立在行为的后果评价上的。在功利主义看来，任何人的幸福都在于快乐的量超过痛苦的量，任何行为的善也在于其产生的快乐的量大于其痛苦的量。从个人幸福的角度看，就是追求每个可选行为的最大快乐与避免最大痛苦。从社会幸福来说，就是追求最大多数人的最大幸福。对于个人来说，正当的行为在于可选行为所能产生的最大快乐与幸福。因此，功利主义所追求的是感性的快乐与幸福。就社会幸福而言，边沁认为，是个人幸福的简单相加，多数个人的幸福构成社会幸福。在这个意义上，社会幸福也就是大多数人的感性幸福。因此，功利主义的功利也就等同于能够带来感性幸福的社会物质利益与其他实际利益。在这个意义上，与我们日常生活中的功利概念几乎相近。从功利主义本身来看，功利主义的"功利"与其道德要求在本质上是一致的，功利主义认为符合其标准的功利是合乎道德的。

功利主义强调行为后果的价值，而道义论则强调行为所要遵守的道德原则的价值。西方也有道义论与功利论之争。以康德的道义论来说，我们的行动只能遵守可普遍化的规则的行为才具有道德价值，并且这是无条件的。即如果认为我们遵守那些规则只为了获得某种个人的目的，那么，这样的行动没有很高的道德价值，甚至没有道德价值。道德行动的道德性只在于它所遵守的原则，而不在于它的后果。西方道义论高扬了道德原则（道义）的价值，然而，却否定了行为后果的价值。这也就是西方的道义与功利之争。随着市场经济的深入，经济利益成为当下社会的追求的唯一目标，因此当前一些出版社、期刊和媒体等文化机构在弘扬传承优秀传统文化的时候，随心所欲，片面追求商业利益，功利化明显，过分注重商业利益，忽视了社会效益。在唯心主义功利化的驱动下，许多优秀传统文化元素被单独剥离，脱离文化体系的解释，忽略历史背景，一味追求人物形象的靓丽，历史故事的奇趣，随心所欲的修改文化内容本身，信马由缰地为优秀传统文化涂抹色彩。成了"文化搭台，经济唱戏，一切为了金钱"。

正如有的学者评价的，"对于文化而言，商业化过程会从市场角度和物质角度对文化发展进行推动，但是商业化的文化出于自身的需要往往以观者新奇、作品的经济效益作为出发点去迎合市场，这违背了文化的社会性一面，如果就此发展，对于文化发展和整个社会将是具有危害性的。文化作品具有一定的商品性质，但是它不是商品。在商业化的过程中，文化作品具有一定的商品性质，但是它不是商品。在商业化过程中，文化作品确实赋予了一定商品的性质。但是文化还有一个神圣性，即它是人类思想精神的表示，对于社会有前导性和驱引性，它是独立存在于人类文明之中的"。

因此，当中国进入小康社会后，我们当前面临的是如何把优秀传统文化，普及到大众中去，在广大人民群众中传播弘扬优秀传统文化，将优秀传统文化通俗化、大众化，为广大人民群众所接受，让普通大众认识、理解和掌握中国传统文化的精髓。传统文化只有成为大众文化，才会焕发出无限的生机，才能得到传承和发扬。然而在现实中对传统文化的通俗化大众化解读一旦稍有不慎，就极易画虎不成反类犬，滑向庸俗化乃至"戏说"的误区，戕人慧命，贻害无穷。特别是在市场经济社会中，市场化运作可以有效推动优秀传统文化的传承，使优秀传统文化成为现代人的精神的有益补充。例如爱国、勤劳、勇敢、知耻、重视道德修养，这些方面可以应对市场经济社会的弊端。但是我们要避免优秀传统文化唯心主义功利化的倾向，避免优秀传统文化低俗化。优秀传统文化的传承始终是目的，而市场化运作始终是手段，应避免打着保护传统的幌子进行商业化盈利。所以商业运作应时刻以服务优秀传统文化传承为宗旨。在传承优秀传统文化过程里，应当切实树立起主人翁意识，担负起社会责任，牢记优秀传统文化对华夏民族的重大意义和影响，小心珍惜，倍加呵护。

（四）经院主义思潮的流行

郭沫若说："欲论古人或研究古史，而不从事考据，或利用清儒成绩，是舍路而不由。"其实早在我国古代，西方两种哲学思想的终身教育观就已经得到了践行。自我国汉代推崇"罢黜百家，独尊儒术"思想之后，孔孟之道、儒家经典则成为当时国家统治和社会生存的神圣教条。如果人们的思想与行为离开了"四书五经",则被称为"离经叛道"。从以下几个方面可以看出其原因所在。

在社会生产方面,当时的经济主要以生产力相对低下的农耕生产为主,而这种农耕生产模式强烈要求人们做到因袭惯例,遵循习俗,按照先前人们的生产方式进行。在这种经济生产模式下,人们的思维与意识已经无法脱离经典权威思想的左右和影响了。

在社会治理方面,宗法制思想要求社会成员尊重家族长辈,学会保守知足,这种厚古薄今的生存哲学既磨灭了过去生活中的经典元素,又抑制了当时社会的创新意识。

在政治体制方面,我国古代长期实行君主专制的社会政体,全社会只有大一统的社会思潮得以延续,使得人们不得不长期接受经典权威的统治与压制。

在文化教育方面,尽管我国社会先后开启过不同的人才选拔与考试制度,但是由于科举制度被专制君主政权所控制,实为为专制君主政体服务的思想工具。这种人才选拔模式不仅不能真正实现对人才的挖掘与培养,相反,更加禁锢了当时文化阶层的思维境界,窒息了知识与教育的自由发展空间。

但是,当时社会制度下形成的各种政治、文化、经济制度,也符合了其所生存的社会要求。从今天的视角回视当时社会,其文化发展观也在一定意义上培育了人们的终身教育意识,在促进当时社会人的发展的基础上,也推动了整个社会的进步。所以在这种思想的影响下,优秀传统文化逐渐停留在学术研究的层面,缺少关注现实性,过多关注学术性,"书斋气、经学气、玄谈气"日渐浓厚,学术化的程度日益加强,当学术化发展到极致后,就使优秀传统文化经院化。

经院化把优秀传统文化停留在玄而又玄、高深莫测的所谓"纯粹学术"层面,根本不理会生活、实践的要求和呼声。另外传统文化典籍的注释没有用现代语文的诠释,实现语言表达的经典化和通俗化,让人不知所云,读起来就像吃夹生饭。

因此,优秀传统文化日渐远离现实,远离普通百姓的日常生活,优秀传统文化的部分内容接不了地气,抽象的理论无法向具像化的现实生活转变,其学术风格和做派不易被大众所接受。最终,中国优秀传统文化逐渐走向学问化、学科化,以至于变成一种知识论规训,从而被经院化。然而真正具有生命力的优秀传统文化必然是学术性和生活现实性相统一。历经几千年风雨的中国优秀传统文化长盛不衰证明了其具有学术性与现实性的统一。优秀传统文化是中华民族全体劳动人民集体智慧的结晶,普通民众对优秀传统文化的渴求是使中国优秀传统文化从过去走向今天,在未来永续传承的根本原因。

因此,优秀传统文化从本质上而言就是面向全体人民群众,也是"人民群众是历史创造者"唯物史观的充分体现。优秀传统文化首先应当是以大众为基础,成为人民群众自在自发的文化选择,这是历史发展的必然要求,也是我们传承创新优秀传统文化在实践层面的根本目的,更是中国社会向现代化转型的现实需要。因此,优秀传统文化不应仅仅停留在学者、研究者的学术生活中,不应该掌握在政府机关的推广和营销中,也不仅仅是停留在学校传统文化课程教育中,应当是超越政治、教育、宗教的影响,跨越地位、族群、职业、性别、阶层、年龄等的界限，让更多普通大众所掌握，使得全体人民所拥有。要改进思想，把研究与教学、与普及相结合，将优秀传统文化融入当代中国新的文化体系以及新的文化观念构建中。这样要使优秀传统文化走出经院化的层面，就必须让普通人民群众认识理解和掌握中国优秀传统文化的精髓，通过通俗化的语言、直白化的表达在人民群众中推广优秀传统文化，使优秀传统文化才能为真正成为人民的精神动力，成为人民的文化血脉。

三、中国传统文化的当代反思

面对优秀传统文化的无动于衷，传承人才的后继乏人，文化教育的缺位，国家意志等保障体系的不完善等这些困境使得优秀传统文化传承受阻，唯有提高传承主体——人的文化自觉才是解决当前传承困境的关键，也是推动优秀传统文化传承的关键。而在当前中国正在进行中国特色社会主义建设，传承优秀传统文化最终指向必将是建设社会主义先进文化。在建设社会主义先进文化的伟大事业中实现中国优秀传统文化的传承与发展，没有前路可循，也决不能因循守旧，唯有创新，才能使优秀传统文化焕发新的生命力与活力，才能与社会主义先进文化建设目标的实现相得益彰。

（一）文化自觉是推动优秀传统文化传承的关键

费孝通先生说："21世纪是一个文化自觉的世纪。"文化自觉，首先是人在文化层面的自我觉醒，是人的主观能动性在文化领域的具体表现，也是人区别于动物的标志性特征，它是文化主体——人给予文化一个全面、辩证、客观的认识，并准确、清晰和客观地认清定位，把握文化未来发展趋向。文化自觉也是指宏观层面的国家、民族和政党对文化认识把握调控的自在自发性，其中包括：充分理解文化对推动社会进步的积极作用，主动掌握文化自身运行与发展的客观规律，积极承担推动文化发展的责任和义务。最后，文化自觉还体现为文化对自身的反思与醒悟，文化的自我调适、自我更新，这是文化发展到一定程度后达到的最高境界。

思想是行动的先导，文化自觉是文化进步与发展的思想基础，只有人们从思想上觉醒，深刻认识到文化的重要地位和重要作用，才能积极主动的投身于文化大发展大繁荣的建设中。中华民族是一个有着文化自觉文化担当的民族。无论是在先秦时期文化的孕育发展，还是到了春秋战国时期的诸子百家争鸣，从两汉经学的深度发展到两宋理学的时兴，即使在面对西方外敌入侵时，中国人民在辛亥革命、五四运动中依旧展现出民族特有的深刻文化自觉。这都充分体现了中国人典型的文化自觉和文化担当。另外，文化自觉能够进一步增强文化主体对传统文化认识与理解的主动性，提升文化主体民族文化归属感和荣誉感。费孝通先生认为，文化自觉的意义"在于生活在一定文化中的人对其文化要有'自知之明'，明白它的来历、形成的过程，所具有的特色和它的发展趋向"。

文化自觉的激发和提升能够使国人进一步增强对传统文化的认知，提升自己对国家、民族的认同，不断增强优秀传统文化的影响力和凝聚力，有效地分清本国和异域，本民族和外族的文化，在对中国优秀传统文化的深刻理解和感知中把握传统文化前行的规律与方向。文化自觉的提升还能够有力的抵御西方各种文化的冲击。文化自觉产生于对民族文化的深刻认识，首先他一方面要反思几千年来优秀传统文化发展的模式，总结百年来中国优秀传统文化传承建设的成败得失，另一方面还要妥善解决优秀传统文化与现代文化，民族文化与西方文化冲突时所产生的一系列客观现实性问题。因此通过文化自觉，可以让我们提高对文化冲突的认识，提高对文化冲突危机感的认识，让国人及时辨清文化冲突中所产生的各种文化思想观点，打破和消解文化选择时的迷茫和困惑，还原优秀传统文化，解开西方现代文化中神秘面纱，看清其本质。最后重塑文化自信，提升自觉能动性，积极主动担当传承优秀传统文化的重担。文化自觉还能积极有效地解决优秀传统文化传承中面临的各种困境和难题。国人文化自觉的提升，主观能动性的增强，将使国人"传承意识"焕发，越来越多的人认识到传统文化传承的重要性，因此将会有越来越多的国人积极主动参与优秀传统文化的传承，届时必将刺激国人对接受优秀传统文化教育的渴望，教育体系也能得到逐步成熟和完善，届时，国民文化想象力和创造力都被极大地激发起来，越来越多的文化传承方式将会被发现与创造，选择也更加丰富多彩。因此，在优秀传统文化传承中，文化自觉是关键性的因素，只有增强文化学习的自觉，传播的自觉，保护的自觉和传承的自觉，才能不断推进优秀传统文化的传承。

（二）建设社会主义先进文化是传承优秀传统文化的根本目标

优秀传统文化传承的最终目标是为了实现人自身全面的自由发展，同时又与中国特色社会主义的伟大实践相衔接，因此优秀传统文化传承应当更好的契合进时代主题和最终目标的有机统一中。文化层面上要实现人的全面自由发展和中国特色社会主义建设的伟大实践二者的有机统一，关键在于建设社会主义先进文化。因为社会主义先进文化符合中国当前建设中国特色社会主义的具体实践，也代表了人类文化发展的终极目标和价值取向。《中共中央关于深化文化体制改革推动社会主义文化大发展大繁荣若干重大问题的决定》指出："社会主义先进文化是马克思主义政党思想精神上的旗帜，文化建设是中国特色社会主义事业总体布局的重要组成部分。"

坚定文化自信是党的十九大报告当中文化建设部分的关键词。党的十九大报告中提到"没有高度的文化自信，没有文化的繁荣兴盛，就没有中华民族伟大复兴"。习近平总书记也说"四个自信"中，文化自信是更基础、更广泛、更深厚的自信，文化自信是最根本的自信。因此，在当代中国，文化建设的根本目标就是要将实现人的自由全面发展与中国特色社会主义的实践相融合，建设和发展社会主义先进文化。因此，传承优秀传统文化是当代中国进行文化建设的基础，也必然要以建设社会主义先进文化为目标。

首先，社会主义先进文化是符合人的全面自由发展的终极目标的。先进文化意味着文化的科学性、合理性、包容性、开放性、大众性和时代性、民族性和积极性，它来源于优秀文化，但是更高于优秀文化。它是以马克思主义基本原理为核心，融合了马克思主义基本原理、中国优秀传统文化、西方现代人文理性思维等元素。它代表最广大人民的根本利益，是人类社会未来发展的根本性指向，是社会进步发展不竭的动力，更是全人类文明智慧的集合，它渗透于我们每个人生活中的点点滴滴和方方面面，不断影响人的智慧和精神。因此能否合理整合各种优秀文化元素搭建先进文化体系，能否从根本上把握先进文化发展方向的时代脉搏，实现先进文化的宏伟蓝图，直接决定了国家的强弱。建设社会主义先进文化必然要以马克思主义基本理论为指导，这就与马克思关于实现"人的全面发展"为基本价值取向高度契合，必然要以实现共产主义远大理想为精神支撑，因此从根本上说它代表了当代历史和人类文明的发展方向和趋势，具有其他文化不可比拟的优越性与先进性。社会主义先进文化是中国共产党在领导人民群众进行革命、建设和改革的实践中不断总结凝练形成的，代表国家和民族的发展方向，反映当代中国的精神，符合中国当代文化建设的国情，代表时代进步潮流和历史发展要求，是马克思主义中国化在文化领域中具体表现，服务服从于亿万中国人民创造幸福美好生活的现实需要，是最广大人民群众根本利益的表现，具有其他思想文化无可比拟的时代性、科学性和先进性。

其次，建设社会主义先进文化离不开优秀传统文化的滋养与哺育。优秀传统文化是一个民族的血脉和基因，是民族生命力和凝聚力的集中体现。在中国当前，建设社会主义先进文化离不开优秀传统文化沃土的哺育，这是因为社会主义先进文化是马克思主义普遍原理与中国优秀传统文化有机相结合而产生的新的更加优秀的文化。因此社会主义先进文化必然以优秀传统文化为基础，建设社会主义先进文化必须牢牢的植根于历史文化的沃土。直至今天，中国优秀传统文化依旧是中华民族儿女的重要精神食粮，是中华民族儿女奋勇向前的精神动力。例如，优秀传统文化中"天行健，君子以自强不息"的"刚健自强"精神，形成了"地势坤，君子以厚德载物"的宽容精神，形成了"天命靡常""慎终于始""以民为监"的忧患意识，这些都是中华民族精神的象征，深入人心，为全社会所接受，一直延续至今，并对广大民众产生了强烈的激励作用。"天下为公""执政为民""民为邦本""为政以德"的执政理念为共产党治国理政提供丰富的思想营养；养老尊贤、俊杰在位、和谐有序的伦理关系，处世以诚、待人以敬的处事原则，童蒙养正、培根固本、教子以德的社会伦理思想为解决当代人类面临的难题提供重要启示。因此，传承中国优秀传统文化，培育和弘扬优秀思想，对于增强民族文化特色，树立全民族文化自觉。因此中国优秀传统文化事关社会主义先进文化建设成败的关键，是社会主义先进文化生命力旺盛发展的土壤，我们只有传承好发展好优秀传统文化，才能实现文化的现代转型，才能在建设社会主义先进文化的实践中实现人的全面自由发展与建设中国特色社会主义有机统一。建设社会主义先进文化只有在继承优秀传统文化的基础上才能开创出文化建设一片新的天地。在传承优秀传统文化的基础上，充分吸收中国传统文化精华和其他民族文化优秀合理因素，批判性的选择和吸收人类创造的全部优秀文化成果。如果离开中国优秀传统文化，社会主义先进文化就会成为无源之水、无本之木。

毛泽东同志所指出："主义譬如一面旗子，旗子立起了，大家才有所指望，才知所趋赴。"社会主义先进文化揭示了人类社会发展的普遍规律，为中国人民提供了新的思想境界、更加高尚的道德情操、更加充实的人生理想，是当前文化建设的方向。只有坚持以社会主义先进文化为方向，才能使优秀传统文化不断丰富完善更新，破除因循守旧、故步自封的发展模式，赋予优秀传统文化时代气息，才能推陈出新、产生新思想和新精神，实现优秀传统文化在当代中国创造性转化，才能使优秀传统文化不断为广大人民群众所接受，不断提高人民群众的文化自信和文化自觉，不断创造符合当代精神和时代潮流的先进文化。使优秀传统文化以博大的心胸、宏大的气魄，带领人们走向更加幸福光明的未来。

（三）创新是传承优秀传统文化的灵魂

"尊新必威，守旧必亡"，创新是人类社会历史发展进步的动力推进器，创新也是一个民族生生不息永不止步的灵魂，也是民族文化不断繁衍发展繁荣的内核。所以传承优秀传统文化离不开创新的方式。从哲学层面理解，如果说优秀传统文化的传承是对民族文化内容中积极因素的肯定，那么创新就是对民族文化内容进行否定之否定。前者是文化发展的量变，后者是文化发展的质变；前者是文化发展在时间横向轴上连续性的体现，后者则是展现了文化发展空间上的阶段性。"文化创新不仅是指文化内容的激活，更是指整个系统模式的革命和转型。他是原有价值体系、心理定式、思维方式的解构，也是新的观念、思想、规则的建构；是传统惯性的消解，也是传统精华的重铸，是社会生活的变革，也是人身心的新生。"这是文化向本质回归的历史必然。"推进文化发展，基础在继承，关键在创新。继承和创新，是一个民族文化生生不息的两个重要轮子。"

创新是中国优秀传统文化传承过程中时间累积和过程突变的有机统一。中华民族自古以来就是一个富有"日新之谓盛德"的民族，中华五千年文化绵延至今，生生不息，不断壮大，历经几千年洗礼优秀传统文化的博大精深正是在创新中不断向前发展。例如在春秋战国时期，由于生产力的迅速发展，社会发展动荡不安，在客观上促进了思想文化领域的百家争鸣的盛况。儒、释、道、墨、名、阴阳、兵、农、纵横等家，各家既互相批判，又互相借鉴、互相吸收、互相渗透、互相融合，实现中华民族文化新的创新，并凝聚为中国优秀传统文化的根本内核。到了明末清初由于封建思想专制禁锢，统治者实行文字狱，大部分知识分子潜心于考据学，失去了思想争辩和文化创新，使得清末中国在文化上远远落后于西方。尽管在今天，中国优秀传统文化的价值理念、人文思想、制度设计、社会伦理道德、历史理性和璀璨的物质遗产，都焕发出无穷的魅力，成为所有中华民族炎黄子孙共同精神依靠。但是面对古今中西文化的冲击，传统文化中旧的文化形象、旧的文化理念已经无法适应当代社会的发展，只有通过创新，才能建设具有"中国特色、中国风格、中国气派"的社会主义新文化。创新中国优秀传统文化的传承首先是基于一定历史条件，基于中国建设和发展的具体实践中进行的。今天，我们已经不可避免地被卷入全球化的浪潮中，这是一个挑战与机遇并存的时代。全球化使得我们每个人的生活发生了翻天覆地的变化，影响我们每个民族、每个人交往相处的方法和原则。当全球化广泛来袭时，世界上已经没有哪个国家拥有现成理论、思想和方法能够有效解决我们当前遇到的各种政治、经济和文化问题，所以如何有效应对全球化的冲击，自发自觉的在全球化的背景中实现优秀传统文化传承，实现建设社会主义先进文化的目标，这就需要我们在优秀传统文化传承的过程中运用突破常规的方式，创新性的发现传承中存在的问题，独创性的解决问题。因为全球化背景下，当今世界各个国家的竞争，最重要、最关键的决定要素就是创新能力。只有拥有创新思想、创新精神和创新能力的人，只有拥有创新体制、创新氛围的民族才能在国际竞争中不断取得胜利。

在全球化的语境下，优秀传统文化面对时代发展需求，必须跟上时代发展步伐，融入现代社会中优秀的科学理性思维、民主意识、法治思想、市场竞争意识、公平公正意识等新理念，实现优秀传统文化向现代化的转型，我们只有"自觉地把思想认识从那些不合时宜的观念、做法和体制的束缚中解放出来，从对马克思主义的错误和教条式的理解中解放出来，从主观主义和形而上学的桎梏中解放出来"文化创新才有可能。所以，我们在保护和传承优秀传统文化的同时，亟待创新优秀传统文化传承，站在世界的高度，着眼于人的全面发展的角度，采取多元化的视角，使优秀传统文化不断焕发新的生机和活力。文化自觉是进行一切文化创新的前提，只有自发自觉的文化创新才能促进文化从传承与发展。因此我们必须增强自身的主观能动性，主动作为，积极作为，激发自身创造力，总结历史上各种经验教训，突破封建落后思想的束缚，打破一切封建残余思想阻碍，解决一切教条主义、本本主义的思想桎梏，必须秉持怀疑的精神、批判精神、反思精神和笃行精神，对文化的理论创新、体制创新、内容创新和传承手段创新，最终实现传统文化传承的再发现与创造。黑格尔说得好："传统并不是一尊不动的石像，而是生命洋溢的，有如一道洪流，离开它的源头愈远，它就膨胀得愈大。"优秀传统文化传承的创新对于正在从传统走向现代化、全球化的中国来说尤显重要。我们要把对优秀传统文化的传承创新提高到中华民族在全球化竞争中的成功与否的角度上来看待。因为只有创新才能维系我们民族世代传承的精魂，只有创新才能带领整个民族走向更加光明的明天，唯有创新才能使中华民族文化旺盛生命力的永葆生机，"创新是一个民族进步的灵魂，是一个国家兴旺发达的不竭动力"。

总之，在全球化的时代语境下，我们只有充分尊重文化自身的发展规律，不断创新优秀传统文化的价值观、内容、形式和传播载体，有效传承中国优秀传统文化，最后实现社会主义先进文化的目标。

第三节　弘扬优秀传统文化与文化软实力

全球化时代，国际竞争的内涵发生变化，文化软实力在综合国力中的角色越发重要。20 世纪 80 年代末 90 年代初，美国学者约瑟夫·奈提出"软实力"概念，将其定义为"通过吸引而非强迫或收买的手段来达己所愿的能力，它源自一个国家的文化、政治观念和政策的吸引力。"并对"软实力"理论进行发展完善，认为软实力包括一国有魅力的文化、有说服力的意识形态、令人羡慕的制度等，左右美国软实力的资源分为三种：文化、政治价值观和对外政策，强调软实力就是一种吸引力。中共十七大提出了"提升国家文化软实力"的战略构想，习近平在主持中共中央政治局第十二次集体学习时曾强调指出，"提高国家文化软实力，关系'两个一百年'奋斗目标和中华民族伟大复兴中国梦的实现"。改善中国崛起的舆论环境、创造大国文化气象已成为新一届政府的当务之急。

中国学界对于软实力的研究自一开始就关注中华优秀传统文化。中华优秀传统文化是中华传统文化中的优秀成分，凝结着中华民族最深层次的精神追求，包含着中华民族最根本的精神基因，呈现着中华民族独特的精神标志。张岂之明确提出研究和弘扬中华优秀传统文化对于中国特色社会主义建设、对于促进国家和平统一、对于加强全民爱国主义教育具有重要意义。费孝通呼吁，在和西方世界进行交流的过程中，要把我们文化中好的东西讲清楚，使其变成世界性的东西。汤一介提出，文化的民族性与世界性相结合是今日每个民族发展自身文化的必由之路。陈来提出，天人合一、以人为本、崇德尚义、群体优先作为中国传统文化的优秀部分的主要内容，对于加速实现中华文化的伟大复兴核心有积极意义。中共十七届六中全会之后，对中华优秀传统文化作为软实力的研究开始成为热点。学界认识到大力弘扬和培育传统文化将不仅有助于提升中华民族的聚合力、中华文明对外的感染力和中国的综合国力，而且也有助于向世界提供具有感召力的"中国制造"的思想、价值观、话语体系，从而在国际社会中发挥更积极的作用；强调中国文明的价值原理在当今时代，对全球建立关联社群、合作政治、和谐世界，仍具有普遍的意义；意识到习近平总书记"8·19讲话"提出的"中华优秀传统文化是中华民族的突出优势，是我们最深厚的文化软实力"，首次凸显了与约瑟夫·奈的重大差异，在文化软实力问题上表现出了新的自觉意识，标志着中国国家价值观进入新阶段。然而，从中国软实力现状看，现阶段中华传统文化暂未发挥其作为软实力优势的作用。

一、文化软实力发挥的现实不足

中华文化历史悠久、积淀厚重。早在80多年前，英国著名思想家罗素便从人类文明的角度审视中国文明，他认为，"西方文明的显著长处在于科学的方法；中国文明的长处则在于对人生归宿的合理理解。中国人如能对我们的文明扬善弃恶，再结合自身的传统文化，必将取得辉煌的成就"。2005年，"软实力"概念的提出者约瑟夫·奈在《华尔街日报》上发表文章，明确承认中国的传统文化一向就具有吸引力。在生态危机和金融危机阴影下，外国媒体高度评价东方传统文化对世界生态义明作出的贡献，隐隐希望东方智慧能够对这个星球起到救助作用。提高国家文化软实力，是我们党和国家的一项重大战略任务。党的十八大以来，习近平总书记多次在不同的场合，就国家文化软实力阐发了一系列重要论述。习近平指出，"提高国家文化软实力，关系'两个一百年'奋斗目标和中华民族伟大复兴中国梦的实现"，"核心价值观是文化软实力的灵魂、文化软实力建设的重点"。"提高国家文化软实力，要努力提高国际话语权，加强国际传播能力建设"。何中华从对提高国家国际竞争力与对整个人类的未来前景提供智慧和启迪双重贡献角度，系统梳理了中华优秀传统文化作为民族和国家软实力的突出优势，为中华民族的文化认同提供坚实基础；为缓解人与自然的紧张、寻求可持续发展提供重要理念；为重建国际新秩序提供国际伦理原则与道德支撑；为调整人类共同价值追求提供世界观基础。然而，由于市场经济泛化带来的对精神的侵蚀，消费主义文化的负面影响，意识形态斗争、国际话语权斗争影响等原因，使社会对待传统文化的认识存在偏差、对传统文化资源的挖掘、利用和保护不足、传统文化的国际传播效果不佳。因而从国内看，整个社会的传统文化价值观过于弱势，难以主导人们的主流价值观；从国际上看，也没能向世界辐射其应有影响力。总体上看，中华优秀传统文化软实力突出优势暂未得到充分发挥，文化软实力与我国不断增强的综合国力和国际地位不相匹配。

（一）对传统文化的认识存在偏差

当前在对待中国传统文化的态度上，存在着三种错误的倾向。

1. "西方中心论"所标识的文化自卑

这种倾向将晚清以来中国"积贫积弱""落后挨打"的根源归结于文化原因。其逻辑是，国弱是因为国穷，国穷是因为制度落后，制度落后乃是文化不济。中国知识分子开始自认愚昧、落后、劣根。胡适的认识最典型："我们必须承认我们百事不如人，不但物质机械上不如人，不但政治制度不如人，并且道德不如人，知识不如人，文学不如人，音乐不如人，艺术不如人，身体不如人。""五四"时期，西方的"民主"和"科学"从各个层面挑战传统文化的正当性，使文化自卑在激进的反传统主义荡涤下，衍生出以全盘西化为宗旨的文化虚无主义思潮，开始了全面文化自我否定。改革开放又使80年代批判传统、否定传统成为时尚，中国文化传统因而开始出现某种断裂。这种文化自卑延续至今，河清描述中国当下乃是"政论学理，都是西方话语。朝野上下，一片美国鹦鹉。一切皆以西方普世价值为归依"。

2. "东方中心论"所标识的文化自负

文化自负心态可追溯至封建王朝"泱泱大国"的文化中心优越感。近代西方文化冲击下，国人出于捍卫民族尊严的心理以及强烈的危机感和复兴意识，大力宣扬本民族文化的优越性而形成的文化民族主义，存在明显的"隆中抑西"倾向。表现为"中体西用论""儒学复兴论""中国本位文化论"等，其中以东方文化派为典型。辛亥革命后的欧战暴露了西方文明的"没落"，梁启超、梁漱溟等人提出中国文化的自创性问题，提出东西方精神文明与物质文明之别、高雅与粗俗之别，要以中国文明去拯救哀哀欲绝的欧洲民族。梁漱溟更是断言全世界必将走上中国的路向，实现"东方化"，成为近代文化民族主义发展到巅峰的标志。这些思想显现出因循守旧的文化心理和顽固偏执的文化意识。20世纪90年代以来，在海外新儒家归国带来的"国学热"浪潮中精英与大众共同强调回归传统，一股文化民族主义浪潮再度激发了沉沦已久的文化自负意识。进入21世纪后，随着国力的增强和民族主义的发酵，在重拾传统以恢复民族自信心成为大众心理需求的背景下，一部分文化民族主义者出现盲目排外的"文化优越论"等倾向。

3.割裂传统文化的外在形式与内在精髓

一个民族的文化，积淀着这个民族深层的思维方式和行为准则，传承着这个民族的传统风俗和精神追求，进而在共同历史经历和未来前景的基础上形成全民族认同的价值取向。然而，在传统文化传播与普及过程中，偏重传统文化的外在形式的学习与传播，而忽视其内在精髓的内化与传承的状况并不鲜见。"国学热"仅限于文字古训、经典之学，甚至被径直等同于"儒学"，将国学狭隘化，或者将传统文化作为高雅艺术，导致世俗化、大众化，程度较低，使普通百姓缺乏应有的共享文化盛宴的机会。

文化自卑与文化自负均是文化主体失落的表现，不利于形成对传统文化进行传承与发展的文化自觉的确立。而对传统文化浅层次的认知使其国内普及和对外传播均未达到理想效果。

（二）对传统文化资源的挖掘、利用和保护不足

在我国五千多年的历史发展长河中，积累了丰富的文化、艺术、建筑、绘画、诗词、歌赋等资源。截至 2018 年 1 月我国已经拥有 52 项世界遗产，位居世界第二，其中文化遗产 36 项。另外，截至 2017 年底，我国拥有的世界非物质文化遗产已达 39 项。目前世界上拥有世界非物质文化遗产数量最多的国家。但我们对这些优秀的文化遗产和资源的挖掘、利用和保护不足，传统文化资源的浪费现象严重。一方面，我国许多文化资源长期处于一种静止的状态，许多文化成果无人问津，如许多具有丰厚文化底蕴的古老建筑因盲目追求城市的扩建而被人为的破坏，许多文物古迹已不复存在。另一方面，在日趋激烈的国际文化竞争中，我国的文化资源优势未能转变为文化竞争优势，甚至许多宝贵的文化资源正在为别国所侵占，从美国拍摄的动画片《花木兰》《功夫熊猫》到日本开发的具有中国风格的游戏软件，再到韩国申报"端午节"的非物质文化遗产，都警示我们，如果不对此加以重视和保护，我们拥有五千年文化的资源优势和自豪感必将逐步消失。

（三）传统文化的国际传播效果不佳

中华文化历经五千多年绵延不绝，一个重要的原因就是历史上形成了强大的对外辐射力。秦汉以降，中华文化"天人合一"的思想体系、礼制教化的文明秩序影响至整个东亚，并通过丝绸之路影响了沿途世界。尽管近年来中国逐渐意识到软实力建设的重要性，通过各种方式推动中华文化走向世界，如在俄罗斯、美国、法国等国家推行"中国年""中国文化节"，创办孔子学院、中国文化中心、宋庆龄基金会、中国对外文化集团公司、中国东方歌舞团等机构进行中外文化交流，中国人文跨国交流变得越来越活跃。然而从传统文化的国际传播效果来看，并没有将丰富的人文优势转化为影响力优势。

1.西方文化凭借其强大的传播力度冲击着大众生活的各个层面，潜移默化地影响着我国的不同阶层

但中国的传统文化对西方国家来说却是个神秘陌生的领域。除了一些汉学家和"中国通"之外，中国文化走出去也更多停留在海外华人圈内，很难走出华人社区。例如在语言

方面，汉语虽然在世界上使用人数最多，是联合国工作语言之一，但是只有我国和新加坡把它作为官方用语。

2. 传统文化的国际传播深度未及内在精神和基本价值

早在 20 世纪 90 年代，王沪宁在分析软权力概念时就指出："文化的世界性传播不是一种猎奇式的爱好，而是对一种文化的内在精神和基本价值的体认。"然而，一直以来，在对外传播中，中国所呈现给外界的往往是中国文化的一些表现形式，比如中国功夫、茶酒文化、唐装汉服、中医中药等，这些文化形式中蕴含的文化理念未被充分挖掘，缺乏对文化价值观的凝练和提升。这些古老的文化形式和符号固然还有着一定的魅力，但却不能体现中华文明绵延数千年所蕴藏的精髓和生命力，因而也不可能真正深入人心，从而获得持久的共鸣与影响。因而随着奥运会、世博会和孔子学院等一系列公共外交活动的举办，中外交流大幅度拓展，中华文化知名度虽然有了很大提升，但依然没有从根本上解决软实力滞后的问题。

二、突出优势发挥的现实挑战

中华优秀传统文化作为民族和国家软实力的突出优势暂未充分发挥出来，其根本原因在于这一优势的发挥面临着经济、文化、意识形态等一系列挑战。

（一）市场经济泛化带来对精神的侵蚀

中华优秀传统文化的传承、发展与其软实力优势的发挥首先面临着市场经济带来的挑战。市场经济与文化建设有着目标与价值上的基本矛盾。首先是目标上的不同。文化建设目的是通过满足人的物质和精神需要来促进人的发展，而市场经济的目的是为了实现商品价值和财富增值。其次是价值上的落差。文化建设是以是否有利于人的健康发展为价值取向，这个取向即真、善、美，而市场经济以获利的多少为取舍标准，只要能带来可观的利润就是有价值的。因此，市场经济的发展必然给传统文化的传承与发展带来一定的障碍。

20 世纪 90 年代以来，经济的市场化改革在以下方面侵蚀着人文精神。首先，市场意识和消费主义的恣肆张扬，使承载着精神价值的传统文化被资本征服。德国哲学家阿多诺指出："文化工业的全部实践就在于把赤裸裸的营利动机投放到各种文化形式上。"在市场竞争导致的生活节奏加快的情形下，人们更多的是以消遣的态度选择文化作品，那些内涵丰富、底蕴深厚的作品反而让人难以接受。中国的传统文化往往因抵挡不住以营利为旨归的文化工业的诱惑而被俘获，从而出现了大量投市场之所好，哗众取宠，充分媚俗的文化产品，而置传统文化的美学价值和精神价值于不顾。同时，为了迎合当代人的浮躁心态和口味，经典作品的白话化、卡通化日益流行。这种文化的"快餐化"固然使得经典作品更适合人们的一般接受习惯和体认能力，但同时也消蚀着经典的权威地位。其次，市场经济必然带来经济活动和社会生活的多样化，而经济活动和社会生活的多样化又使得社会意识趋向复杂多样。在多元社会意识下，各种思想文化相互激荡，社会思潮纷繁变幻，必然使传统的文化和价值观念的合法性受到了巨大的冲击和挑战。何中华认为，现代化的文化形态不是中国文化的价值取向和旨趣所在。以纯自然、无为而治为特征的中国文化同西方文化的那种追求省力、有效的戡天役物大异其趣。再次，整个社会的市场化取向带来了人文精神的失落，削弱了传统文化的强大凝聚力。人文精神是一个民族的文化基因和文化原型。随着市场化进程的深入，社会竞争和生活节奏不断强化，人们对生存本身的关注超越了对生存意义的关注。因而价值真空和信念淡化的趋势凸现，拜金主义、享乐主义和极端个人主义等现象大量出现，人文精神日益边缘化，最终是文化厚重感的丧失和文化认同的危机。

（二）发展主义价值观的负面影响

改革开放前的革命取向价值观、改革开放后的发展主义价值观和 2003 年以来的以人为本价值观。改革开放后，发展主义价值观在"以经济建设为中心""发展是硬道理"的政策下逐渐形成。发展主义价值观要求对外开放、争取国际和平环境、致力于经济发展、保持国内稳定，这对中国来说都是正确和必要的选择。然而发展主义价值观在实践中逐渐演变为唯 GDP 论或经济增长主义。这一现实趋势在两方面对中华优秀传统文化软实力优势的发挥产生负面影响。

（1）经济发展或者增长缺失了以文化为基础的软性力量的发展，无论是在理论上还是在实践中，都形成了对社会价值观或者精神文明的解构。

（2）作为一个社会生存要求的基本表述，"发展主义"不足以表达中华民族的精神需求和精神行为。其后果是外界虽不否认中国发展经济的主张，但却不一定认同我们的价值观，从而使我们易遭到来自于价值观诉求的批评。典型的表现是"中国威胁论"的广泛影响。正如郑永年分析"中国威胁论"产生的根源之一："中国周边有众多小国，他们不知道身边这个愈来愈巨大的国家要做些什么——处理国际关系不仅仅是外交政策的事情，也需要有个文化上的交代。"

尽管"以人为本"价值观的提出意在纠正发展主义价值观的负面影响，使中国的国家价值观真正与世界文明的发展接轨，但当下还未能根本扭转发展主义价值观的深远影响和巨大惯性。

（三）意识形态斗争、国际话语权斗争的影响

第二次世界大战后，东西方阵营的冷战主要表现为意识形态领导权争夺战的延伸与深化。20 世纪 80 年代末 90 年代初，东欧剧变、苏联解体，冷战以资本主义阵营的获胜而结束，西方国家意识形态狂热分子因此沉浸在一片胜利的欣喜之中，弗朗西斯·福山将西方国家实行的意识形态和民主制度称为"历史的终结"，认为"自由民主制度始终作为唯一一个被不懈追求的政治理想，在全球各个地区和文化中得到广泛传播。"约瑟夫·奈的文化软实力学说也产生在这样的历史语境中，其初衷便是为西方国家提供颠覆异质国家的文化意识形态策略。西方国家借助其经济优势，掌控国际传媒，主导价值观念。意识形态斗争、国际话语权斗争成为冷战后国际竞争的新领域。信息化时代，威胁国家安全的头号因素不再是军事侵犯和武力攻击，西方世界的文化霸权主义正在向全球渗透，使世界文化的多样

性和各民族文化的独特性面临危机，文化安全问题日益凸显。

虽然中华优秀传统文化蕴含着丰富的价值和精神资源，但限于社会发展程度和国际影响力，依托于制度和物质层面的中华传统文化的吸引力无法充分展现。加之与西方文化形态的差异，甚至被视为西方文化的挑战和威协，处处防范和遏制中国，使得中国的文化软实力发展面临许多障碍和困难。当下我国传统文化的弱势状态，主流意识形态的信仰危机，价值观念的西化趋势等，已经威胁到我国社会的稳定发展和民族文化的传承创新。

三、中华优秀传统文化软实力优势发挥的宏观应对

中国优秀传统文化本身就具有巨大的软实力优势，但是，若要让这些优势充分发挥，将中华传统文化的固有凝聚力和影响力转换为现时中国的文化软实力，就要积极实现传统文化资源的现代性转化，保持清醒的文化安全意识与意识形态斗争意识，实现文化软实力的商业化输出，构筑软实力传播的硬实力平台。

（一）恰当处理市场经济与传统文化资源现代性转化的关系

市场经济与文化建设固然有着目标和价值的不同，但在实践中二者存在着密切的相互作用关系。市场经济不仅为文化建设提供物质基础，而且也为文化建设提供运作模式。而文化建设以其教化、导向、意识形态、社会心理、批判等功能又反过来影响市场经济的进程。传承发扬传统文化必须遵循市场经济下文化发展的特有规律。

市场经济下传统文化如何在传承与转换之间平衡是一个亟待解决而很难解决的问题。一方面，要保持传统文化传承的非市场化。"易中天热"和"于丹热"，都说明了市场化下人们对回归传统文化的广泛需求。传统文化是文化建设的生长点和借鉴外来文化的切入点。这方面政府要起主导作用，包括：重点文物保护、文化典籍整理、中华善本再造、非物质文化遗产保护；组织开展中华传统文化普及教育和弘扬推广；加强对文献资料的整理研究，推出一批对文化传承创新具有重大影响的标志性成果；努力挖掘、弘扬中华民族传统节庆文化，丰富传统节日的文化内涵，推动中国传统佳节走出国门；切实推动各类博物馆、纪念馆、文化馆、展览馆等资源共享，使中国文化符号得以潜移默化地传递；重视国学教育对于中华民族文化延续的重要意义，加强中华经典教育课程资源建设，打造普及推广传统文化的平台，建立一批研究基地。另一方面，根据市场化的需要实现传统文化资源的现代性转化，赋予传统文化新的意义和新的生命。

从世界范围看，传统文化与市场经济结合的结果就是各国市场经济在共性（资源配置的基础、手段都在于市场）之外展现出特殊性。美国的个人主义传统之上的"自由市场经济"、日本效忠文化传统之上的"政府导向型市场经济"、东南亚"儒家资本主义"都是不同历史文化传统与市场经济结合的典范。特别是"儒家资本主义"被视作现代化对传统文化进行创造性转换的典范。从国内看，在多元化的世界文化格局中，挖掘提炼中华优秀传统文化，有针对性地实现其现代性转化、创造性转换和创新性发展，是继承和弘扬中华优秀传统文化的着力点和关键环节。"去其糟粕，取其精华"为原则的"抽象继承""儒学第

三期发展""创造性转化""融合中西""综合创新"等都是对传统文化创造性转化的有益尝试。

（1）建构一种以传统文化为核心的能够被世界普遍接受和理解并取得共识的文化价值体系。如以"和而不同"增进区域与全球认同意识，超越国际政治中的"森林法则"逻辑，致力于全球新秩序的合理建构和积极作为。

（2）以传统文化对现实问题作出积极回应。近年，国外媒体高度评价东方传统文化对世界生态文明作出的贡献，"处于生态危机和金融危机阴影中的西方人也隐隐希望东方智慧能够对这个星球起到救助作用。"现实表明，延续了数千年的传统东方智慧诸如儒学的"天人合一"，道家的"道法自然"，佛教的"众生平等"如今可以成为缓解环境危机和建设和谐世界的理念指导。

（3）利用"互联网+"推动传统文化资源现代性转化。"互联网+"模式中的"+"是指用互联网思维改造或改变传统行业，旨在促进互联网与各产业的融合创新。"互联网+"理念在文化发展的核心要义在于通过更新思维方式和文化产业运作方式，通过"大众创业、万众创新"激发传统文化活力，积极探索传统文化创新及成果转化，带动和实现文化产业发展路径和模式的升级，繁荣和活跃文化市场。

（二）兼顾文化商品属性与意识形态属性

陈宇宙认为，"国家文化安全就是国家之间文化软实力的比较优势，是指国家为了防止异质文化对本民族文化的渗透和侵蚀时，保护本国人民的民族传统、价值观念、意识形态、行为方式、社会制度等不被重塑和同化，免受外来强势文化威胁和危害而呈现出来的状态"。从各国文化软实力建设与发展状况看，文化软实力建设往往以思想观念的形式进行思想上说服与说教，具有明显的意识形态倾向。从我国看，袁祖社认为，文化软实力理论的提出，是"试图从根本上摆脱百年历史变迁中民族文化观念一直受制于西方现代化实践逻辑以及相应的'现代性文化'的'他者'逻辑的束缚，要让民族文化按照自己的方式自主地与世界对话，真正地以'中华性'的方式确立自身，显示自己的内在伦理性力量，与世界自主对话"。可见，文化软实力建设不可避免带有商品与意识形态双重属性。

我们承认多元存在的事实，因此致力于中国文化的产业化、国际化，努力借鉴多元文化丰富传统文化，提高文化和文化产品的影响力和竞争力。但必须坚持指导思想的一元性，反对指导思想的多元化。将主流意识形态融入民族文化，不断增强民族凝聚力。然而众所周知，作为当前中国主流意识形态的马克思主义并不是中华民族原生意识形态，而是西方文化的产物。陈宇宙认为，非原生的意识形态能否本土化，是决定该意识形态生命力与传播力的重要因素。而对传统文化来说，"意识形态与民族文化的融合程度越高，其文化自觉程度也越高，而其政权依赖性就相对降低"。在我国主要是由政权来推动马克思主义意识形态的创新与传播，其路径是我们致力于推动马克思主义中国化。迄今为止，马克思主义在与中国革命和建设实际的结合过程中产生了毛泽东思想和中国特色社会主义理论体系，并在实践中指导了中国各个阶段的革命和建设。然而这只是在政治层面完成了马克思主义的中国化。马克思主义并没有全面融入到民族文化的观念、认知、价值、素养、心理等层面，进而内化为中国人的思维特质和行为习惯。作为重要战略资源的意识形态与民族文化长期"分离"的状态大大削弱了中国文化软实力的竞争力和影响力。因此，努力使主流意识形态融入民族文化之中，保持清醒的文化安全意识与意识形态斗争意识，兼顾文化商品属性与意识形态属性，这是增强国家文化力，维护国家文化安全的重要举措。

（三）实现文化软实力的输出

文化不必然等同于文化软实力，有丰富的传统文化资源并不必然导致国家文化软实力的强大。中国虽有着5000多年的文化传统，但是中国的文化软实力在世界排名却不尽如人意。文化资源转化为文化软实力关键就在于文化生产力，西方文化之所以能迅速传播到世界各地，跟他们的文化产业化进程密切相关。中西文化软实力差距也主要体现在文化生产力的巨大差距。而文化生产力往往是围绕着核心价值观的构建和认同而形成的。对价值观的构建与认同而言，价值观的内容与形式同等重要。价值观内容通过具体的形式来展现就形成了文化产品。只有数量多、质量高的文化产品才能形成强大的文化生产力，才能对人的思想产生持续的冲击效应，从而不断促进国家文化软实力的发展。因此，要进一步挖掘整理传统文化资源，大力开发拥有自主知识产权、具有民族优势特色的民族文化品牌，向国内外市场提供蕴含中华优秀传统文化价值的文化产品及其服务，促进传统文化产业的发展，不断增强中国传统文化产品的感召力。

（四）构筑软实力传播的硬实力平台

充分发挥中华优秀传统文化软实力突出优势，还需"内外兼修"。周兰珍认为，文化软实力有三大基本形态：一是向内的凝聚力、感召力、向心力；二是对外的传播力、辐射力、影响力和竞争力；三是内外交互而形成的相互发展力。提升文化软实力不仅要注重对内建设，也要注重对外传播。在文化的对外传播上，赵可金提出了"文化的杠杆化"："任何文化要想成为更大范围内大众追随的生活方式，均需要具有一系列功能强大的支点和杠杆。"近代以来，工业革命、市场经济、民主政治等成为西方文化精神融汇到普通民众的日常生活的权力杠杆，逐渐转化为在世界范围内无所不在、不可抗拒的文化影响力。从这个意义上说，近代以来国力的衰落使中华文化在海外传播上缺乏这样的权力杠杆，大大限制了中华文化走向世界的能力和空间。随着近年来中国综合国力的提升，如何从总体上为中华文化走向世界提供有效的杠杆，建立一整套将中华文化资源转化为文化权力的体制和机制，是提升中华文化软实力的关键所在。

中国近年来积极开展多种形式的对外文化交流活动，如通过奥运会、"文化节"、"中国年"等重大节日和活动宣传中国传统文化展示了中国灿烂卓越的文明；推动汉语国际传播，带动了中国传统文化的国际传播；通过吸收外国留学生来华学习、向外国优秀人才提供政府奖学金及各种优惠政策促进文化教育交流；投入资金宣传自身形象，如在纽约时代广场投放广告等。但这些举措都是非机制化的对外文化传播，并未构成文化软实力对外传播的有效杠杆，因而收效甚微，这是有待反思的。

随着国力的增强，我们应该大胆实施文化走出去战略，主动、多层次、全方位、立体化地开展国际传播，构建软实力传播的硬实力平台，形成系统化、机制化的对外传播渠道。

其一，继续扩大国际广播、电视频道、网络媒体在海外的落地工程，使中国原创文艺作品成为中国传统文化传播的重要载体，设置和制造更多有利于中国议程的媒体事件，积极地向世界展示中国特有的文化，并借助文化传播来建构中国形象。

其二，推动非政府组织的参与文化软实力国际传播。长期以来，由于非政府组织发育不成熟及特殊国情，中国是以政府主导通过文化外交推进文化软实力进程。随着公民社会的发展与非政府组织的发展壮大，以民间团体、大学、研究机构、媒体、宗教组织等通过公共外交，更直接、更广泛地面对外国公众和主流社会人士，能更有效地传播本国文化，塑造国民形象。

其三，充分发掘和发挥那些有着深厚中华传统文化情结的文化人士，他们对于中华优秀传统文化的践行、传承、研究及拓展无疑将大幅度提升当代中国的文化软实力。当今时代，中国迅速发展与成长的故事已为全球瞩目，世界范围内也由此正在形成一个热爱中华文化、学习中华文化、研究中华文化的庞大群体。他们在各自领域践行、传承、研究着中华传统文化及其当代转换的工作，影响甚至是重塑着世界人民的中国观，为世界人民理解当代中国发挥了独特的作用。他们成为当代中国增强文化凝聚力、扩大文化影响力的主要智力支撑。

第四章　中国传统文化与思想政治教育融合的现状

中华民族有着几千年的悠久历史与文化沉淀，传统文化博大精深，影响久远，我们理应继续传承。如今，虽然社会进步较快，但仍然离不开传统文化的作用，在高校思想政治教育中，传统文化被要求科学地继承与弘扬，为此，高校应将传统文化合理融入教育过程中，提高高校思想政治教育的实效性与科学性。

第一节　缺乏统一认识

中国传统文化思想是中华民族历史的结晶，其中包含的思想、价值观念、行为准则成为思想政治教育值得借鉴的精髓，我们应该把中国传统文化思想渗透到大学生思想政治教育中去，找到中国传统文化思想政治教育的切入点和结合点。从总体上讲，中国传统文化的价值观可以概括为以人为本位，以道德取向（儒家）为主导，以功利（墨家）和权力（法家）取向为两翼，以自然无为（道家）为补充，以群己和谐、天人合一为真善美统一的理想境界的多元价值取向体系。其中包含义利、德力、义生、德智、理欲、公私表示具体价值取向的范畴，真、善、美，表示人际和谐、天人合一美好境界的范畴，各范畴和诸要素共同构成一个完整的有机体系，彼此之间的关系具有鲜明的系统性和严谨性。即人贵于物、义重于利、德高于力、人际和谐、天人合一、义重于生、德高于智等。这些传统文化的价值体系一直主导着世代中国人的思想和行为，并以反映人的自身发展为中心的社会需求和价值取向，具有超阶级和时空局限的生命力，对于当代大学生思想政治教育是必不可少的要素。

一、中国传统文化思想的基本内涵

（一）"天人合一，人际和谐"的文化思想

"天人合一"思想是我国传统文化的一个核心思想，它肯定人与自然的统一，强调人类应当认识自然，尊重自然，保护自然，而不能破坏自然，反对一味地向自然界索取，反对片面地利用自然与征服自然。"天人合一"思想是我国传统文化在生态问题上最经典的智慧，是处理人与自然关系的古老而科学的原则，是我国哲学对人类文明的一大贡献。《易

经》说，"乾道变化，各正性命，保合太和，乃利贞。首出庶物，万国咸宁"。孔子说，"大哉尧之为君也！巍巍乎！唯天为大，唯尧则之，荡荡乎，民无能名焉"，其主张以"仁"待人，也以"仁"待物，即所谓"推己及人""成物成己"强调天、地、人的和谐发展。老子提出"人法地、地法天、天法道、道法自然"，强调人要以尊重自然规律为最高准则。庄子强调人类必须遵循自然规律，顺应自然，与自然和谐相处，达到"天地与我并生，而万物与我为一"的境界。荀子对顺应自然、利用自然有一段名言："天行有常，不为尧存，不为桀亡。"在人与人的关系上，传统文化提倡宽和处世，协调人际关系，创造"人和"的人际环境，追求以形成和谐的人际关系为主题的"大同"社会。中国古代"天人合一"思想，强调人与自然的统一，人的行为与自然的协调，守天则，遵循自然规律，才能达到"天人合一"。王阳明说："大人者，以天地万物为一体。"概括起来，他们的理论的共同点即在于"溶小己入大我"，或"化小己为大我"。这种"天人合一"的宇宙观，强调主体与客体的统一，主张有机地、整体地去看待天地间的万事万物。

（二）"自强不息，刚健有为"的文化思想

自强不息精神包括艰苦奋斗，勤学苦读，励志自强等。《易经》中说"天行健，君子以自强不息"，这是对自强不息精神的真实写照，君子以此为榜样，要自强不息，努力向上，以便能够与天的这种气质协调一致。孔子积极倡导并实践这种自强不息的精神，提倡人应当高远其志，发奋向道，不耽于衣食而无所用心。他在《论语》中指出，"发愤忘食，乐以忘忧，不知老之将至云尔"。《礼记·大学》倡言"苟日新，日日新，又日新"，也是反映了儒家日新不已、奋斗不止的人格观念的重要文字。司马迁在《史记》中写道"昔西伯拘羑里，演《周易》；孔子厄陈蔡，作《春秋》，屈原放逐，著《离骚》；左丘失明，厥有《国语》；孙子膑脚，而论兵法；不韦迁蜀，世传《吕览》；韩非囚秦，《说难》《孤愤》；《诗》三百篇，大抵贤圣发愤之所为作也"，这段记载恰恰说明了中华民族愈是遭受挫折，愈是自强不息的精神风貌。自强不息、日新奋斗的文化精神，可以被看成是中国传统文化中天人合一观及辩证法思想在中国人的生存态度上积极的价值渗透与塑造最集中的反映与结晶，也是对中华民族整体人格状态的历史概括与准确写照，它标明了传统文化中人的主体性的高度自觉。

（三）"修齐治平，国家为先"的文化思想

现代教育倡导要提高人的基本素质，这也是高校思想政治教育所遵循的基本原则。教育讲求"德学并重"，就要从"修身"做起。中国传统文化中特别注重道德教育和自我修养。《大学》讲"一切皆以修身为本""物格而后知至，知至而后意诚，意诚而后心正，心正而后身修，身修而后家齐，家齐而后国治，国治而后天下平"，德行为先，求知学文为后。古人把修身提高到国家兴亡的高度，作为齐家、治国、平天下的基础。如《中庸》说"欲治其国者，先齐其家；欲齐其家者，先修其身；欲修其身者，先正其心"。孔子说"君子求诸己，小人求诸人""见贤思齐，见不贤而自省焉""躬自厚而薄责于人，则远怨矣"。

它强调了一种严于律己、宽以待人的自律原则，也高扬了人的主体性。

（四）"讲情重义，诚实守信"的文化思想

中国传统文化讲求仁义忠恕、道德诚信、重情守义。《周易·系词上》说"一人同心，其利断金"，讲的就是朋友间心灵相通的巨大力量。《论语·坦仁》也说"夫子之道，忠恕而已矣"，就是要求人们要讲究忠贞和宽以待人。自从这一观点提出以后，经过汉代儒家代表人物董仲舒的发展，到宋明理学得到进一步强化。诚信是儒家伦理文化的基本规范之一。《管子》就提出过"诚实"的要求，强调"非诚实不得食于贾"；荀子也推崇"良贾"，以为"商贾敦懿无诈，则商旅安，货财通，而国求给矣"。在儒家思想影响下，中国古代职业领域长期信奉"诚实守信""买卖公平"的行为准则，同时也是人际交往的重要尺度。因此，"仁、义、礼、信"作为君了交友的重要原则无疑具有积极的人生态度和人生意义。

二、中国传统文化对思想政治教育的影响

虽然中国传统文化的主体是由儒家和道家共同构成的，但是在中国历史的发展过程中，儒家文化曾长期处于主导地位，儒学在其历久弥新的发展过程中，也逐渐成为一种重要的学术资源。在儒家文化中"和"文化是最核心的思想，也是儒家倡导的核心价值观，这其中始终渗透着思想政治教育，也为思想政治教育的开展提供文化资源。

（一）儒家"和"文化的阐述

"儒家最高的价值标准是'和谐'。"因此，在儒家的文化思想中，"和"这一思想也逐渐升华为一种观念形态的文化，即"和"文化。这里的"和"包含了四个方面的内容，即人与社会关系之和、人与自然关系之和、人与人关系之和以及个人自我身心之和四个方面，体现出的是由个体到整个社会的文化系统。

1. 人与社会关系之"和"

人是社会的基本构成因素，人与社会之间要建立一种和谐的关系需要每个人的充分发挥自身的主观能动性，积极参与，在社会全体成员各司其职的情况下，共同促进。儒家思想中提出"为政以德"施行德治，这里的"德治"就是以德治国，这也是儒家积极推进的能够充分彰显其道德哲学的政治价值。同时，对于统治者来说，还要施与"仁政"来赢取民心，这既是"仁者爱人"的具体表现，也是统治者以民为本的体现。其次，对于普通百姓来说则强调"克己复礼"的口号，用"礼"来规范和约束人们的行为，平衡调节好各利益群体间的关系，最终趋向和谐的社会状态。

2. 人与自然关系之"和"

儒家所提出的人与自然关系之和，是实现天人合一的前提，也是重要的表现形式，具体表现为人的活动和社会的活动都遵循自然的规律。也就是说，人类开展一切行动都要秉承着"天人合一"的理念，以实际行动来实现人与自然的和谐相处，我们看到在具体的自然万物面前，儒家始终恪守这一原则。

3. 人与人关系之"和"

儒家在处理人际关系时，倡导的原则是"和而不同"。"和"是一种兼容的状态，允许不同意见，不同个性的存在，谋求一种和谐共生的状态，"同"便是抹杀人们的个性、特点，强制性的要求同一性。人是群居动物，因此若要好好生存便需处理好群际关系，儒家提出："为人君，止于仁；为人臣，止于敬；为人子，止于孝；为人父，止于慈；与国人交，止于信。"即国君，要仁爱；臣子，要恭敬；子女，要孝顺；父亲，要慈爱；与人交往，要讲信用。它展示了一种处于不同层面的人际关系，从家庭到社会再到国家都强调了和谐的现实意义，层层扩展，由近及远实现人与人之间的和谐。

（4）个人自我身心之"和"

人自身的和谐是一切和谐的起点，人与社会、自然的和谐都寄托在个体和谐人格的培养上，儒家认为要实现个人身心的健康、和谐状态，就要实现个人生存的现实世界和内在的精神世界的和谐，而这一结果是需要内省、慎独、改过、力行等一系列环节逐步实现的。"三省吾身"就是通过自我分析来调控自身行为，使其符合道德规范；慎独，是指独处是仍然严以律己，约束自己的行为；改过，儒家认为，知错就改、闻过则喜，才是人们对待错误的正确态度；力行，强调躬身实践。这是一种由内而外的和谐状态，对于每一个个体来说，时时处处规范自身的言行，保持良好的道德操守，调适身心，才能最终实现个人自我身心的和谐发展。

（二）儒家"和"文化对思想政治教育的影响

思想政治教育承担着维护社会稳定，实现社会和谐发展的重要使命，"它最重要的任务就是通过多种方式以及丰富多彩的活动，提高人们的思想政治素质和道德素质，促使人们保持坚定正确的政治方向"。同时，从对儒家"和"文化的理解上看，思想政治教育中的价值观教育、生态观教育、道德观教育及心理健康教育都能从其中获得有益的借鉴。

1. 人与社会关系之"和"对价值观教育的影响

价值观是指人们在对周围事物能否满足个人或社会某种需要进行评判时所持的观点。它是人们对于自身所处环境的进行判断的根本观点和态度，也是在其价值反映和行动中起着主导作用。对于一个社会来说，无论处在哪个阶段都有与其制度、政策相适应的核心价值观。儒家文化在处理人与社会的关系方面从两个角度出发，首先主张"德治"，其次主张人们"克己复礼"。从这一思想对我们思想政治教育的影响出发，我们在进行价值观教育的时候主张努力约束自己不正当的欲望、不正确的言行，使自己的行为符合我们现实的规范、制度的要求。这也就要求思想政治教育者可以通过宣传先进事迹、树立典型范例或者开讲座的形式，来潜移默化地自觉提高自己的道德水平。

2. 人与自然关系之"和"对生态观教育的影响

"生态观"是人们对待自然的态度以及对于人与自然共存状态规律的看法。儒家的"和"文化中倡导"天人合一"就是指对自然万物和生态环境要合理利用并积极保护，从而构建人与自然的和谐关系。荀子提出"制天命而用之"，是要求人们按照自然的规律，取之有度地合理利用大自然。

儒家倡导的人与自然的和谐关系深深影响着我们的生态观,通过对这一思想的学习,在进行思想政治教育的过程中,要帮助大学生树立环保意识,自觉做到爱护环境,保护野生动植物,以促使人与自然的和谐共处。儒家的和谐生态观开阔了我们的眼界,这对于当代的生态文明建设具有重要的借鉴意义。

3. 人与人关系之"和"对道德观教育的影响

道德观是指社会中的人们,在其家庭和社会中应该遵守、恪守的道德规范和根本观点。儒家文化中最突出的便是道德的优先地位,"仁"是人的基本德性,强调人内在的道德自觉,要想使人真正成为一个人并完善自身,必须加强这方面的教育。其中"孝悌""忠恕"是"仁"的思想的内核,是由家庭延及到各种社会关系道德观。

当前大学生普遍受到人际关系的困扰,或多或少的存在着社交恐惧,因此在思想政治教育的过程中,加强儒家"为仁由己"的道德观的教育,从"仁"出发处理社会关系,有助于学生正确处理人际关系,并找到客服交往恐惧的方法,这对于我们加强家庭美德、社会公德甚至社会主义道德都有着非常重要的启示意义。

4. 个人自我身心之"和"对心理健康教育的影响

心理健康教育是思想政治教育的重要内容,它是指对受教育者进行有目的的心理疏导,使其心理和行为能够趋于和谐,身心实现健康发展的一项教育活动,它的最终目的是实现人的心理健康,这其中包括自我认知、调控情绪、适应环境以及待人接物这四个方面。而儒家的自我身心之和就是通过这几个方面展现的,也我们真正实施心理健康教育提供了重要的借鉴。由于现代教育大多是应试教育,忽视了对学生人格塑造及人文精神的培养,造成了学生心理脆弱或者道德示范等,因此当代的思想政治教育在开展心理健康教育时,要培养学生通过自觉协调身心关系来保障自身系统的健康,也才能增长才干、全面发展,为实现人生价值创造良好的自我环境。

"和"文化是中国传统文化的显著特征和内在精神,也是我们的最高价值追求。本文以儒家"和"文化为切入点,通过科学的分析来积极研究儒家"和"文化中有利于提高思想政治教育实效性以及能够对思想政治教育进行创新的思想资源和现实条件,并将这些思想切实应用到思想政治教育的过程中。在弘扬中华民族传统文化的同时,实现思想政治教育的创新发展。

三、思想政治教育对中国传统文化思想价值的冲突

当代大学生思想政治教育急需适合社会主义市场经济发展的价值体系。传统文化的价值体系内部结构完整,彼此之间的关系明确,既互补又协调,能为人们的思想和行为提供准绳或依据。但是,中国传统文化是中华民族几千年兴衰变迁的积淀,在形成过程中难免具有时代烙印和局限性。面对世界经济、文化多元化的冲击,教育对象在价值趋向,行为方式、思维方式等方面必然产生新的嬗变,因而不免与传统文化思想产生矛盾和冲突。而

这种矛盾和冲突又集中表现在受教育者对自主意识的提升和主动选择性的发挥上。如何在继承和发扬传统文化价值体系进步性的同时克服其消极性，实现其自身的优化和现代化，从而构建起符合时代精神的价值体系，必须对传统文化进行深刻反思，已成为思想政治教育中不可回避的深层次问题。

（一）道德化与功利性的冲突

传统文化思想具有一种明显的泛道德倾向，从人伦意义而不是从功利角度，传统文化对道德的过分倾斜造成了一种奇特的现象在传统社会中，道德建设一直处于社会生活的中心位置，道德完善也一直是个体和社会发展所追求的最高目标。而经济发展则让位于道德建设。因此在进行社会主义市场经济建设的今天，强调对物质利益关注，必然形成中国传统文化泛道德化与市场经济条件下的功利性的冲突与对立，这是当前大学生思想道德教育工作中一个焦点问题。

（二）整体性与个体性的冲突

个体性是指在群体与个体、公与私的关系上，主张突出个体的主体性。现时代是人的个性充分张扬的时代，人的个体价值日益受到关注和重视，因而与中国传统文化的整体主义或整体至上的观念形成了强烈的冲突。在中国的传统文化思想中，整体利益高于一切，个人并不是一个独立的存在，而是社会中的一个角色强调个体是渺小而微不足道的，整体是目标，是最高的存在。个人只有在被整体所包容、消融中才有价值可言。而当前，个体的生存需求、发展需求成为人生理想的重要内容，尊重自我、关注自我、发展自我成为众多社会个体的人生理想，对此，在整合传统文化的教育资源，加强当代大学生思想道德教育方面，对传统文化思想必须要有一个辩证的认识。

（三）绝对性与相对性的冲突

在中国传统文化思想中，在思维方式上追求"善"。求善的思维则重在制定规范、形成约定、讲究求同。要求众多的人有一个相同的思维指向，这就造成了人们的从众，趋同的思维心理，它通常以是否合乎规范，是否与别人一致，别人能否接受为思维前提，处处遵守外部规则，重视他人对自己的评价。这种思维方式就容易造成个体人格的不鲜明和个体行为的僵化保守。当前，随着人们物质生活的日渐丰富，多元的生活也带来了多元的思维，人们已不再追随他人的思维和行为模式，更追求一种个性化、有色彩、有特色的思维方式和生活方式，从而形成传统与现实的对立和冲突。因此，加强当代大学生思想道德教育，必须对这种在思想上和理论上表现为推崇绝对主义的思维方式有明确的认识和辨析。

以上冲突和表现是当前社会现实的反映，也是人们诉诸新理念的体现。当代思想政治教育要想有所为，对这种现实是不能回避和不容忽视的。应当看到随着社会发展的进一步深化，随着人们自我选择、自我设计和自主意识的提高，这种冲突必然在现实生活中凸显出来。当代思想政治教育必须建立在对传统文化思想精神批判继承的基础之上，适应时代潮流，因时而变，因势而变，积极更新观念，善于因势利导。只有认识到这一点，当代大学生思想道德教育体系才能在对传统文化思想的把握中有破有立，卓有成效。用中国传统文化重建当代大学生思想道德世界和精神世界，是思想政治教育工作的一项重要任务。

第二节　当前面临的困境

党的十八大以来，党中央高度重视传统文化在高校思政教学中运用。然而，当代中国高校思政教学与传统文化严重脱节，现代大学生对于我们民族传统文化的认同感似乎一代不及一代。

虽然思政课的内容应有很强的时代感，但缺乏传统文化经典的渗透。尽管思政教学是一个非常严肃的过程，但缺乏事例和经典的枯燥乏味的理论教学容易使学生的思维进入疲劳状态，影响到课堂教学的实效性。中华民族优秀传统文化"是中华民族语言习惯、文化传统、思想观念、情感认同的集中体现，凝聚着中华民族普遍认同和广泛接受的道德规范、思想品格和价值取向"。优秀传统文化蕴含着丰富的思想政治教育资源，通过对学生进行优秀传统文化教育，可以培养学生的思想道德和正确的处世态度，把优秀传统文化教育融入高校思想政治教育的范畴，可以说是思想政治教育的一大创新。然而，优秀传统文化融入高校思想政治教育的实践表明，大部分高校院校的实施并不令人满意，存在种种缺失的现象。

一、从政策到现状——优秀传统文化在高校思想政治教育中缺失的基本现实

近些年来，我国十分重视优秀传统文化在大学生思想教育中的地位，出台了一系列加强大学生传统文化教育的政策方针。2004 年，中共中央颁布 16 号文件《关于进一步加强和改进大学生思想政治教育的意见》，其中明确要求在大学生思想政治教育中要发挥民族优秀传统文化的作用，要对当代大学生深入进行弘扬和培育民族精神教育。2014 年 4 月教育部《完善中华优秀传统文化教育指导纲要》特别强调要"充分发挥中小学德育课和高校思想政治理论课的重要作用。促进思想政治教育与中华优秀传统文化教育的紧密结合，以爱国主义教育为核心，深入挖掘中华优秀传统文化中蕴含的丰富思想政治教育资源，进一步丰富中小学德育课和高校思想政治理论课的教学内容，创新教学方法和手段，提升教学效果"。从宏观政策来看，国家对优秀传统文化融入大学生思想政治教育非常重视，并且在政策的推动下，也取得一定成效，但从高校思想政治教育现状上看，对优秀传统文化的重视和传承并没有得到应有的关注，甚至可以说是忽视，这主要体现在以下几方面。

（一）对优秀传统文化融入高校思想政治教育的重视不够

从 20 世纪 90 年代末以来，为了适应社会的需要，高校教育发展非常迅速，成为职业教育中的重要组成部分，至今已占据了我国高等教育体系的半壁江山。高等职业教育从人

才培养定位来看，是以就业为导向培养既具有良好职业道德又具备技术应用能力的高素质职业人才。但是实际上，大多数高校院校在主导思想上存在偏差，认为只有提高学生的技能，在全国、全省的技能大赛中获得名次，才能提高学校的竞争力和知名度，所以在这种社会功利主义思想的诱导下，表现在教育教学环节上，往往片面的追求实践技能的教育，而忽视了学生的全面发展和综合素质的提高，导致学生的全面发展逐渐被技能的专业训练所替代。所以，优秀传统文化融入思想政治教育虽然有宏观政策的重视和推动，在高校思想政治教育的部分环节上有所加强，但在整体格局上却是处于一种日常应付的状态，甚至认为是额外的负担。即便是思政教师，由于其固有的教育理念、惯性思维的影响，往往认为传统文化教育就是对传统文化知识的学习，忽视对民族和文化精神的把握，忽视优秀传统文化在大学生思想政治教育中的当代教育价值，再加上学校不重视，导致经费的严重匮乏，这样就更无法调动思政教师的积极性，种种缘由使得优秀传统文化在高校院校思想政治教育中的缺失变得尤为严重。

（二）优秀传统文化融入高校思想政治教育的内容单薄

目前高校思想政治教育的主渠道是通过思政理论课开展实施的，包括《毛泽东思想和中国特色社会主义理论体系》和《思想道德修养和法律基础》两门课程，而这两门课程的内容偏向政治教育，道德性、文化性的内容偏少，优秀传统文化的内容就更单薄了，仅在部分章节上略有体现。在第二课堂活动和校园文化建设中优秀传统文化教育也重视不够，偶有个别讲座和活动涉及，在内容上是零碎的、片面的、不系统的。因此，优秀传统文化融入高校思想政治教育，从现有内容和结构来看显得单薄，还未形成应有的内容体系。

（三）优秀传统文化融入高校思想政治教育的方法陈旧

优秀传统文化的教育方法主要是以理论灌输为主，强调知识的传授与掌握，虽然也主张理论与实际相结合，但更突出的是理论的系统性，形成了以"教师、教材、课堂"为中心，以"传授知识接受知识"为模式的传统教学方法。而与之相对应的，是在学生成绩的评价方式上，也主要是以知识考评为主，即以理论成绩作为评价学生的主要标准。这种以教师为主体的脱离学生实际生活的教育方式缺乏互动性，受到学生的排斥和抵触，学生当然缺乏兴趣。优秀传统文化融入高校思想政治教育的目的是要将优秀传统文化的精神内化成为大学生的世界观、人生观和价值观，转化为大学生的日常行为规范，进而全面提升大学生的人文素养。这种陈旧的教学方法虽然使学生了解了传统文化的知识，但知识如何在实践中内化为素养则在一定程度上被忽视了，违背了"素质养成"的目的，也造成知行脱节的情况。

二、从现状到理念——树立优秀传统文化融入高校思想政治教育的教育理念

优秀传统文化融入高校思想政治教育的现状不尽如人意，要改变这一现状，必须要重

视优秀传统文化在高校思想政治教育中的价值和意义，树立正确的传统文化教育观念。

（一）大学生的全面发展是优秀传统文化融入高校思想政治教育的主要目标

优秀传统文化融入高校思想政治教育，作为一种教育方式，必须关注学生的发展与成长需要。要将优秀传统文化的育人价值与学生发展、成长的需要进行内在的沟通，目的在于让学生学会从优秀传统文化中找到适用于现代生活的部分，学会在个人与社会、国家、自然环境的和谐共处中智慧地生活；培养良好的生活方式和道德意识，树立正确的人生观、价值观。所以，将优秀传统文化融入高校思想政治教育，其主体是思想政治教育，而优秀传统文化是作为一种教育理念、一种教育资源、一种传播载体、一种文化背景的形式纳入到高校思想政治教育的范畴之中，提高高校思想政治教育的文化含量，发挥其感染熏陶、潜移默化的"以文化人"的作用，其最终目的是为学生成长和发展服务，实现大学生的全面发展。

（二）社会主义核心价值观是优秀传统文化融入高校思想政治教育的核心内涵

习近平总书记在 2014 年"五四讲话"中指出，"中华优秀传统文化已经成为中华民族的基因，植根在中国人内心，潜移默化影响着中国人的思想方式和行为方式。今天，我们提倡和弘扬社会主义核心价值观，必须从中汲取丰富营养，否则就不会有生命力和影响力。我们提倡的社会主义核心价值观，就充分体现了对中华优秀传统文化的传承和升华"。中华优秀传统文化是社会主义核心价值观的根基，大学生社会主义核心价值观的培育与践行必须立足于中华优秀传统文化。当代大学生在社会变革、经济转型和多元文化的背景下，对于价值观的辨别和选择尚不能准确地把握价值尺度，其个体的价值观和优秀传统文化的价值观念存在冲突，出现多元价值观并存甚至背离的现象。因此，优秀传统文化融入高校思想政治教育，应立足于大学生的思想状况，关注学生的价值冲突和困惑，借助优秀传统文化这一文化载体，利用传统文化的价值精髓引导学生，将优秀传统文化价值观与学生个体的价值观进行有效地沟通，帮助学生调适冲突，走出价值观分辨和取舍的困惑，从而形成正确的价值观。

所以，优秀传统文化融入高校思想政治教育的核心内涵就是要把社会主义核心价值观与大学生的现实价值导向有机地结合起来，促进大学生对社会主义核心价值观的全方位理解，进而形成普遍认同，使之从思想与行为两方面自觉践行社会主义核心价值观。

（三）培养创新精神是优秀传统文化融入高校思想政治教育的新使命

"对于文化发展来说，教育至少有三层意义：保存文化，维持文化生存；积淀文化，塑造民族性格；促使文化增殖。"优秀传统文化融入高校思想政治教育不应只是单纯的知识传授，更应引导学生以理性的态度、创新的精神对优秀传统文化进行多角度、客观的分析，对优秀传统文化的精髓进行现代诠释，赋予其富有时代特色的内涵和形式。例如职业道德的时代性，应在爱岗敬业、诚实守信等传统职业道德的基础上，倡导办事公道、服务群众和奉献社会等当代职业道德。对艰苦奋斗精神的当代解读，应引导学生认识到不是要节衣缩食，过着苦行僧一样的生活，而是在日常生活中要珍惜资源，不奢侈、不浪费，还要具有百折不挠的意志和锐意进取、开拓创新的精神。对"滴水之恩当涌泉相报"的感恩美德的时代解读，应引导学生将这种对个体的感恩方式转化为一种观念、一种更为高尚的回报精神，即将爱心传递去帮助需要帮助的人，倡导志愿者精神。

这样，在继承、弘扬的基础上又有所创新，延伸出适应时代需要的内涵，从而丰富了传统文化的内容，促使传统文化增殖。所以，培养创新精神是优秀传统文化融入高校思想政治教育的新使命。

三、教学资源的缺乏和教学时数的限制

教学资源的缺乏和教学时数的限制使传承五千年的传统文化在思政教学中鲜有出现，弘扬传统文化、践行社会主义核心价值观只是纸上谈兵，使学生有虚无缥缈的空洞感。思想政治教材内容偏重于国家的大政方针政策，呈现给学生的内容都是好的一面，对学生急需解决的与自身实际相关的问题，如情感问题、家庭危机等问题没有很强的针对性，脱离了学生的生活实际，导致学生认为上思政课是为了完成学分，和自身修养的提升没有一点儿关系，于是出现了思政老师最头疼的上课玩手机、睡觉、聊天、逃课等现象。

第三节　师资力量的缺失

师德建设是一所学校的立校之本，但缺乏传统文化素养培育的师德建设就使得一所学校缺乏灵魂之所在。党的十八届三中全会中提出要完善中华传统文化教育，落实立德树人的根本任务。中国传统文化博大精深、源远流长，高校师德建设尤其要加强其传统文化素养培育。近年来，党和国家高度重视传统文化的传承和弘扬。"百年大计，教育为本。教育大计，教师为本。"传承中国传统文化精髓是时代赋予教师的责任。高校是教书育人之地，要使传统文化在高校思政教学中发挥其实效性，高校思政教师应该尤其注重自身传统文化素养的提升，只有这样才能找到传统文化与思政教学的契合点，在教学中不断渗透传统文化，使学生能够耳濡目染。然而在高学历、年轻化的教师中，他们的传统文化素养却令人堪忧：原则上认可传统文化，实际上学习兴趣不高；自身所具备的传统文化素养严重不足。

一、中国传统文化中的师德建设的内容

几千年来，中华民族赋予教师特殊的尊严和使命，为了维护教师尊严和承担社会使命，在历代统治者及教育家的传承发扬下，教师职业道德不断发展、丰富、完善，逐步形成了具有中国文化特色的师德传统。

（一）不倦的敬岗爱业精神

在传统文化中，教师地位与"天地君亲"并举，上升到"导民众、正民风、安邦国"

的高度。在这种特殊文化背景下，教师须具有强烈的责任感、使命感和敬岗爱业精神。那么，教师如何做到"敬岗爱业"呢？首先，教师要具有"诲人不倦"精神。如孔子认为"爱之，能勿劳乎？忠焉，能勿悔乎？""教不倦，仁也"，体现了"孜孜不倦"是教师高贵人格和崇高精神境界。孟子则提出"得天下英才而教育之，三乐也"。即把教书育人当作人生的三大乐事之一。其次，教师应具有无私教诲的胸怀，无私无隐地传授知识。孔子说"二三子以我为隐乎？吾无隐尔乎。吾无行而不与二三子者，是丘也"。他以身作则、毫无保留地把知识、思想传给学生，甚至有些奇闻逸事连他亲生儿子从未曾听过。最后，教师要具有积极主动的育人态度。墨子主张"虽不扣，必鸣者也"，主张教师要积极主动的教书育人，以"为义"精神进行"说教"和"劝教"。

（二）浓厚的热爱学生情感

对于教师而言，爱人就体现在爱护、关怀学生，这是教好学生、搞好教育的前提。在传统文化中，爱生情感体现在三方面。首先，要尊重学生、平等待人、亲近学生。孔子提出"学而不厌，诲人不倦"，就是要求教师自己最大的诚意和耐心去教育学生。清代唐甄提出"教者贵亲，亲者易知；承教者亦贵亲，亲则易化。煦妪覆育，如鸡之伏卵，而后教可施焉"。认为只有教师对学生有了爱心，建立良好师生关系，学生才会接近他，才会更容易接受教师所传授的知识。其次，要严格要求学生，而不是放纵迁就学生。孔子曾严厉地批评和谴责宰予的学习怠惰，他认为学生应严格要求自己，刻苦磨炼生活、学习、意志品质。孟子也主张教师要严格要求学生，要"苦其心智，劳其筋骨，饿其体肤"。王夫之曾明确指出，如果教师"俯从"学生，降低标准，那么结果会导致学生陷于"不知不能"的被动悲境。最后，对学生要有积极期待，鼓励学生不断超越。作为一名教师，不应仅满足学生对自己传授知识的掌握，而更应鼓励学生能超越教师。

（三）坚定的"德育为先"原则

"教书为本，育人至上"提示了教书是教师的本分，育人是教师的天职。早在商周时期，教师就肩负着造就能"修己治人"人才的重任。如管仲认为"终身之计，莫如树人"，明确指出教书育人有着不可估量的社会价值。那么，教师应如何培养人才呢？孔子认为，"德之不修，闻义不能徙，不善不能改，吾忧也"。他最担忧学生不修德，不求学，听到仁义之事不去做，有缺点不能改正。可见，孔子将修德、讲学、徙义、改过作为教育之本，且将修德放在首位。在《礼记·文王世子》中指出"师也者，教之以事而喻诸德也"。提示教师不仅传授知识，还应培养学生优良道德品质，且"教之以事"是手段，"喻诸德者"才是最终目标。荀子认为"礼者，所以正身也；师者，所以正礼也"，进一步指出教师在引导学生行为举止、塑造道德品质等方面的重要作用。可见，传统教育内容既注重对学生知识传授，更重视其品德培养，体现了传统师德坚定的育人至上、德育为先原则。

（四）端庄的为人师表品格

中国传统的师德，特别强调教师的言传身教、为人师表的品格。孔子认为"其身正，不令而行；其身不正，虽令不从"，"苟正其身矣，于从政乎何有；不能正其身，如正人何"。提示了以身作则、言行相符、以身垂范是教师的最基本德行，在一定程度上身教比言教更为重要，教师身体力行为学生树立良好榜样，可以产生巨大的教育力量。此外，墨子的"以身戴行"；孟子的"教者必以正"；韩愈的"身为正仪"；扬雄的"师者，人之模范也"（《法言•学行》）；陆世仪的"人品不立，则自知不足以师"；张行简的"为师之道，端口为先。模范不端，则不模不范矣"，这些思想都诠释了以身作则，为人师表的重要性。教师只有正己，才能正人，只有完善自身人格，才能培育更完美人才。近代教育家叶圣陶先生更是一语道破为人师表的重要性，他认为"教育工作者的全部工作就是为人师表"。

（五）不断地与时俱进精神

教师在追求和传授知识过程中，不仅要闻道、精业、解惑，还要孜孜不倦地好学进取、具有与时迁移，开拓创新精神。那么，教师如何做到与时俱进呢？首先，要博学之。《礼记•学记》中指出"能博喻然后能为师"；孔子认为"博学而笃志，切问而近思，仁在其中矣"；王充也认为"古今不知，称师如何"。这些思想强调了作为一名教师首先必须具有广泛的知识。然而，教师仅仅博学是不够的，更重要是学思结合，开创性发现知识。因此，孔子鼓励学生提出疑问"吾与回言，终日不违，如愚"，认为不提出相反观点是愚蠢；孟子也认为"尽信书，不如无书"。最后，教师还要知行并重。朱熹认为"学之之博；未若知之之要。知之之要，未若行之之实"，王阳明在《传习录》中说"知是行的主意，行是知的功夫，知是行之始，行是知之成"。概括而言，传统文化中强调了教师要具有"博学之，审问之，慎思之，明辨之，笃行之"，与时俱进的开拓精神。

二、高校教师传统文化教育不足的原因

"人才强校"已经成为高校发展的基本方略，所有学校都在为积蓄高品质的优秀人才，充分发挥各类人才作用而煞费苦心。应当讲，这些努力是有成效的，许多学校引进了大批的青年教师，无论从学位、职称还是从科研、学术成果来看这些教师都比历史上任何时期都有了很大的提高思政教师成为了学校进一步发展的核心力量。但是，我们又不能不承认，我们的教育工作还存在着薄弱环节，其问题的"瓶颈"恰恰是我们教师队伍的整体素质还跟不上时代的要求。另外，高校教育是一种培养行业需求的中等实用型人才的教育。这种教育方向决定了我们对中职生源挑选的宽松性，而宽入口就带来了高校学生有相当部分没有明确的人生目标，不懂感恩，不讲孝悌，被动学习的情况。而这些表现本质上是传统文化教育缺失或者无力的问题。让学生接受传统文化的教育获得了社会越来越多的共识，但传统文化教育的实施者中，教师扮演着重要的角色，面对着复杂多变的学生，教师的言行直接影响着学生的思想，这给我们新时期中职教育工作者特别是青年教师提出了一个新的挑战。高品质的教师是学校学生教育的中坚力量，但高品质并不能简单地等同于高素质，前者更多地体现教师本人的专业知识、学术水平，而后者更侧重于受惠于学生的教师职业

素质上。

其一，社会大环境对传统文化的漠视，是思政教师对传统文化缺乏兴趣的重要因素。

其二，传统文化自身的烦琐深奥，难以理解，同时存在着诸多的问题。诸如，许多传统政治文化建立在等级秩序之上，与现代社会强调平等、自由的价值追求不相适应的问题；许多传统文化建立在农耕社会基础上，与现代工商业社会不相适应的问题；许多传统民俗建立在价值模糊、缺乏规范的基础之上，不能满足人们精神需求的问题；许多传统建立在满足于归属感层次，不能满足尊重、自我实现精神需求的问题等，从而使传统文化与现代社会脱节。从而造成青年教师在思想上很容易随波逐流。

其三，大众传媒的兴起对民俗文化的挤压。随着大众文化及网络速食文化的兴起淡化了传统文化的教育，使传统文化弱化。青年教师思想活跃，更容易受到大众文化及网络速食文化的影响。

其四，社会经济转型，市场经济的快速发展，冲击了传统文化。全球一体化，外来文化的输入对传统文化的渗透，使大学生的人生观、价值观、世界观的取向功利化，再加上年轻人的猎奇心理，使文化西化倾向明显。

总之，"由于受功利化的教育价值取向和短期行为的影响，出现教育与文化的分离。教育的主要目标片面追求专业技术人才的培养。这是当今世界教育的普遍倾向，导致受教育者成了具有知识技能但缺乏文化素养的人"。

三、以传统文化教育促进中职青年教师师德建设的必要性

传统文化教育能有助于青年教师的师德建设，更有助于影响学生的言行。中国传统道德教育思想在"言教"与"身教"关系问题上，更倾向于身教重于言教，强调教育者要以身作则，率先垂范。"正人先正己"，为人师者，必先正其身，先修其德，先立其行，然后乃能育人、乃能化人。所以，教师要加强道德品质的自我修养，净化自己的心灵，用自己的美丽心灵塑造学生的美丽心灵，用自己高尚的人格魅力去感染学生；使学生确信其教育指导的正确性、真实性，从而"亲其师、信其言、效其行"，从而达到潜移默化的德育效果。传统文化是我国优秀的教育文化，应当传承，"为人师表"，不仅仅是"学表"，更重要的是"德表"。而传统文化正式弘扬"德表"的有力工具。

伴随着高等教育的大众化，大学生生源的复杂化的情况，大学生有很强的自我意识，但是责任意识缺失。他们认为社会或者他人对自己提供的帮助是天经地义的，他们不需要去报答。但是如果遇到挫折，他们就会抱怨社会对他们的不公正。相反，他们很少反思自己应该做些什么，自身存在什么问题，缺乏一种责任感。而青年教师思想活跃，更容易认识和了解当今学生的思想，更容易走进学生的内心世界。通过有亲活力、带有传统文化气息的思政教师，把传统文化所饱含的正能量传递给中职学生，会使得学生更容易受到感染。因此，可以说传统文化的教育是师德建设的一个重要内涵。

第四节　构建以传统文化为载体的思想政治教育有效机制的思考

构建以传统文化为载体的思想政治教育有效机制，有其理论的、实践的和学科发展的需要。同时，传统文化与思想政治教育在内容上、功能上和价值取向上的契合，为思想政治教育以传统文化为载体提供了可行性。因此，构建思想政治教育的有效机制，需要在理念、学理、对策和实践层面提出思路，以提升思想政治教育的文化品位。

一、思想政治教育以传统文化为载体的必要性

科学界定思想政治教育载体，是有效选择合适载体的理论前提。所谓思想政治教育的载体，是指在实施思想政治教育的过程中，能够承载和传递思想政治教育的内容或信息，能为思想政治教育主体所运用，促使思想政治教育主客体之间相互作用的一种活动形式和物质实体。也就是说，思想政治教育载体必须承载思想政治教育的目的、任务、原则、内容等信息，并能为思想政治教育者所操作；思想政治教育载体必须是联系教育主体和教育客体的一种形式，主客体可借助这种形式发生互动。真正有效的思想政治教育应该是通过建立在有效的载体基础上的"文化自觉"。著名社会学家、思想家爱弥尔·涂尔干曾指出："没有一个民族的道德教育是建立在把现实社会变成与传统毫无相关的白纸之上的。"当代思想政治教育根植于中国传统文化的土壤之中，离不开本土化的国情和人情，以传统文化为载体是保证高校思想政治教育有效性的前提条件。

（一）从理论上看，以传统文化为载体是把握思想政治教育内在本性与规律的要求

思想政治教育是一个系统工程。系统工程要求用系统的观点研究思想政治教育要素的构成，诸要素之间的内在联系和层次关系，有序地构建以社会主义核心价值体系为主轴，全面的完整的体现马克思主义的立场、观点、方法及其教育的有机严密的整体。唯有如此，才能充分发挥思想政治教育的综合效应，实现思想政治教育的目标。思想政治教育过程的要素包括教育主体、教育客体、教育介体和教育环体。教育主体，是思想政治教育过程中有目地的对教育客体施加教育影响的个人或群体，在思想政治教育过程中组织引导思想政治教育过程。教育客体，在教育过程中，既完成自身从知到行的转化，又反作用于教育者和教育介体。教育介体，是指在思想政治教育过程中，教育者用来影响受教育者的一定社会所要求的思想品德规范及其方法、手段。教育环体，是指对人的思想品德的形成和发展以及思想政治教育过程产生影响的一切外在条件的总和。在思想政治教育过程中，这几个要素互相联结、互相制约、互相依赖，整个教育过程就是不断解决这几个要素之间矛盾的

无限循环过程。载体就是各要素的联结点，是思想政治教育系统不可缺少的重要组成部分之一。作为思想政治教育这一过程综合组织形式的载体，要求能提供教育主体和教育教育客体相互作用的空间和持续"渗透"的能力。高校思想政治教育理论置身于中国传统文化这个大的文化背景之中。这就注定了承担着文化传承任务的思想政治教育必须根植于传统文化，应当积极地吸取传统文化的精华，充分利用传统文化这一人文资源载体服务于思想政治教育。

（二）从实践上看，以传统文化为载体是增强思想政治教育有效性的需要

作为塑造人的灵魂的思想政治教育，是以解放人的思想和精神为根本任务的社会实践活动，具有知识传授、能力培养和价值观教育的功能。思想政治理论教育的主要目标是科学价值观的教育，以科学的世界观、方法论教育人、启发人。因此，加强和改进思想政治教育工作，提高思想政治理论教育的实效性，不仅取决于社会怎么强调它，更取决于社会对于它的真正有效接纳。也就是说，真正具有可信度的思想政治理论课，它的目标、内容与方法，应当是为受教育者所自觉认同的。从这个要求来审视，我们必须以传统文化为载体构建思想政治理论教育的有效机制。改革开放虽然使我国的社会生产力得到了空前的发展，但外来思想对我国主导思想文化正在进行着有力的冲击。在这种复杂的条件下，只凭相关的思想理论教科书对学生进行单纯的思想教育，已不能适应形势的需要。我国是一个文化大国，我们的祖先以他们过人的聪明智慧、丰富的情感体验和生活阅历创造了优秀的精神文化，这是一笔用之不尽、取之不竭的宝贵财富。在今天加强高校思想教育特别是思想素质教育的过程中，应重视发掘我国优秀传统文化的精华，对学生开展传统文化的教育，这将对学生爱国主义思想的形成、人道主义精神的培养、人格理念的提升都会起到十分重要而积极的作用。江泽民同志指出："我们的文化建设不能割断历史。对民族传统文化要取其精华、去其糟粕，并结合时代的特点加以发展，推陈出新，使它不断发扬光大。"以传统文化为载体，有助于深化思想政治教育的机理和规律的研究，有助于构建一个理论体系完善且具有持续发展能力的思想政治教育有效机制。

（三）从学科发展看，以传统文化为载体是整合思想政治教育资源的有效渠道

从提高人的全面发展的高度来看，大量的学科是以提高人的科学文化素质为目标的，而思想政治教育则是以提高人的思想道德素质为目标的诸多学科之一。思想政治教育所依托的学科是一门政治性、科学性和实践性很强的学科，既同人们的思想活动及其发展规律密切相关，又与社会的政治、经济、文化和各种社会生活紧密相连。思想政治教育的研究不仅有着自身的历史文化背景，还有着它独特的研究目的。在人类教育史上，德育、智育等的分化与细化，为我们提供了更加深入细致地探寻教育规律、提高教育成效的思维方式与实践形式，但却没有改变人的素质整体性提升的规律与教育活动的整体性存在方式。在现实的思想政治教育中，思想政治教育所蕴含的文化含量的丰富性却被有意无意地忽略，这将人的文化素质的发展从思想政治教育目标中割裂开来，将育人的职责从极其广泛的文

化领域卸将下来，将具有丰富育人力量的文化资源从思想政治教育资源中排除出去。片面理解思想政治教育的政治性，忽视思想政治教育的文化，将导致思想政治教育资源的单一化和教育形式的呆板化。"诚则明矣，明则诚矣"，深刻说明了思想政治教育的内在交融性与共生性。因此，以传统文化为载体，有利于思想政治教育继承优秀文化传统，促进思想政治教育学科的整合和拓展。

二、思想政治教育以传统文化为载体的可行性

当今社会，思想政治教育社会化趋势日益彰显，思想政治教育的主客体及其身份呈现多样化发展态势，适应这种新变化，选择一个覆盖面广、承载信息多、更富特色的合适载体，是保证思想政治教育有效性的前提条件。

习近平在党的十九大报告中指出："中国特色社会主义文化，源自于中华民族五千多年文明历史所孕育的中华优秀传统文化，熔铸于党领导人民在革命、建设、改革中创造的革命文化和社会主义先进文化，植根于中国特色社会主义伟大实践。"因此，要全面认识祖国的传统文化，取其精华，去其糟粕，使之与当代社会相适应、与现代文明相协调，保持民族性，体现时代性。这些为思想政治教育以传统文化为载体奠定了基调。充分利用传统文化这一人文资源载体服务于思想政治理论课，运用传统文化来活化思想政治教育的内容和方法，拓展思想政治教育的资源，增强思想政治教育的实效．营造和谐的思想政治教育文化氛围，是传统文化的题中应有之义。

（一）以传统文化为载体的思想政治教育在内容上的可行性

文化从广义来说，是指人类社会历史实践过程中所创造的物质财富和精神财富的总和。从狭义来说，文化是指社会的意识形态，即观念形态的文化，其中价值观和具体化的规范是文化的核心内容。从本质上说文化就是人化，就是指内在于一切事物中的人类对于世界的理解和认识，是人类的世界观、价值观和审美观。从这一个角度来看，思想政治教育实际上与文化有千丝万缕的关系，甚至可以说思想政治教育本身就是文化活动的一种。所以"教育对人的影响事实上也就是文化对人的影响"，文化对人的影响具有全面性，既包括对科学知识、专业技能的影响，又包括对思想观念、道德规范的影响。也就是说，文化本身蕴含着大量的思想政治教育内容，它能潜移默化地影响着人们的思想和行为趋向，引导人们树立正确的价值观。高校思想政治教育所承担的教育内容包含政治教育、社会目标教育、思想教育、价值观教育和道德教育、社会规范教育。社会主义核心价值体系要求高校思想政治教育把以往政治教育、思想教育和道德教育的内容。整合到马克思主义指导思想、中国特色社会主义共同理想、民族精神与时代精神、社会主义荣辱观这一体系中来，以帮助人们提高理论认识和科学思维能力。中国传统文化本身蕴含着大量的思想政治教育信息，是一种潜在的巨大教育力量。中国传统文化是一种以"仁爱"为核心，以文化教化为目的的一种伦理型文化，思想政治教育可从中提炼出有现代意义的的内涵加以借鉴和进行现代阐释。例如，中华传统文化的辩证思维有利于更好地理解马克思主义基本理论，中华传统

文化求真求善的精神有利于培育中国特色社会主义共同理想，中华传统文化深厚的爱国传统有利于凝聚民族精神，中华传统文化注重人格修养，强调修身、正心、明德，有利于牢固树立社会主义荣辱观，中华传统文化知行合一的道德修养方法对加强思想政治教育的实效性有借鉴意义。

（二）以传统文化为载体的思想政治教育在教育功能上的可行性

美国人类学家克莱德·克鲁克洪指出："一种文化都是一种结构……是一种有相互依存性的系统，并且具有按某种感到合适的方式分隔和排布的形式。"作为文化传承的思想政治教育当然也必须合宜地置身于文化结构中为其预留的空间，体现并发挥它合宜的文化作用。首先，中国传统文化在思想政治教育中具有承载和传导功能。向教育客体传导社会要求的政治观点、价值观念和道德规范是思想政治教育载体的目的和主要功能。思想政治教育是一个以载体为基本渠道，以传导思想政治教育信息为中心的过程。中国传统文化是一种潜在的巨大的教育力量，以深刻而持久的渗透功能，影响着人们的内心世界。其次，中国传统文化在思想政治教育中具有整合功能。思想政治教育通过价值整合，对社会成员施加有目的、有计划、有组织的教育影响，可使他们形成符合一定社会所需要的思想品德。中国传统文化是中华民族五千年文化积淀的成果，思想政治教育理论必须置身于中国传统文化这个大的文化背景之中，才能保证思想政治教育信息有效传递后，实现良陛的"信息反映"，使思想政治教育的内容内化到自己的思想和行为中，实现既定的教育目标。最后，中国传统文化在思想政治教育中具有濡化功能。文化濡化是指由于传播使两种或两种以上的元素互相接触，其中的一种文化吸收或采纳了另一种文化元素或集丛，并使它与主体文化协调起来，最终成为主体文化中的一部分。中国传统文化具有多元一体的性质，符合高校思想政治教育一元主导与多样发展的时代要求。它可为构建一个坚持马克思主义为根本指导思想，以中华民族优秀传统文化为基础，以科学精神借鉴西方文化的高校思想政治教育理论的有效机制提供思想资源。

（三）以传统文化为载体的思想政治教育在价值取向的可行性

思想政治教育是通过传递人类文化，促使人类社会化，进而又反作用于一定社会的实践活动。思想政治教育的本质就是育人，当代文化教育学的创始人斯普朗格明确主张："教育绝非是单纯的文化传递，教育之为教育，正在于它是对人格心灵的唤醒，这是教育的核心所在。"科学实施教育活动，必须把握人的思想形成与发展的规律，研究和掌握人的本质。"以人为本"向来被认为是中国传统文化的一大特色。"中国传统文化的精神是人文主义，具体表现为：不把人从实际关系中孤立出来，也不把人同自然对立起来；不追求纯自然的知识体系；在价值论上是反功利主义的，致力于做人。"以儒家文化为核心的中国传统文化，是一种伦理型的文化。"仁者爱人"是一种早期的人本主义思想。"仁"既是一种人我关系的准则。也是实行这一准则的普遍的方法论，在维系中华民族的发展与处理社会、个人的关系等方面发挥了主导作用。以人为本的中国传统文化，以人的尊严和人的发展价值取向来探讨人生的重大问题。它倡导以人为本，注重人格修养，追求至善至美的人生境界。例如，"天下兴亡，匹夫有责"的社会责任意识、"修身、齐家、治国、平天下"的群体价值、"刚健有为、自强不息"的进取精神等一系列弘扬人的价值的中国道德教化，无不体现出人性精神的理论。中国的传统文化之所以有别于世界其他国家和民族的传统文化，是因为它以儒学为主体的人文精神。传统文化中蕴藏的核心价值观和普适价值——"人文精神"，既是中华传统文化的核心，也为思想政治教育理论课在新形势下形成有效的导向力量和规范力量提供了思想资源，有助于构建具有中国特色的思想政治理论教育体系。

三、思想政治教育以传统文化为载体的实践性

思想政治教育是一门以马克思主义理论为基础，综合性和实践性都比较强的科学。它是通过培养健康完善的人格，提高人的思想道德素质来促进人的全面发展为目标的教育学科。思想政治教育能否真正发挥自己的优势，其重要环节在于能否从中国优秀传统文化中吸取营养，使其在自身内容的建构上具有丰富的文化内涵和文化精神。为此，我们需要从不同角度来构建以传统文化为载体的思想政治教育有效机制。在理念上要关注思想政治教育的文化使命，增强"文化自觉"的意识。长期以来，我们的思想政治教育注重了理论上的科学性和功能上的目的性，却很少探讨人们实际接受的思想政治教育能在多大程度上成为中国文化的一个有机组成部分。要用科学的方法使科学的理论进入大学生的头脑，使学生在学习和实践的过程中，逐步将其内化为自己的成才目标、理想信念和精神支柱。离开深厚的民族土壤而片面强调灌输，必然会丧失其文化根基，致使思想政治教育只有政策内涵而缺少文化底蕴；只有"官方"的灌输，而无"民间"的自觉。费孝通先生认为，文化自觉是当今时代的要求，它指的是生活在一定文化中的人对其文化要有"自知之明"，明白它的来历、形成的过程、所具有的特色和它的发展趋向及其优点和缺点，懂得发挥优势，克服缺点。

思想政治教育要帮助学生在充分认识文化和国情的基础上树立文化的自觉意识。在学理上研究思想政治教育的文化价值。要将思想政治教育的内容融于优秀传统和历史文化中。深入系统的理论研究是高屋建瓴地构建思想政治教育有效机制的必要理论前提和思想保障。中华民族优秀的文化传统，包括"天人合一"的易文化，"仁爱忠恕"的儒文化。"性空随缘"的释文化，"自然无为"的道文化，还有从其中衍生出来的孝文化等。它们以其厚重的底蕴和深邃的哲理。给人以深刻的思想和道德的启迪，具有陶冶情操、修养身心的功效。大学生多一份厚重的传统文化底蕴，就会少一份轻浮的言行举止；多一份对传统文化的认知。就会少一份对多元文化的迷茫和困惑。思想政治教育者应该对中国传统文化精髓进一步挖掘。厘清中国传统文化的来龙去脉及其变化发展的内在机制，为中国传统文化凭借自身魅力感染人、影响人提供科学依据。在对策上要整合思想政治教育的文化资源。指导我们自己的实践。思想政治教育兼具政治性与文化性，要求我们在遵循思想政治教育规律的同时，也应该自觉遵循文化教育的规律，注重不断拓展文化资源、充实文化内涵。

科学理论来自于人类知识的总和，对人类所创造的丰富的文化成果的学习，自然应该是我们理解、掌握科学理论的基础、前提和重要路径。传统文化是抽象的概念，其载体存在于典籍、历史遗迹和民风民俗之中。

中国自古就有重视"中华元典"的优良传统，并从中汲取精华为当世所用。中国自古就要"读万卷书，行万里路"，体验积淀了深厚底蕴的传统文化遗迹。中国自古就强调"文化就是生活"，以感受节日风俗、地域方言等民族文化。因此，通过所看、所学、所悟的方式，可提高学生的中国传统文化修养，并最终使他们将中国传统文化知识转化为自己的真才实学，并在日常生活中"行诸己"，以实现"道在日用"的目的。在实践中，要拓展思想政治教育的文化渠道。中国传统文化源远流长，构成了中华民族赖以生存的深厚的文化根基，孕育、塑造并提升着整个民族的精神和气魄。作为思想政治教育的文化载体，要求思想政治教育充分利用各种文化要素，将内容渗透于课堂教育、社团活动、校园文化建设等各种文化活动中，以增强学生对整个中华传统文化的认同感。要以课堂体系建设为主渠道，通过设置《中国传统文化概论》等新课程，延伸社会实践活动等方法，深挖传统文化的教育资源，实现传统文化教育与思想政治教育二者的有机融合；要以社团活动为辅渠道，通过举办以教师为主导、以学生为主体、以社团为纽带的丰富多彩的校园文化活动，使优秀传统、历史文化教育在潜移默化中实现教育功能；要以人文环境建设为软渠道，提升文化品位；要以自然环境建设为硬渠道，美化校园环境，以自然之美和人文之美和谐统一的氛围来陶冶情操，修养身心。

第五章　中国传统文化与思想政治教育相融合的重要意义

习近平主席曾经有过一番讲话，在党校 80 年校庆活动中谈到了祖国传统文化的精华，学习和掌握祖先给我们留下的积极思想，树立正确的世界观、人生观与价值观。用科学的眼光看待人生的损益。因此，在新的国内外形势下，大学思想政治教育必须植根于深厚的民族文化，吸收传统文化的养分，在了解社会现实的基础上积极研究，充分挖掘文化的精华，有效加强思想政治教育。

第一节　中国传统文化与思想政治教育相融合的必要性

中华民族具有博大精深的优秀传统文化，为大学生的思想政治教育提供了丰富的教育资源。当代大学生在成长环境受多元化价值观影响，加之当前高校大学思想政治教育与优秀传统文化融合度不高，高校引入传统文化教育的主动性不强，使得教育效果也大打折扣。大学生的思想政治教育离不开传统优秀文化的背景和熏陶，必须正确认识优秀传统文化与思想政治教育融合的必要性，让优秀传统文化成为大学生思想政治教育的基础。

一、优秀传统文化与高校思想政治教育结合是重要的教学内容

高校思想政治教育以马克思主义理论为指导思想，通过教师的言传身教，对学生传达了马克思主义的基本原理、基本方法。因而，实现优秀传统文化与高校思想政治教育的结合某种意义而言，也就是实现马克思主义与中华优秀传统文化的结合，这也是马克思主义中国化的题中之义。在教学过程中，高校思想政治教育工作者应该积极带领学生学习、继承和发展祖国的优秀传统文化，实现二者的有机结合，这也是开展思想政治教育的重要教学内容。中华优秀传统文化融合了政治、历史、哲学、宗教等各种丰富多彩的文化内容，诸如儒家的"以人为本"、墨家的"兼爱、非攻、尚贤"、道家的"无为而治"以及法家的"富国强兵、以法治国"等思想主张皆是中华优秀传统文化的精髓，其中蕴含的道理要义仍然值得后人深深体会和把握。可以说，中华民族优秀传统文化是高校进行文化教育，开展思想政治教育理论课的文化基础，失去了这个文化根基，犹如大海失去了一汪海水，文化教

育也就无从谈起，而变得没有意义。本民族深厚的文化底蕴为高校进行思想政治教育奠定了文化基础，提供了可靠的文化来源，而高校开展思想政治教育也是对中华民族优秀传统文化的继承和弘扬。2014年2月24日，习近平总书记在中共中央政治局第十三次集体学习时的讲话中指出："培育和弘扬社会主义核心价值观必须立足中华优秀传统文化。"

中华优秀传统文化是中华民族的独特精神标识和宝贵精神财富，是我们在当今世界多种思想文化相互激荡中站稳脚跟的根基。自"五四"以来，"传统与现代"的问题始终是思想界或学术界的一种"斩不断理还乱"的"文化情结"。直到20世纪90年代末，思想界或学术界在"传统与现代"的问题上才基本上达成共识，即传统与现代并不是完全对立的，传统不是随意可以抛弃的东西，它在现代化建设中仍然具有积极的价值和作用。有研究者指出"战后东亚儒家文化的高速现代化和90年代中国经济的迅猛发展，证明中华文化养育的中华民族完全有能力在开放的文化空间实现现代化，一个世纪以来的文化自卑感和民族自卑感被证明是完全错误的"。

继承中华传统文化，并结合时代精神进行创造性转化，对完善社会主义市场经济和促进现代化建设具有独特的人文价值或精神价值。在经济全球化、政治多极化和文化多元化的时代，继承和弘扬中华优秀传统文化，是深化改革开放和推进社会主义现代化建设，实现中华民族伟大复兴中国梦的客观需要。总之，中华优秀传统文化与现代化建设是"并行不悖"的。中华传统文化特别是儒家文化与马克思主义的关系，是学界不断探讨的重大问题。不断探讨中华传统文化与马克思主义的相通相融关系，是推进马克思主义中国化的内在要求。汤一介先生认为，中华传统文化与马克思主义是影响中国社会的"两个传统"。他说："影响着我国社会可以说有两个传统，一个是几千年来的国学，即中国历史上的传统文化，其中影响最大的是儒家思想文化，我们可以称之为老传统；另一个是影响着中国社会、改变着中国社会面貌的马克思主义，我们可以称之为新传统。"

应该说，"新传统"即马克思主义是民族之"魂"，"老传统"即中华传统文化是民族之"根"。在建设中国特色社会主义的伟大实践中，我们不仅要坚守"新传统"，而且要弘扬"老传统"，并且要逐步使两个传统在结合中创新，使之推进中国特色社会主义文化建设的顺利发展。在国家意识形态领域，我们要坚持马克思主义指导，为建设中国特色社会主义提供"主导意识"，同时要弘扬中华优秀传统文化，为建设中国特色社会主义提供"支援意识"。可见，弘扬中华优秀传统文化与坚持马克思主义指导是"并行不悖"的。思想政治教育是一种文化形态，也是一个文化传承创新的过程。它是以文化传承创新的方式或方法促进人的全面发展。大学教育作为国民教育的最高层次，在继承和发扬中华优秀传统文化方面负有不可推卸的责任。教育部颁布的《完善中华优秀传统文化教育指导纲要》指出："大学阶段，以提高学生对中华优秀传统文化的自主学习和探究能力为重点，培养学生的文化创新意识，增强学生传承弘扬中华优秀传统文化的责任感和使命感。"其实，大学生思想政治教育既要做到对大学生进行马克思主义理论教育，帮助大学生确立马克思主义的科学信仰，坚定中国特色社会主义的理想信念，不断提升大学生的思想政治素质和道德素质，同时又要做到对大学生进行中华优秀传统文化教育，帮助大学生树立正确的文化价值观，不断增强大学生的文化自觉与文化自信。文化是民族的根，是人民的精神食粮，文化具有育人的价值功能。文化育人是当代中国高等教育的重要使命，要用中华优秀传统文化滋润、涵养大学生，安顿大学生的心灵，使之成为大学生的精神食粮。

从一定意义上说，理想信念教育有助于"凝魂聚气"，传统文化教育有助于"强基固本"。在大学生思想政治教育中，同时进行马克思主义教育与中华优秀传统文化教育，应"并行不悖"。有鉴于此，继承和弘扬中华优秀传统文化，既是现代化建设的需要，也是推进马克思主义中国化的需要，还是加强和改进大学生思想政治教育的需要。张岱年先生指出："在现今时代，做一个中国人，最重要的是具有爱国意识，而爱国意识有一定的思想基础。必须感到祖国的可爱，才可能具有爱国意识。而要感到祖国的可爱，又必须对于中国文化的优秀传统有正确的理解。"高校思想政治理论课教学是对大学生进行思想政治教育的主渠道，在继承和弘扬中华优秀传统文化与培育爱国主义精神方面具有不可替代的作用。

二、中华优秀传统文化与高校思想政治理论课教学融合的可能性和必要性

文化传承创新是高等教育的使命，与高校思想政治理论课教学具有内在的关联。对大学生进行中华优秀传统文化教育，是新时期大学生思想政治教育内容的重大创新。促进思想政治教育与中华优秀传统文化教育的紧密结合，是加强和改进大学生思想政治教育的重要环节。在一定意义上说，中华传统文化是一种伦理型的文化。"在整个中国传统文化中，伦理思想的确占有很重要的地位。在中国古代的哲学、政治、历史、文学、教育思想中，伦理思想贯穿其始终，而且哲学思想、政治思想、伦理思想和教育思想等又是紧密结合在一起的。""中华优秀传统文化教育的道德感召力与思想政治教育的科学说服力，恰能优势互补、相得益彰，向青少年传达'完善自我'与'改造世界'兼容并重的完整价值导向。"实现中华优秀传统文化与高校思想政治理论课教学的融合，是加强和改进大学生思想政治教育的时代课题，具有可能性和必要性。

（一）从教学内容来看

马克思主义教育与中华优秀传统文化教育的结合，是高校思想政治理论课教学的内在要求。高校思想政治理论课是对大学生进行马克思主义教育的主渠道，其基本概念、基本原理及基本观点等都是马克思主义中国化的理论成果结晶。马克思主义与中华优秀传统文化相结合，是马克思主义中国化的题中应有之义。积极传授和弘扬中华优秀传统文化，实现中华优秀传统文化教育与马克思主义教育的结合，是高校思想政治理论课教学的应有内容。高校思想政治理论课是融知识、思想、理论、文化于一体的综合性课程，涵盖历史文化、政治文化、经济文化、哲学文化、伦理文化、军事文化、外交文化等丰富多彩的传统文化内涵。"民为邦本""协和万邦""仁者爱人""自强不息""厚德载物""和而不同""天人合一""知行合一""己欲立而立人，己欲达而达人""己所不欲，勿施与人""兼爱""非

攻""道法自然""崇俭抑奢""尊道贵德""天下为公""天下兴亡，匹夫有责""经世致用""大同理想"等，都是中华传统文化的精华。中华优秀传统文化为高校思想政治理论课教学提供了深厚的文化底蕴和精神理念。可以说，中华优秀传统文化是高校思想政治理论课教学的根源性文化资源。社会主义核心价值观是马克思主义中国化的最新理论成果，引导大学生践行社会主义核心价值观，是大学生思想政治教育的主要内容和根本任务。2014 年 2 月24 日，习近平总书记在中共中央政治局第十三次集体学习时的讲话中指出："培育和弘扬社会主义核心价值观必须立足中华优秀传统文化。"离开中华优秀传统文化的支撑，社会主义核心价值观将成为无源之水、无本之木。可见，弘扬中华优秀传统文化，实现马克思主义教育与中华优秀传统文化教育的结合，是高校思想政治理论课教学的内在要求。

（二）从教学目标来看

弘扬中华优秀传统文化对帮助大学生树立正确的世界观、人生观和价值观具有根源性意义。帮助大学生树立正确的世界观、人生观和价值观，是高校思想政治理论课教育教学的主要目标。帮助大学生树立正确的世界观、人生观和价值观，固然需要以马克思主义为指导，但也离不开中华优秀传统文化的根源性资源。因为中华优秀传统文化与马克思主义有很多相通、相契合的地方，如"躬行践履"与马克思主义的实践观，"革故鼎新"与马克思主义的发展观，"天人合一"与马克思主义关于人与自然的统一观，"相反相成""物极必反"与马克思主义的辩证法，"大同思想"与马克思主义的共产主义理论，等等。思想政治教育具有显著的文化属性，思想政治教育回归文化，提高大学生思想政治教育的文化含量，既是加强和改进大学生思想政治教育的应然要求，也是顺应当今世界文化多元发展的时代要求。古人云，"观乎人文，以化成天下"。人是创造文化的主体，文化反过来则又塑造人，使人得到自由全面的发展，即是说文化具有"以文化人""以文育人"的价值功能。文化作为一种无处不在的生活样式，不仅影响人们的思维方式、行为方式及生活方式，而且影响人们的世界观、人生观和价值观。中华优秀传统文化博大精深，凝结着中华民族普遍认同和广泛接受的伦理规范、思维方式和价值取向，内含着中华民族对宇宙自然、人生理想、社会发展及审美取向的根本理念，可谓是高校思想政治理论课教学的文化源泉。2013 年 3 月，习近平总书记在中央党校 80 周年校庆发表讲话时指出："中国传统文化博大精深，学习和掌握其中的各种思想精华，对树立正确的世界观、人生观、价值观很有益处。"可见，在高校思想政治理论课教学中，加强中华优秀传统文化教育，对于培养学生正确的世界观、人身观和价值观具有根源性意义。总之，在高校思想政治理论课教学中，自觉地渗透中华优秀传统文化元素，有助于教学目标的实现。

（三）从学生实际情况来看

许多大学生对民族传统文化的基本常识知之甚少，更谈不上有文化自觉意识。民族文化是一个国家、一个民族的精神和智慧的体现，也是一个国家、一个民族的"身份证"。但是改革开放以来，由于实用主义盛行和西方文化的影响，有相当一部分大学生青睐西方的圣诞节、情人节，而对中国传统节日如清明节、端午节、七夕节及中秋节等不屑一顾；有的大学生对美国好莱坞大片趋之若鹜，却不知屈原、司马迁为何许人；有的大学生对西方古典文学艺术津津乐道，却不具备读懂唐诗宋词的能力；有的大学生说着一口流利的英文，却看不懂简单的文言文；有的大学生甚至连中国传统伦理的"五常"内容都茫然无知；等等。结果大学培养的人才是"有知识而无文化""懂技术而无人文"。《学记》云："教育者，长其善而救其失也。"因此，对大学生进行中华优秀传统文化教育具有"补偏救弊"的作用。大学生是祖国的未来、民族的希望，对大学生加强中华优秀传统文化教育，不仅有利于培养中华优秀传统文化的继承者和弘扬者，而且有助于增强大学生的文化自觉意识。

费孝通先生认为："文化自觉只是指生活在一定文化中的人对其文化有'自知之明'，明白它的来历，形成过程，所具有的特色和它发展的趋向，不带任何'文化回归'的意思。不是要'复旧'，同时也不主张'全盘西化'或'全盘他化'。自知之明是为了加强对文化转型的自主能力，取得决定适应新环境、新时代时文化选择的自主地位。"文化自觉，既是一种文化意识，也是一种文化反思，还是一种文化价值认同。文化自觉肯定文化的多样性，尊重文化的差异性，彰显"和而不同"的文化价值原则。在高校思想政治理论课教学中融入中华优秀传统文化元素，加强中华优秀传统文化教育，引导大学生走向文化自觉，对于促进民族文化的传承创新和正确认识多元文化的共存发展具有重要的意义。继承与弘扬民族优秀传统文化是高等教育的重要功能，高校是文化传承创新的重要载体。因此，高校思想政治理论课在教学中融入中华优秀传统文化，培养大学生的文化自觉意识，确保中华民族的精神血脉得以薪火相传，是不可推卸的历史责任。可见，在思想政治理论课教学中融合中华优秀传统文化元素，有助于培养大学生的文化自觉意识，进而增强大学生的文化自信。

三、中华优秀传统文化与高校思想政治理论课教学融合的现实路径

文化是教育的内核，文化育人是教育的应有之义。课堂教学具有鲜明的文化内涵和文化育人取向，高校思想政治理论课教学总是在一定的文化环境中传播先进文化理念和价值观取向的。如何实现中华优秀传统文化与高校思想政治理论课教学的融合，是教育工作者不断探索的理论问题和实践问题。在课程建设和课程标准修订中强化中华优秀传统文化内容的基础上，从学校层面看，经典阅读、课堂教学及实践教学等是实现中华优秀传统文化与高校思想政治理论课教学融合的现实路径。

（一）经典阅读是中华优秀传统文化与高校思想政治理论课教学融合的知识前提

经典是民族文化的精粹，是民族精神的凝结，也是人类文明的积淀。中华文化经典博大精深、源远流长，是中华民族宝贵的精神财富。引导学生阅读中华传统文化典籍，是对大学生进行中华优秀传统文化教育不可或缺的环节。事实证明，经典阅读在整个国民教育

中具有不可替代的地位，是当代中国人和大学生价值观建构的重要来源之一。朱自清先生在《经典常谈》中指出："在中等以上的教育里，经典训练应该是一个必要的项目。经典训练的价值不在于实用，而在于文化。"美国教育心理学家奥苏贝尔的认知同化理论认为，学生能否习得新知识，主要取决于他们知识结构中已有的观念。有意义学习就是在新信息与学生认知结构中已有的有关观念的相互作用的基础上发生的。可见，开展经典阅读，引导学生阅读中华传统文化典籍，是思想政治理论课课堂教学融合优秀传统文化元素的知识前提和基础。

（二）理论教学是中华优秀传统文化与高校思想政治理论课教学融合的主要路径

课堂教学是传授知识、传承文化、训练思维及提升素质的主要途径。思想政治理论课的课堂理论教学是对大学生进行思想政治教育的主渠道。课堂理论教学，既是知识传授的过程，也是意义生成的过程，还是良好的心理品质和思想品德养成的过程。课堂理论教学是实现中华优秀传统文化与思想政治理论课教学融合的主要途径。2014年4月1日，习近平总书记在比利时欧洲学院谈中华文明时指出："2000多年前，中国就出现了诸子百家的盛况，老子、孔子、墨子等思想家上究天文、下穷地理，广泛探讨人与人、人与社会、人与自然关系的真谛，提出了博大精深的思想体系。他们提出的很多理念，如孝悌忠信、礼义廉耻、仁者爱人、与人为善、天人合一、道法自然、自强不息等，至今仍然深深影响着中国人的生活。"中华传统文化在几千年的历史长河中，已深深地融化在中华民族的思想意识里，积淀为一种文化基因，成为民族文化心理结构的重要组成部分。在课堂理论教学中，自觉地运用中华优秀传统文化的价值理念、核心命题或经典格言等，来解读教材中的基本原理和基本观点，不仅能够增加思想政治理论课课堂教学的文化含量，而且能够增强学生对马克思主义中国化与中华优秀传统文化相结合的理解或把握。总之，课堂理论教学是实现中华优秀传统文化与思想政治理论课教学融合的主要路径。

（三）实践教学是中华优秀传统文化与高校思想政治理论课教学融合的有效路径

高校思想政治理论课课程，既是理论性很强的课程，也是实践性很强的课程。大学生不仅要向书本学习，还要向实践学习。大学生在课堂上习得的文化理念、思想观念、道德规范及价值意涵等，只有在实践中才能得到验证与强化，才能外化为自己的品德素质和行为方式。实践教学是课堂理论教学的延伸与拓展。冯契先生提出"化理论为德性""化理论为方法"的哲学命题。无论是"化理论为德性"，还是"化理论为方法"，都离不开实践的辩证法。

习近平总书记在北京大学师生座谈会上的讲话指出："道不可坐论，德不能空谈。于实处用力，从知行合一上下功夫，核心价值观才能内化为人们的精神追求，外化为人们的自觉行动。"因此，开展实践教学具有重要的现实意义。实践教学涵盖两个方面：一是指导学生撰写有关中华传统文化的小论文。在熟读经典的基础上，在理论教学与传统文化优秀成分相融合的前提下，教师应该紧密联系当今理论界、学术界的热点问题或当今中国社会的实际问题，拟定相关传统文化的论题，让学生自由选择、思考探究、认真撰写。通过撰写中华传统文化的小论文，深化学生对民族传统文化的理解与掌握。二是组织学生参观体现中华传统文化的文物古迹或爱国主义教育基地。在参观考察的基础上，引导学生写观后感或撰写相关论文。总之，通过把"读与写""看与写"结合起来，使得学生对中华优秀传统文化的认识由感性认识上升为理性认识，进而内化为自己的思想品德及行为方式。总之，高校应该争取社会支持，围绕弘扬中华优秀传统文化，有计划地建立一批稳定的德育文化基地和社会活动基地，不断拓展社会实践的活动领域，实现思想政治理论课理论教学与实践教学的项目化和制度化，真正做到课外与课内、理论与实践的相互促进。

　　总之，实践教学是中华优秀传统文化与高校思想政治理论课教学融合的有效路径。对大学生进行中华优秀传统文化教育，实现中华优秀传统文化与高校思想政治理论课教学的融合，经典阅读是知识前提和基础，课堂理论教学是内化和吸收，实践教学是外化和践履。经典阅读、课堂理论教学与实践教学，三者构成"三位一体"的教育路径，由此不断增强中华优秀传统文化教育的自觉性、实效性和针对性。对大学生进行中华优秀传统文化教育，是一项系统工程。中华优秀传统文化与高校思想政治理论课教学的融合，还要做到下列几点：一是民主性精华与封建性糟粕的区分；二是批判继承与综合创新的结合；三是传统文化知识传授与传统人文精神弘扬的结合；四是优秀传统文化核心理念与马克思主义基本原理的结合；五是弘扬民族传统文化与借鉴外来文化的结合；六是建设中华优秀传统文化网站与打造校园文化的结合。只有如此，才能真正实现中华优秀传统文化与高校思想政治理论课的融合，才能真正实现对大学生进行中华优秀传统文化教育，不断增强大学生的文化自觉与文化自信，不断增强大学生的民族自尊心和自信心，进而激发大学生的爱国主义情感和实现中华民族伟大复兴中国梦的热情。

　　由此可见，培育和践行社会主义核心价值观也离不开对中华优秀传统文化的继承和弘扬，核心价值观作为新时期的重要理论成果，是高校思想政治教育的重要教育内容。因此，促进中华民族优秀传统文化与高校思想政治教育的结合，是高校思想政治教育理论教学的重要内容，也是时代发展的客观需要。

四、优秀传统文化是帮助学生树立"三观"认知的重要教学手段

　　大学阶段，是大学生世界观、人生观、价值观形成的特殊时期，在这个阶段，大学生的"三观"认知还不够成熟，对外界社会的各种思想，尤其是西方的功利主义、利己主义等思想还不能够作出理性的判断，极容易受到外界思想的侵蚀。这时，继承和弘扬中华民族优秀传统文化便成为了帮助大学生树立正确的世界观、人生观、价值观的重要教学手段。高校对学生进行思想政治教育教育，其主要目的便是帮助学生克服以往的错误思想，帮助其树立正确的"三观"认知，从而促进其成长成才，达到育人为本的教学目标。中华民族

优秀传统文化，其内涵丰富、思想深邃，可谓是博大精深，其中有许多宝贵的思想值得当代的大学生去挖掘。诸如自强不息的奋斗精神、勤劳勇敢的革命精神、"天下兴亡，匹夫有责"的爱国主义精神，这些传统文化的思想精华直到今天仍然值得学习和借鉴，尤其是对于在校大学生而言，更应该大力继承和弘扬，有利于帮助他们树立正确的世界、人生观和价值观。此外，中华民族的优秀传统文化，其中也有许多与马克思主义思想相通的地方，如"躬行践履与马克思主义的实践观，革故鼎新与马克思主义的发展观，天人合一与马克思主义关于人与自然的统一，物极必反与马克思主义的辩证法以及大同思想与马克思主义的共产主义理论"等等，因而高校思想政治教育理论课可以从中华民族优秀传统文化中求取教育真谛，而中华民族优秀传统文化则成为了高校思想政治教育的文化源泉。2013 年 3 月，习近平总书记在中央党校 80 周年校庆发表讲话时指出："中国传统文化博大精深，学习和掌握其中的各种思想精华，对树立正确的世界观、人生观、价值观很有益处。"可见，在高校思想政治教育教学中，加强中华民族优秀传统文化教育，对于培养学生正确的"三观"认知具有重要的现实意义。

五、开展中华民族优秀传统文化教育是强化学生民族认同感的重要环节

"民族文化是一个国家、一个民族的精神和智慧的体现，也是一个国家、一个民族的'身份证'。"然而，时下大多数学生对于自己本民族的文化知识还很薄弱，甚至是一无所知。与此形成鲜明对比的是，自我国加入世界贸易组织以来，随着西方文化的渗入，越来越多的学生对西方的传统文化加深了认知，甚至还大加崇拜。举例来说，当前，西方的情人节在中国的很多大学校园里深受欢迎，而中国的七夕节可能无人问津，甚至当问起部分大学生来，他们甚至对此不屑一顾。同样，对于电影院里播放的美国好莱坞大片，学生们是大加赞赏，争相追捧，而对于中国的国粹——京剧，整个剧院里在校大学生的身影寥寥无几。因此，在高校思想政治教育的过程中融入中华民族优秀传统文化教育，有助于指导学生查补缺漏，加深对本民族文化的理解认知。费孝通先生说："文化自觉只是指生活在一定文化中的人对其文化有'自知之明'，明白它的来历，形成过程，所具有的特色和它发展的趋向，不带任何'文化回归'的意思。"高校作为继承和弘扬优秀传统文化的重要阵地，有义务、有责任带领学生继承和发展民族的精神血脉，这是高校思想政治教育的重要使命。在高校思想政治教育理论教学中，通过渗透相应的中华民族优秀传统文化元素，加强大学生的文化教育，引导学生自主选择和吸收本民族传统文化中的优秀部分，对于促进中华民族优秀文化的继承和创新，形成强烈的民族认同感具有重要的意义。

六、"五个强调"是当前高校思想政治教育的重要遵循

高校思想政治教育对于"立德树人"根本任务的实现有着重大作用，加强和改进高校思想政治教育就要坚定不移地贯彻党的教育方针，积极吸收党的理论创新的最新成果来武

装广大师生。当前高校思想政治教育要以习近平总书记在全国宣传思想工作会议上发表的《胸怀大局把握大势着眼大事努力把宣传思想工作做得更好》重要讲话精神中关于强调意识形态工作是党的一项极端重要的工作，强调党性和人民性相一致，强调传承与创新相结合，强调借鉴与坚守相统一，强调全员动手统筹兼顾等五个"强调"为重要遵循，促进师生健康发展。

（一）强调意识形态工作的极端重要性

习近平总书记在讲话中强调，经济建设是党的中心工作，意识形态工作是党的一项极端重要的工作。当前，高校要把思想政治教育工作摆在更加突出和重要的位置，始终坚持马克思主义的指导地位，夯实实现"中国梦"的思想基础。要大力推进社会主义核心价值体系建设，积极培育和践行社会主义核心价值观。高校领导干部、党员，特别是处在思想政治教育一线的教师、辅导员要加强自身学习，坚定马克思主义、共产主义信仰，脚踏实地落实党的教育方针和目标，引导、帮助同事和广大学子学会运用马克思主义立场、观点、方法观察和解决问题，坚定理想信念，牢固树立中国特色社会主义理论自信、制度自信、道路自信。

（二）强调党性和人民性相一致

习近平总书记在讲话中强调，党性和人民性从来都是一致的、统一的。坚持党性，核心就是坚持正确政治方向。高校思想政治教育要把坚持党性作为第一原则，在工作中要旗帜鲜明的坚持党性原则，站稳政治立场。要把党的理论和路线、方针、政策，中央重大工作部署，中央关于形势的重大分析判断等作为高校思想政治教育的主要内容和重点任务，坚决同党中央保持高度一致，坚决维护中央权威。坚持人民性，就是要把实现好、维护好、发展好最广大人民根本利益作为出发点和落脚点，坚持"以民为本、以人为本"。在高校思想政治教育工作中，就是要树立以广大师生为中心的工作导向，把维护广大师生的切身利益与思想引导紧密结合起来，围绕广大师生的实际需要和健康发展的重要环节开展工作。

（三）强调传承与创新相结合

习近平总书记在讲话中强调，在长期实践中，我们党的宣传思想工作积累了十分丰富的经验。这些经验来之不易、弥足珍贵，是做好今后工作的重要遵循，一定要认真总结、长期坚持，并在实践中不断丰富和发展。在思想政治教育实践中，高校已经取得了许多重要的理论与实践成果，这些成果是高校推进思想政治教育工作的基础。同时，随着形势变化，高校思想政治教育面临着许多新问题和新背景。所谓"明者因时而变，智者随事而制"，高校思想政治教育要在传承中不断创新，重点抓好理念创新、手段创新、基层工作创新，积极探索有利于破解工作难题的新举措，新办法。要为思想政治教育工作者加强学习、加强实践搭建平台，助力他们真正成为让广大师生信服的行家里手，不断满足时代要求和师生成长的期盼。

（四）强调借鉴与坚守相统一

习近平总书记在讲话中强调对世界形势发展变化，对世界上出现的新事物新情况，对各国出现的新思想新观点新知识，我们要加强宣传报道，以利于积极借鉴人类文明创造的有益成果。同时要看到在全面对外开放的条件下做好高校思想政治教育工作，还要教育引导广大师生更加全面客观地认识当代中国、看待外部世界。高校思想政治教育既不能闭门造车，又要坚守原则，在积极借鉴人类文明创造的有益成果的同时要立足国情，讲好中国故事，传播好中国声音。当前，特别是要向广大师生讲清楚每个国家和民族的历史传统、文化积淀、基本国情不同；讲清楚中华文化积淀着中华民族最深沉的精神追求；讲清楚中华优秀传统文化是中华民族的突出优势；讲清楚中国特色社会主义植根于中华文化沃土、反映中国人民意愿、适应中国和时代发展进步要求，有着深厚历史渊源和广泛现实基础。教育引导广大师生认识到独特的文化传统，独特的历史命运，独特的基本国情，注定了我们必然要走适合自己特点的发展道路。

（五）强调全员动手统筹兼顾

习近平总书记在讲话中强调，做好宣传思想工作必须全党动手。要做好高校思想政治教育工作，高校党委必须担负起政治责任和领导责任，加强对思想政治教育过程中重大问题的分析研判和统筹指导。要动员各个部门，教职员工全员参与，把思想政治教育工作与教学、科研、学工、宣传、校园环境建设等各领域的工作协同推进，齐抓共管。要树立大思政的工作理念，把教书育人、管理育人、服务育人紧密结合起来发挥合力，注重督促检查，查漏补缺，以认认真真的工作作风，取得实实在在的教育效果。

第二节　中国传统文化与思想政治教育
相融合的可能性

思想政治教育是中国共产党的政治优势，用来动员和鼓舞广大人民群众为实现伟大目标而努力奋斗。但一段时期以来，思想政治教育针对性和有效性不足，应有作用得不到有效发挥，带来很多问题。如何重拾思想政治教育这个"生命线"，是解决各种问题的关键。教育和教化是人类社会的共同治理经验，早在古代社会我国就已经具有政治教育、社会教化的内容，从中国优秀的传统文化中寻找智慧，在思想政治教育中弘扬优秀传统文化，是创新思想政治教育新的路径选择。

一、中国传统文化与马克思主义发展的需要

马克思主义作为无产阶级的革命理论和中国传统文化有很多不同的地方。中国的传统文化是在封建社会的长期发展中日益形成的农耕文化。马克思主义则是在资本主义高度发

达的基础上的无产阶级的意识形态，思维方式从本质上是实践思维方式。但是由于人类社会的生产和生活方式具有高度的相通性，文化也必然具有高度的相通性。所以，马克思主义与中国传统文化正是通过这些相通之处对接，并在一定程度上削弱了人民群众在接受马克思主义上的认知障碍，奠定了他们接受马克思主义的心理基础。这正是马克思主义得以中国化的深层理论契机。

（一）共产主义与"大同社会"

在中国古代社会，劳动人民一直孜孜不倦追求一种自由、平等、和谐的社会，憧憬、向往和追求"天下有道"的时代，并都把"道"视为一种尽善尽美的有序的和谐状态，体现了他们对现存社会的不满和对没有剥削压迫和人为物役现象的未来文明社会的渴求。道家主张"人法地，地法天，天法道，道法自然"从而达到人与自然的和谐相处；墨子提出建立一个"兼相爱，交相利"的社会，在这一社会中每个成员都要遵循"赖其力者生，不赖其力者不生"靠自己劳动生存；佛教"众生平等"的缘起理论认为，不仅在人与人之间、有情众生之间是平等的。甚至有情众生与无情众生（没有感情意识的山川大地、草木瓦砾等）之间也是平等的。劳动人民对理想社会的追求尤其体现在儒家的"大同社会"理想上。《礼记·礼运》中说："大道之行也，天下为公，……使老有所终，壮有所用，幼有所长，矜寡孤独废疾者皆有所养……是谓大同。"同时期的《春秋公羊传》的"三世说"，即"据乱世""小康世"和"太平世"的社会历史学说，认为人类历史的演进，从"据乱世"进入相对平和稳定的"升平世"，再到"太平世"，是一条"理想"的社会发展轨迹。在这套理论中，蕴含着"历史的运动是有规律的"这样一种可贵的思想。

马克思主义理论从人类历史的发展趋向和未来理想社会的本质要求的角度，描绘和憧憬了人类最终奋斗目标——共产主义社会。马克思主义认为共产主义是扬弃了人的自我异化的基础上寻求人与自然界、人与人之间矛盾的真正解决，是最终实现人的全面发展的一种的社会形态。虽然"大同社会"理想是由农民阶级提出具有理想性和空想性的特点，具有明显的小生产者意识。但是马克思主义的共产主义理想要改变人性异化、人为物役的不合理社会，实现每个人的全面自由与高度幸福，最终实现"自由人的联合体"——共产主义社会，它与中国古代劳动人民一直所向往的自由、平等、和谐的"大同社会"的追求之间有着不谋而合的契合性。

（二）世界的物质性原理与"天下一气"

在中国传统文化体系里认为"气"是世界的本原，万事万物都统一于物质性的"气"，提出"天下一气"这一朴素唯物主义的命题。《道德经》第四十二章里说："道生一，一生二，二生三，三生万物。万物负阴而抱阳，冲气以为和。"老子明确指出，由"道"而产生"阴阳二气"，由阴阳二气相互作用而产生万事万物。庄子在《知北游》中，以人的生死为例阐释了"天地一气"的思想。王夫之认为，天与人统一于"气"，即"气"是万物的本原，是一切生命现象和精神活动的物质基础，即所谓"天人一气"。可见中国古代的思想家认为"气"是万物统一的基础，并且认为"气"是客观存在的。这就非常接近马克思主义学说中的"物质"概念了。

马克思主义的世界物质统一性原理认为，世界的统一性在于它的物质性，物质是客观存在的。人类社会的产生、存在、发展及其构成要素都具有客观的物质性。人的意识是社会的产物，它是在劳动中伴随人和人类社会一起产生的。中国传统文化中的"天下一气"思想已经直观地猜测到了世界的物质统一性原理，世界的本源是物质性的"气"，世界万物有统一性，多样化的物质世界统一于"气"。但是，作是一种朴素的唯物主义物质观，它又有明显的直观性、猜测性和不彻底性，与马克思主义科学的物质观既具有相通性，又具有一定差别。

（三）对立统一规律与"阴阳学说"

毛泽东同志说过"辩证法的宇宙观，不论在中国，在欧洲，在古代就产生了"。对立统一的思想在传统文化中集中体现在古代的思想家从"天下一气"这一唯物主义世界观出发，力求用阴阳二气的对立统一"冲气以为和"来说明事物的运动变化。阴阳学说也认为，在天地之间有"阴""阳"二气，它们的流转决定了气候的转移以及农作物的生长过程。上古时代伏羲画八卦就用阴爻和阳爻来表示宇宙间事物普遍具有的相反的两个方面。中国传统文化中的阴阳学说不仅发现矛盾的两个方面（"阴"和"阳"）之间是一种对立统一的关系，任何事物都有对立的两个方面，不能截然分开。并且进一步指出，正是矛盾的两个方面的相互作用，推动了事物的发展变化，是决定事物运动变化的总根源和根本规律。

"事物的矛盾法则，即对立统一的法则，是唯物辩证法的最根本的法则。"对立统一是唯物辩证法全部规律和范畴的实质，矛盾同一性和斗争性贯穿于每一事物发展过程的始终。内部矛盾的双方既对立又统一从而推动事物的发展变化。古代阴阳学说认为世界万事万物都由于内部蕴藏着阴阳二气而存在和发展，阴阳二气的对立统一贯穿于万事万物之中。由此看到中国传统文化中的阴阳学显示了中国古代朴素辩证法与马克思主义唯物辩证法的内在的相通性，也可以说是对马克思主义对立统一规律的朴素表达方式，是一种形而上的辩证法。正如毛泽东同志所指出的那样，古代辩证法"还不可能有完备的理论，因而不能完全解释宇宙，后来就被形而上学所代替"。

（四）唯物史观与"理势合一"

中国传统文化在社会历史观方面的精华集中体现在"理势合一"的思想上。唐代的柳宗元在《封建论》中指出"封建非圣人意也，势也"的命题，也就是说社会的发展有一定的规律（"时""数"），而不在于圣人的意志。明清之际中国朴素唯物主义思想的集大成者王夫之的哲学观点主张"势因乎时，理因乎势"，而不是从"圣人""君王"的个人意志中寻找历史发展的根据。睿智地肯定了历史变迁离不开人的作用，从根本上说却取决于"势"。尤其可贵的是，他还看到广大人民群众在社会历史发展中的作用，提出"人也，即天也，天视自我民视也"。他虽然没有明确提出人民群众是历史的创造者，是社会变革的决定力量，但已经模糊地意识到社会历史发展的规律和总体趋势与人民意志是相一致的。

马克思的历史唯物主义认为人类社会的发展有其自身的客观规律，"历史进程是受内在一般规律支配的"。中国传统文化的"理势合一"思想同时也主张社会历史的发展是一个"理"与"势"相统一的过程，并且认为社会历史的发展内在规律与当时人们的物质生活条件有关，可见它与历史唯物主义无疑具有相通性。中国古代的思想家们在解释社会历史发展动因时，虽然能够指出人们的生活状况对社会历史的发展有一定的影响，但由于还不具备全面科学地揭示历史发展内在动因的历史条件，因而没有也不可能弄清社会历史发展的真正原因。他们对社会历史原因的解释也就只能是经验的和猜测的，从本质上来说，他们的历史观仍属唯心主义。

总之，哲学是文化的最高表现形式。中国传统文化与来自西方的社会主义文化虽然是截然不同的两种文化，但作为人类文明的共同表现形式，在哲学层次上有着共通或者相通之处。马克思主义哲学与中国传统文化思想之间有大量的相通之处，也正是这些相通之处奠定了中华民族接受马克思主义的心理基础，中国的马克思主义者在理解马克思主义时，就常把与中国传统文化的相通之处联系起来。在改革开放以后，邓小平提出在 20 世纪末基本实现"小康"，这样邓小平就把中国传统文化中关于"小康"社会的理想和马克思主义相结合而具有了新的内涵。党的十九大提出，高举中国特色社会主义伟大旗帜，以马克思列宁主义、毛泽东思想、邓小平理论、"三个代表"重要思想、科学发展观、习近平新时代中国特色社会主义思想为指导，解放思想，改革开放，凝聚力量，攻坚克难，坚定不移地沿着中国特色社会主义道路前进，为全面建成小康社会而奋斗。这些都可以看作是对"选贤与能，讲信修睦。谋闭而不兴，盗窃乱贼而不作，故外户不闭"的"大同"社会的一种继承和超越，是把马克思主义与中国传统文化中的"大同"思想相结合的思想成果。

二、中华传统文化体育马克思主义契合的需要

中国共产党以马克思主义作为指导思想，引领着全国人民建设具有中国特色的社会主义。然而，马克思主义若要实现中国化，与中国现行的社会主义相契合，必然要借鉴中国传统文化的发展路径，汲取与创新传统文化中的精华和智慧。运用唯物主义方法，深入分析马克思主义如何同具有悠久历史文明的中国深刻融合在一起的，对我们继续坚持马克思主义、坚定走社会主义道路有着非常重要的意义，同时对青年学生的思想政治教育工作也有重要的借鉴作用。

（一）马克思主义与中国文化契合的历史必要性

马克思主义在中国的落地生花，不是偶然的，它从下至上地促进了革命，革命的成功推动它从民间走向执政，成为中国社会主流意识形态。如果没有它与中国社会在历史性、政治性和道德观等方面的契合，是绝对不可能的。这是中国社会政治、传统文化于现代发生的一个基本的无法否认的事实。

恩格斯指出："一个民族要想登上科学的高峰，究竟是不能离开理论思维的。没有理

论思维，的确无法使自然界的两件事实联系起来，或者洞察二者之间的既有的联系。"我国在历史长河中形成的具有中国特色的文化与伦理纲常就非常具有代表性。与马克思主义一样，我国很早之前就非常注重理论的现实意义，早已脱离了空谈理论，成语"纸上谈兵"不就是一个最好的例子吗？然而，理论并不能代表一个国家真正的实力，我国在清末受到外国列强的入侵，中华文明惨遭蹂躏，这是中国之殇，是世界之殇，野蛮最终在文明面前取得了胜利。然而，中国人民并没有在战火中沉沦下去，中国人民开始了一条寻变之路，一批批热血青年用鲜血铺就了一条通往真理的道路，这条路就是马克思与中国实际相结合的道路。

从文化的视角，一个国家、一个民族要想避免停滞不前、故步自封，必然要走出国门，走向世界，在文化的交流与碰撞中取得进步。马克思主义自传入中国以来，便开始与中国历史文化迅速地融合，然而快速地融合并不顺利，"它既要超越中国旧有文化的局限，又要植根于中国几千年传统文化的土壤；既要满足中国历史发展的特殊需求，又要符合中国革命的实际。因此，只有当马克思主义内化为一种既是世界的又是民族的新文化，才能被中国人民所接受，成为救国的真理"。在长达百年的时间里，马克思主义和中华文明相互影响和促进，逐渐形成了具有中国特色的社会主义，这是对马克思主义的继承与发扬。

（二）马克思主义与中国优秀传统文化契合的具体体现

1. 自强不息与厚德载物的优良品质

中国最高学府——清华大学"自强不息，厚德载物"的校训，将中华文化的精髓进行了完美的概括。中华文明历经千百年，依然保持着旺盛的生命力和包容力，就是因为一代代中国人秉承古人教训，深刻理解中华文化精髓，以包容心态对待新生事物。佛教的传入和中国化就是典型例子。清军入关，并没有选择废农耕，而是重农耕，满族融入汉族地区的先进社会经济文化，成为中华民族大家庭的一员，也证明了中华文明有着极其优秀的品质，无法被外界文化所消灭。

改革开放新时期，这两句卦辞与马克思主义有机结合，成为共产党人领导我国人民向共产主义目标迈进的不竭动力。经历了改革开放，我们见证了我国是如何在以邓小平为总书记的党中央第二代领导集体的领导下，彻底地摆脱了贫困和愚昧的社会生产、生活状态。直到今天，我国生产力得到全面的释放，社会经济发展速度位居世界第一，中国人民走上了富裕安康的广阔道路。党的十八大描绘了加快推进社会主义现代化、实现中华民族伟大复兴的宏伟蓝图，并着手处理改革开放以来的各种矛盾，为实现后期更大的发展铺平道路。

2. 一脉相承的人本精神

马克思主义认为，社会是由人构成的，人们"总是通过每一个人追求他自己的、自觉预期的目的来创造他们的历史"，通过满足自身需要而实现自身的发展，推动社会的进步。在马克思看来，每个人的全面而自由的发展，正是共产主义所实际内含的最高目的和终极价值。坚持经济社会发展与人的全面发展的统一，始终是科学社会主义的目标取向。

我国以马克思主义为指导思想，发展了属于中国人民自己的社会主义，这种发展与我国传统文化"人本"思想相适应。尤其是改革开放以来，党深刻总结和吸取了新中国成立以来在经济社会发展方面的经验教训，把人的全面发展摆在重要位置。坚持以人为本，把促进人的全面发展落实到经济社会发展的全过程，在经济社会不断发展的基础上，不断提高人的素质和能力，从而不断推进经济社会的发展。中国作为四大人类文明的发祥地之一，并没有走向衰亡，正是始终贯彻着这种"以人为本"的马克思主义思想。

马克思主义人本精神融入我国国情，西为中用并加以创造性地发展完善。我们坚信，在以习近平总书记为核心的党中央的领导下，中国特色的社会主义一定能够实现它宏伟的目标。

3. 超越阶级的和合精神

在中国历史上，出现过很多不同的理念，也经历过不同民族的统一管理，但是，中华文明在历史的长河中并没有消失，而是逐渐地发扬光大。这都归功于我国文化的包容性，它能够允许不同理念的存在，也能够在很短的时间里将这种不同的理念进行融合，变为己用。这种"和合"的精神，不仅对我国有着深刻的影响，对世界各国应该也有着借鉴作用。

中国共产党自成立以来，克服了千难万险，带领全国人民取得革命、建设和改革的伟大胜利，从根本上改变了中国面貌和中国人民命运。邓小平说："如果我们不是马克思主义者，没有对马克思主义的充分信仰，或者不是把马克思主义同中国自己的实际相结合，走自己的道路，中国革命就搞不成功，中国现在还会是四分五裂，没有独立，也没有统一。"忆往昔峥嵘岁月，西学东渐，马克思主义在创立之初与中国文化在时空进行激烈的碰撞与融合，多年以后，这碰撞的火花在中国形成了燎原之势，并开出了鲜艳美丽的花朵。这是马克思主义在世界上成功运用的典范，是中国共产党的胜利，是马克思主义在中国的伟大胜利。

4. 自古以来的大一统思想

大一统观念源远流长，高度统一在历史上发挥了极其重要的作用，直到近代依然得到许多思想者的强烈拥护，康有为的"大同世界"，孙中山的"天下为公"等都是这种大一统思想的继承和发扬。新中国成立后，毛泽东等老一辈革命家都把统一中国看成自己的历史使命。邓小平说"凡是中华民族子孙，都希望中国能统一，分裂状况是违背民族意志的"。20世纪末，我们实现了香港、澳门的胜利回归。关于台湾问题，党和国家领导人多次发表讲话，全力促进海峡两岸的和平统一。强烈的国家统一观念成为中华民族的心理习惯，成为凝聚民族力量、维护国家统一的重要精神力量。

马克思主义的内在要求和本质属性是大众化，是适应广大人民群众社会实践需要并为广大人民群众所掌握的思想武器，与具有推动历史发展、民族凝聚、国家统一等作用的大一统思想，其核心之处是相同的。马克思主义作为从西方引进的新思想，能够在新中国传播开来，并成为我党的指导思想，让全党全民族奉为圭臬地贯彻并执行着，其内在的动因主要表现在"两个需要"：一是马克思主义理论本身发展及其价值得以体现的需要，二是中国解决实际问题和独立个人全面发展的需要。

（三）毛泽东、邓小平对马克思主义与中国优秀传统文化契合的影响

毛泽东作为唯物主义理论的代表人物，充分利用中国文化的包容性对马克思主义进行了二次加工，实现了马克思主义中国化的第一次飞跃，形成可以为中国所用的社会主义理论，这种理论在邓小平手下被运用的淋漓尽致，30余年来改革开放的成果就是最好的证明。

20世纪80年代，美国学者施拉姆曾在中国社科院一场报告中说到，毛泽东同志是中国传统文化集大成者。许全兴指出："事实上，毛泽东哲学思想才是中国传统哲学的真正继承者和弘扬者，毛泽东思想才是当代中华民族智慧的结晶。毛泽东思想将把中国思想文化的发展推进到了一个新的阶段。"毛泽东思想经过邓小平继承后形成了中国特色社会主义理论体系，实现了马克思主义中国化的第二次飞跃。

中国特色社会主义理论体系不是凭空想象而来，而是在我国改革开放和社会主义现代化建设的伟大实践中逐步形成的。中国哲学思想一贯强调实事求是，秉持注重实践的知行观。邓小平坚持实事求是的思想路线，运用传统辩证法中的矛盾思维和持中贵和思维，对传统知行观思想进行了发展创新，"两手抓，两手都要硬""一国两制""社会主义市场经济""改革开放是强国之路，自力更生是立国之本"等思想都是这种创新的生动体现。邓小平使用辩证的唯物主义方法论为新中国的改革开放找到了一条合适的道路，那就是发展具有中国特色的社会主义道路。

党和国家的领导人，根据不同的时代要求和国情，对马克思主义中国化进行了进一步的探索，在理论创新和理论发展方面都作出了各自的独特贡献，丰富和发展了中国特色社会主义理论体系，为我们在新的历史起点上实现新的奋斗目标指出了路径。

（四）对青年学生思想政治教育的启示

青年学生最有生气、最肯学习，处于人生智力、体力和创造力的高峰，是国家宝贵的人才资源，是民族的希望，祖国的未来。把中华优秀传统文化融入思想政治教育，对于提高青年学生的思想道德素质，培养青年学生的文化自觉和文化自信，加速实现中华民族伟大复兴的进程，具有重要的价值和意义。

中华优秀传统文化为思想政治教育提供了重要资源。比如，"自强不息，厚德载物"的民族精神，老子的"道"，孔子的"仁"，孟子的"义"，晏子的"忠"，尾生的"信"等等，都为青年学生形成重理想、重道德、重气节、重修养、重诚信和培育刚正不阿的优良品格注入了充满人格理想和人文精神的文化内涵；顾炎武的"国家兴亡，匹夫有责"，范仲淹的"先天下之忧而忧，后天下之乐而乐"，文天祥的"人生自古谁无死，留取丹心照汗青"，蔺相如的"先国家之急而后私仇"，苏武"牧羊节不辱"等等，对于培养青年学生的爱国情操，都具有深刻的借鉴意义；孔子的"节用而爱人，使民以时"，孟子的"民为贵，社稷次之，君为轻"，荀子的"君者，舟也；庶人者，水也，水则载舟，水则覆舟"，贾谊的"民者，万世之本也，不可斯"，唐太宗的"天子者，有道则人推而为主；无道则人弃

而不用，诚可畏也"等等，对于培养青年学生关心他人、胸怀天下，树立为人民服务的思想，都有重要启示意义。总之，把中华优秀传统文化纳入思想政治教育范畴，是弘扬传统文化和发展马克思主义的有效路径。只有植根于民族的土壤，汲取传统的养分，我们的思想政治教育工作才能有深厚的历史与现实基础。

当前，开设中国传统文化课程作为公共必须课的高校还不多。基于中华优秀传统文化和马克思主义的契合性，把传统文化纳入思想政治教育的范畴，可以说是高校思想政治教育的必然要求和创新。2014 年 2 月 24 日，习近平在中共中央政治局第十三次集体学习时的讲话指出："要认真汲取中华优秀传统文化的思想精华和道德精髓，大力弘扬以爱国主义为核心的民族精神和以改革创新为核心的时代精神，深入挖掘和阐发中华优秀传统文化讲仁爱、重民本、守诚信、崇正义、尚和合、求大同的时代价值，使中华优秀传统文化成为涵养社会主义核心价值观的重要源泉。"总书记的这一号召，也是我们从事思想政治工作的指针。弘扬中华优秀传统文化，如爱国爱民、胸怀天下、敦厚信实、勤劳勇敢、先义后利、团结一心、自强不息等等道德观念，是我们思想政治教育面临的重大任务。作为高校的思想政治教育工作者，任重道远，必须身体力行，不容懈怠。

三、当代大学生教育中传统文化的价值

健康的身心、文明的举止、优秀的品格、高尚的情操，是当代大学生核心价值观教育的重要内容。大学生要在纷繁复杂的环境中，明辨事非，知荣知耻，完善自我人格，树立正确的世界观、人生观和价值观。对儒家文化中优秀的思想传承，不仅仅是遵守一些行为规范，更是一种高尚人格的确立和高尚情操的养成。大学生正值成长的青春期，是"人格再造的契机"，修炼品格，培养情操，是大学生核价值观教育的重要一课，而优秀的儒家传统文化教育是重要的内容。

（一）培养高尚的人格

高尚的人格是大学生核心价值观确立的首要内容！儒家优秀传统文化中特别注重高尚人格的培养。《论语》中"君子"这个词出现上百次，孔子注重培养君子人格，孔子心目中理想的做人标准是"君子"，具有伟大的思想和高尚的人格。

1.懂得尊重

"尊重"指敬重、重视。只有懂得自尊，懂得尊重他人，才能赢得别人的敬重。要获得他人的尊重，首先要自尊。自尊对大学生的核心价值观的确立，非常重要，尤其是对于女大学生。以前人们对女大学生都会不由自主会投来尊重与敬佩的目光，因为那时的女大学生，有积极进取、乐观自信、自立自强的精神面貌，因此赢得了普遍的尊重。而当今一些女大学生，由内而外，失去了应有的品格，追求享乐，不思进取，影响了整个女大学生群体的素质。所以作为一名女大学生，应该有最起码的自尊，自爱，才可获得别人的尊重。

其次，尊重他人也是一种高尚的美德，是个人内在修养的外在表现。生活中只有互相尊重才能和他人建立良好的人际关系。

尊重是儒家传统文化的重要思想。《论语》中孔子见身有残疾的人，会心怀尊重和不安。《论语》中记载，乐师冕见，及阶，子曰："阶也。"及席，子曰："席也。"皆坐，子告之曰："某在斯，某在斯。"这是孔子对盲人乐师的帮助方法，由他对待弱者的态度可以看出那份尊重。

大学生要懂得尊重，树立正确的价值观，内心要尊重知识，尊敬老师。

2. 诚实守信

儒家优秀文化思想中非常注重诚信。《说文解字》："诚，信也。"是为人处事时的道德准则。"君子养心莫善于诚""意诚而后心正，心正而后修身"。孔子曰"民无信不立"。孟子曰"诚者，天之道也；思诚者，人之道也"。诚信是传统美德，是立身之本，是高尚人格的根本准则，更是大学生必须具备的品质。

大学生在校学习只是一个暂时的阶段性的过程，最终还是要走入社会，诚信必将成为大学生的安生立命之本，这就要求我们要做诚信规范的力行者。大学生要做到真诚待人、诚信考试、诚信就业。

3. 正直友善

正直友善的品格在大学生核价值观中也不可缺少。当代大学生应该做到正直善良，拥有博大的胸怀，仁厚宽和的内心，不斤斤计较个人小的得失。"君子坦荡荡，小人常戚戚"。

北宋大臣范纯仁，是范仲淹的二儿子，拥有一颗常人难以想象的气度和包容之心。范纯仁曾自己总结："懂得恕人，受之不尽。"恕，是用宽恕自己的心来宽恕别人。

善良，也是一种高尚的人格。《论语》中说孔子"食于有丧者之侧，未尝饱也"，他认为，"丧者哀戚，饱食于其侧，是无恻隐之心也"。由此看出孔子真正具有善良之心，大慈悲之心，闪烁着人性的光辉。

4. 谦逊恭谨

谦虚不仅仅是一种品行，一种品质。它不因学问博雅而骄傲自大，也不因地位显赫而处优独尊。相反，谦恭者学问愈深愈能虚心谨慎，地位愈高愈能以礼待人。"君子泰而不骄，小人骄而不泰。"作为大学生，不能因身处象牙塔内便优越感十足，自高自大。

在学习上或事业上有了一定作为的时候，还要保持谦逊的态度。谦逊是一种美德，一种涵养，能否做到谦逊是衡量大学生核心价值观的标准之一。

（二）培养高尚的情操

"修"是内化的过程。儒学思想家认为，"修养乃学问上精密之功夫。修以求其纯美，养以期其充足；修犹如切磋琢磨，养犹涵育熏陶也"。《礼记·中庸》中指出"博学之，审问之，慎思之，明辨之，笃行之"，学、问、思、辨、行，揭示了循序渐进的自我修养的规律和修养之道。大学生在日常学习和生活中，不仅要注重外部言行的文明文雅，还要注重点点滴滴的积累，培养内在的高尚志趣和情操，两者内外谐调，相辅相成。

1. 志趣高雅

大学生应志趣高雅。青年时期正是人生观、价值观和世界观形成的最佳时期，如果能够完善人生，建立科学健康的价值取向，可以受益终生的。大学生在校期间，除了专业学习之外，至少要培养一种兴趣爱好，如读书、音乐、诗歌、旅行等。不要把大量的时间都消耗到无聊无意义的事情上。如玩网游、聊天、逛街，甚至赌博，喝酒，如果用这些来打发时间，除了消磨意志，那么你的青春将是空虚的，将会一无所获。

2. 人文情怀

人文修养和人文知识是有差别的。一个真正拥有人文情怀而坦率真诚的人，会思考，会审视，会叩问，会内省，一切以"人"为终极关怀。儒学思想重视读书，"读万卷书，行万里路"，历来被认出为是提高个人修养，树立正确的价值观的有效途径。

（1）读万卷书。龚自珍说："欲知大道，必先知史。"要求学生多读文学、历史、哲学方面的书，培养大学生的人文情怀。两千多年前，屈原仰望满天的星斗，发出响彻千年时空的《天问》。这就是哲学——就是当你仰望星空时如屈原一般迷茫，困惑而叩问。对于这些人类的元问题，老子、孔子、孟子有着自己的问题和回答。他们都具有吞吐宇宙，悲天悯人的情怀。满天的星斗可以指引我们走出人生的迷宫、思想的迷宫。青年学生需要这样的人文知识，这样的文化积累和传统文化的滋养。

（2）行万里路。古人讲"读万卷书，行万里路"，读书让人明理，给人力量，但只有付诸实践，见诸行动，知行合一，才能学会分析和判断，才能帮助学生逐步形成正确完善的核心价值观。行万里路是让大学生利用课余时间走出校门，游历祖国的大山大水，感悟不同的风土人情，丰富阅历。传承优秀文化，确立核心价值观。国学大师南怀瑾曾说：人生的最高境界是"佛为心，道为骨，儒为表。大度看世界，技在手，能在身，思在脑，从容过生活"。这名话虽然阐述的只是一种境界，但同时也是一个人内外修养所追求的最高目标。作为当代大学生，要有信念，有理想，学会思考，拥有智慧，这些在大学生核心价值观中具有重要的意义。

第三节　中国传统文化与思想政治教育相融合的价值

纵观整个世界，各个国家都十分重视在对本国人民进行思想政治教育中发挥本国传统文化的功能。因为国家传统文化早已融入日常生活的各个部分，不可规避地在潜移默化中影响着人的思想和行为。中国的传统文化博大精深，研究发掘传统文化的精华部分，使之在思想政治教育中最大限度地发挥价值是实现思想政治教育实效性的有效手段。

一、利于大学生中国精神的培养

中华优秀传统文化是中华民族的"根"和"魂"，中国精神是中华优秀传统文化最本质、最集中的体现，培育大学生的中国精神是实现中华民族伟大复兴的战略需求。

（一）传统文化是实现社会主义现代化的思想基础和精神保障

现代化并非西化，也无固定模式，但任何国家的现代化都无法脱离本民族的传统文化，否则现代化就会成为无源之水、无本之木。现代化惟有通过民族化的形式才能实现，传统文化也只有经过现代化的洗礼方能发展，所以传统文化与现代化并非矛盾对立，而是并行不悖、相得益彰的。中国特色社会主义的现代化只能从中华民族的传统出发，在尊重和肯定中华传统文化的基础上探寻现代化可行之路。事实上，传统文化中的丰厚思想遗产，比如以德治国、民惟邦本、和而不同、重德重教、天下为公、革故鼎新等，正在经过创新转型成为我们治国理政的重要文化资源，成为推动现代化的强大动力。

（二）传统文化所孕育的民族精神是凝聚全国各族人民的价值纽带

兼容并蓄、融会贯通的传统文化是中华民族共同的精神财富，它可以凝聚社会各领域的力量，激发各民族成员的归属意识、认同意识和进取意识，形成推动社会发展的凝聚力和创造力。中华传统文化在历久弥新中培育了以爱国主义为核心的团结统一、爱好和平、勤劳勇敢、自强不息的民族精神，这种伟大精神是中华民族获取自尊和坚定自信的力量源泉，是中华民族生存发展壮大的精神支柱，是实现民族伟大复兴的最大价值共识，也是现代化进程中促进国家统一、维系民族团结、寻求价值和谐的终极文化基因。

（三）培育大学生中国精神的途径

1. 以"知"为前提，弘扬中华优秀传统文化，培育中国精神

（1）设置系统的中华优秀传统文化课程。精神的培育离不开对文化的理解与把握，文化多元化时代，中华优秀传统文化教育的缺失以及对中外文化差异认识的不到位，会影响大学生正确价值观念的确立，削弱大学生对民族文化的认同。因此，应以"知"为前提，设置系统的中华优秀传统文化课程，让中华优秀传统文化教育贯穿于自幼儿园到研究生教育的全过程，并使之融入各类课程中。经过中华优秀传统文化系统的熏陶、引导和锻造，使大学生具备较高的中华文化素养，以增强文化自信、民族认同，培育中国精神。

（2）增强中华优秀传统文化的时代张力。结合时代特征及大学生身心特点，在对中华优秀传统文化深入挖掘的基础上，与时俱进，不断创新，把中华优秀传统文化的丰富内涵诸如思想素材、价值理念等灵活运用，使之融入校园文化建设中，并以校园文化为基石，创建大学生精神家园，彰显中华优秀传统文化在新时空语境下的魅力。让校园文化成为现代文明精华与中华优秀传统文化精髓的体现，使大学生身临其境，在认知基础上，用文化智慧开展丰富多彩的活动，展示中华优秀传统文化的魅力、彰显高校软实力、弘扬中国精神。

（3）树立文化创新意识。习近平总书记指出，不忘本心才能开辟未来，善于继承才能更好创新。在传承中华优秀传统文化的基础上，汲取其积极因素创新发展，使之与时代发展相协调、与大学生科学价值体系建立相统一。所以，应通过现实及虚拟环境，积极营造以文化人、以文育人的氛围。在这样的氛围中，接受过中西文化教育的大学生会博采众长为传统文化注入时代精神，树立了文化创新意识，培育了中国精神。

2. 以"行"为抓手，弘扬中华优秀传统文化，传承中国精神

（1）搭建文化传播平台，传承中国精神。高校应凭借先进的教育理念，开发线上、线下资源，发挥文以载道、文以化人的功效。开展相关的赏析、论坛、征文、故事演绎等丰富多彩的活动，搭建弘扬中华优秀传统文化的平台。使在"知"的基础上把中华文化精髓内化为自己行动指南的大学生们能有展示自我并引领朋辈的舞台，使他们身体力行，投身于中华优秀传统文化的传承与创新工作，通过开展班风及校风建设、社团活动等，推动校园文化建设，实现文化素质与中国精神培养双提升。

（2）发挥家教作用，培育中国精神。家风、家训是中华优秀传统文化的体现与凝练，以孝为先、由孝而敬的家庭伦理，"天下兴亡，匹夫有责"的民族担当，是中华优秀传统文化价值魅力的体现。可见，家庭教育是弘扬中华优秀传统文化、培育中国精神的基础和支撑。家庭教育是方式、更是艺术，通过开设家长课题，创新家校沟通方式，培养新时代家教理念，来提高家庭教育实效。把"孝亲"作为"行"的起点，培养"崇德"的思想，激发"报效祖国"的志向，培养孩子具有"修身、齐家、治国、平天下"的担当与"自强不息"的民族精神，以提升家庭成员的综合素质。

（3）整合一切教育资源，培育中国精神。精神的力量源于实践的砥砺，弘扬中华优秀传统文化，传承中国精神，就要投身于共筑中国梦的伟大实践中。为大学生搭建社会调查、志愿服务、社会实践的平台，使他们步入社会、了解社会、服务社会。通过社会调查，让他们认识到民族复兴进程中文化的价值、精神的力量，从而义无反顾地投身于弘扬中华优秀传统文化、培育中国精神的行列中去。通过志愿服务，接触社会正能量、进一步净化灵魂，为传承中国精神增添信心与动力。通过社会实践，大学生会把自身汲取的文化精髓弘扬到社会中，把中国精神的力量传递到实现民族复兴的队伍中。平台的搭建使社会正能量走进校园，社会的需求也会使大学生进一步完善自我；同样，高校思想传播、精神引领的作用会辐射到社会。平台的搭建使大学生真正实现了由"知"到"行"的转化，使中华优秀传统文化得到更广泛地弘扬，中国精神得到进一步传承。

二、利于应对多元文化渗透给大学生带来的负面效应

中国传统文化是中华民族几千年文明的结晶。中国传统文化，是在中国特定的自然环境、社会环境、人文环境、经济形式、政治背景、意识形态等因素的共同作用下形成、发展并流传下来，并受外来文化的影响不断自我更新的过程。它不仅包括丰富的经典文献、文化作品等物化内容，而且又以民族的伦理道德、价值观念、思维方式、审美趣味、宗教等形式存在。中国传统文化的价值体系是以儒家思想为核心内容，同时兼容了道家思想、墨家思想、法家思想等诸家之长的理论体系。儒家的王道，法家的信赏必罚，道家的无为而治等思想构成了中国传统文化的基本要素。

（一）当代大学生价值观的表现

为了研究中国传统文化对当代大学生价值观的影响，研究者以某省高校 2013 级、

2014 级在校大学生为研究对象，采取问卷调查的方式，进行了抽样调查，共收回有效问卷 1216 份。调查问卷填写人的平均年龄为 19.66 岁，其中最小年龄的 17 岁，最大 25 岁。可见，被调查的大学生其年龄大多为"90 后"。经过统计研究和综合分析，"90 后"大学生的价值观表现在如下几个方面。

1. 经济上依赖家庭，但传统的家庭观念不强

参与调查的"90 后"大学生，62.89% 是独生子女，34.76% 来自于两个子女家庭，仅有 2.35% 来自于多子女家庭。这些"90 后"大学生家庭经济困难群体占 32.12%（调查显示家庭年收入在 3 万元及以下），67.88% 的家庭经济条件能满足供养一个大学生的需求。在经济上不依赖家庭，有独立自主意识，愿意或正参与勤工俭学的学生不足 3%，自主创业的学生则更少，"啃老族"占主流。"养儿防老"的传统观念使家长们心甘情愿付出，养成了孩子们经济上"心安理得"依赖父母的习惯。尽管如此，大学生每天打电话回家的不足 2%，每周打电话回家的仅 35.83%，大部分大学生是没有生活费或有事要求父母时才与家长电话联系。这与中国传统文化中的家庭伦理观念"父慈子孝"有相悖之处。现代社会物质越来越丰富，父母虽然不一定希望子女在经济上有多大支持，但精神上对子女的依赖和期望却越来越多，一个电话、一声简单的问候，足以使父母感到慰藉。

2. 形式上追求组织认同，但内容上集体观念不强

从政治面貌的调查结果分析，有 93.92% 的学生是共青团员，有 1.59% 的学生是共产党员，仅有 4.5% 是普通群众。从这一层面分析，大学生接受了正规的思想政治教育，组织上积极要求进步，积极向党团组织靠拢，这本来是好事，反映了青年大学生积极向上的思想状况。但入团、入党动机不纯，入团时年龄小，从众心理趋动，不少大学生入党只是为了给找工作增加筹码，而不是真正的"实现为共产主义而奋斗终生"，重形式，重名分。访谈中有的共青团员对于共青团员的标准、共青团员的义务一问三不知，对班团集体、团队活动漠不关心，"躲进小楼成一统，管它冬夏与春秋"，但当个人利益与集体利益相冲突时，会毫不犹豫地维护个人利益。在贫困助学金指标有限时，有的共青团员或共产党员不仅没有相让，反而利用和辅导员等人的关系走"上层路线"，搞"近水楼台先得月"，价值本位发生严重偏差。

3. 主观上渴望尊重，但客观上公德意识不强

在现代大学校园里，聚集着社会同年人中最优秀的潮男潮女，他们自信、朝气、个性张扬，他们渴望实现自我，渴望成功。调查中发现，96.32% 的大学生都渴望被尊重，仅有 3.68% 的大学生抱无所谓的态度。这说明当代大学普遍地在心理上希望独立，渴望尊重。但是，部分大学生公德意识不强，诚信不足，表现在：学风不正，作业不做甚至抄袭应付、考试作弊、毕业设计（论文）作假，宅宿舍，不进课堂；公德意识差，缺少爱护公物、保护环境的意识，地上有果皮、纸屑等垃圾，仅有 31.23% 的人愿意弯腰捡起；传统尊师观念淡漠，下课了仅有 5.78% 的学生愿意帮助老师收拾教具。在和高校教师的交流中，老师们普遍反映，下课了，没有几个学生会等老师离开后再走，一旦下课铃响，学生们普遍是

迫不及待地离开课堂。诚信不足，学术作假、家庭经济状况证明作假；艰苦奋斗精神淡化，食堂"光盘行动"只是口号，追求高档消费、超前消费；自信心不足，一方面希望被尊重，另一方面又不尊重别人，心理问题时有发生。

（二）提高对当代大学生价值观教育实效性的策略

2014年5月4日，习近平总书记在北京大学师生座谈会上指出："青年的价值取向决定了未来整个社会的价值取向，而青年又处在价值观形成和确立的时期，抓好这一时期的价值观养成十分重要。这就像穿衣服扣扣子一样，如果第一粒扣子扣错了，剩余的扣子都会扣错，人生的扣子从一开始就要扣好。'凿井者，起于三寸之坎，以就万仞之深。'青年要从现在做起、从自己做起，使社会主义核心价值观成为自己的基本遵循，并身体力行大力将其推广到全社会去。"习总书记的讲话高屋建瓴，为培养当代大学生价值取向指明了方向。

1. 要增进大学生对传统文化和核心价值观的情感认同

传统文化是起源于过去、融合了现在并将引领未来的主流观念和价值取向，作为一种意识形态的存在，广泛地影响着人们的思想和行为。中国传统文化中的伦理道德观念，注重人的德行修养和人格塑造，其自省、克己、慎独等修身方法，值得借鉴和推崇到思想政治教育中去。随着科技的发达、社会的进步，中国传统文化的内容不断得到丰富和完善。纵观中国近代史，中国传统文化是近代中华民族民主革命和文化发展的动力和重要源泉之一。是中国传统的忧患意识，激发了近代中国的许多仁人志士，从"苟利国家生死以，岂因祸福趋避之"的林则徐，到"我自横刀向天笑，去留肝胆两昆仑"的谭嗣同，从郑观应的《盛世危言》到陈天华的《猛回头》《警世钟》，都是忧患意识的最佳体现。达尔文进化论的引进，批判了影响中国几千年的"天道不变"的历史发展观，使中国传统的核心理念发生了根本性的变化，推动了近代中国文化的发展。20世纪初，五四运动推动了马克思主义在中国的传播，辩证唯物主义和历史唯物主义成为中国现代哲学思想的主流。毛泽东精辟地分析了中西方文化的共性，吸收了西方的马克思列宁主义和中国的传统文化的精髓，结合中国革命的实践，形成了具有鲜明民族特色的毛泽东思想，指导着中国革命不断走向胜利，从而使中国文化在20世纪发生了精神价值和社会制度两场最伟大的革命。

核心价值观，承载着一个民族、一个国家的精神追求，体现着一个社会评判是非曲直的价值标准。党的十八大提出和倡导的富强、民主、文明、和谐、自由、平等、公正、法治、爱国、敬业、诚信、友善，概括了国家的价值目标、社会的价值取向和公民的价值准则，是当代中国最基本的价值观念。社会主义核心价值观继承了中华民族的优秀传统文化，吸收了世界文明的优良成果，体现了以爱国主义为核心的民族精神和以改革创新为核心的时代精神。

在高校思想政治中大力弘扬中国优秀传统文化，让当代大学生明白做人的权利、做人的责任以及对社会、对集体、对家庭的义务，让他们知道自己在社会中的位置，教育他们深刻理解社会主义核心价值观的内涵，增进大学生对优秀传统文化和核心价值观的情感认同，为当代大学生坚定"三个自信"，贯彻"四个全面"奠定坚实的思想基础。

2. 要增强大学生的价值评判力

当代大学生生长在物质资料丰富、思想意识开放的时代，他们的信息不仅来源于教材、课堂和各种媒体，还来源于相对开放的互联网，在他们的潜意识里，虽然社会的主流价值观占据了主导地位，但中国传统文化的消极因素对他们的思想意识也产生了一定的影响。前已述及，当代大学生经济上依赖家庭但传统家庭观念不强，形式上追求组织认同但内容上集体观念不强，主观上渴望尊重但客观上公德意识不强，表现为个人主义和功利主义的价值倾向。这一方面是因为中国社会处于关键的转型期，传统文化的糟粕与外来的文化垃圾不断侵扰着当代大学生的心灵；另一方面是由于大学生处在特定的心理发育阶段，社会阅历浅、生活经验少，理想世界的背后缺少现实的支撑，他们对事物的认识，表现出一定的片面性和幼稚性，比较固执、感情用事、爱冲动、比较偏激和过分自信，对事物发展的本质缺乏理性思考，一旦理想的感情世界遭遇现实碰撞时，他们往往不太容易掌控自己的情绪，产生消极的人生观和价值观。在网络时代，互联网为少数"低头族"的大学生形成负面的价值取向推波助澜。

"为了生存，人类社会必须达成关于核心价值观和重大信仰方面的普遍共识。如何建立这种普遍共识以及由哪些人推动建立这些普遍共识，则是有关教育政策和教育实践方面的核心问题。"大学生正处在人生观、价值观形成的关键时期，多元价值取向并存的客观现实，要求高校思想政治教育必须增强对大学生的价值评判力教育，在复杂的社会价值体系中识别并传承"真""美""善"，摒弃"假""丑""恶"，引导当代大学生树立积极的人生观和价值观，达成对社会主义核心价值观的普遍共识。

3. 要培养大学生对核心价值观的践行能力

马克思说："人的本质不是单个人所固有的抽象物，在其现实性上，它是一切社会关系的总和。"马克思肯定人的内在价值，更强调人的外在价值——社会价值，人的社会价值表现在人对推动社会发展所作的贡献。

（1）要围绕社会主义核心价值观教育，加强以突出优秀传统文化为内容的校园文化建设。大学校园文化是大学本身薪火相传的精神财富，每所大学都有其独特的校园文化。校园文化建设应以中华民族优秀传统文化为内容，将社会主义核心价值体系潜移默化地融入大学精神、学校校训、校园风貌、行为规范和生活方式之中。充分发挥核心价值体系在校园文化建设中的主导地位，在校园文化中体现民族精神与时代精神的精髓，实现优秀传统文化与现代科学文化交融、民族文化与外来文化竞芳的良好格局，为当代大学生学习和践行社会主义核心价值观，提供优良的物质文化、观念文化、制度文化和行为方式文化环境。

（2）要围绕社会主义核心价值观教育，开展以宣传优秀传统文化为主题的社团活动。大学社团是大学生自己的组织，大学社团是高校学生自愿组成，为实现会员的共同愿望，按照社团章程开展活动的非营利性群众组织，它与学校的党、团组织不同，但各类社团都必须自觉接受学校团委、各院系团委的领导和指导教师的指导。这些社团打破了年级、院系的界限，有的甚至打破了校际界限，团结兴趣爱好相近的同学，发挥他们在某方面的特长，开展有益于学生身心健康的活动。学生社团形式多种多样，既有学术问题、社会问题的讨论研究会，又有文学艺术、体育、音乐、美术等方面组成的活动小组，还有文艺社、棋艺社、摄影社、美术社、歌唱队、话剧团、篮球队、足球队、各类学科社等。大学生社团是我国校园文化建设的重要载体，是我国高校第二课堂的引领者和生力军。"核心价值体系教育要以主体的现实生活为基础，帮助引导个体生命的超越。"高校要充分发挥这支队伍在社会主义核心价值观教育、传承和弘扬中华民族优秀传统文化教育方面的积极作用，使社团活动更具丰富的思想性、艺术性、知识性、趣味性和多样性，寓教于乐，提升大学生对社会主义核心价值的行为认同，对弘扬中华民族优秀传统文化的主观能动性。

（3）要围绕社会主义核心价值观教育，发挥道德模范的榜样作用。榜样是时代的象征，代表着美好的事物和优良的品质，代表着时代精神和核心价值取向。国家每年都树立了具有代表性的年度道德规范人物，这些道德模范人物成为全国人们学习的楷模。"榜样提供了一个社会途径，而观察者做出对等反应，这种强化作用增强了模仿榜样的倾向。"榜样是提高当代大学生对核心价值观的认识并使之从行动上向实践转化的催化剂。高等学校应该树立让大学生熟悉的道德规范，也可以请道德模范校友回校做报告，言传身教，积极发挥教育主体的正面引导作用。

（4）要围绕社会主义核心价值观教育，建立心理沟通机制。当代大学生处于网络信息迅速发达的时代，在调查研究中，大学生回答与人交往的方式是通过网络的比例达到68.53%。虚拟世界的人际交往比现实生活的人际交往相对简单，65.12%的高校毕业生在就业时，感觉网上面试比面对面面试要轻松。当这些高校大楼里的宅男宅女回到现实的交往中来与人相处的时候，不少人心理问题层出不穷，过激行为时有发生。对有心理问题的大学生来说，爱国是写在书本上的口号，敬业与我无关，诚信被社会上的尔虞我诈吓得无影无踪，友善被利欲所替代。不少研究者认为，情感认同在引导社会价值走向上比纯理论式的引导表现出了更加积极的教育意义，因为情感认同使人更易于接受一个社会的价值示范，使整个社会的价值取向更易于被引导。当代大学生个性张扬，心理表现复杂，只有建立良好的心理沟通机制，使教育主体之间达成有效共识，才能促使当代大学生对中华优秀传统文化和社会主义核心价值观产生情感认同。

三、利于解决大学生存在的学业不良问题

随着高考的不断扩招，每年的高考人数不断减少，高校的入学门槛也越来越低，学校管理者面对着是越来越多的学业不良学生。学业不良学生，在这里的定义是以一个特定群体的平均成绩为参考标准，明显低于平均水平的，或者以规定的教学目标作为评价标准，达不到教学目标的，被认为是学业不良。

高校的学业不良的大学生无论在学习还是生活上都存在着很多不适应，管理者应对他们投入更多的关注。高校的学生学业不良主要表现在以下几个方面。

（一）个人因素

高校招生方式一般有三种方式：单独招生、普通招生和对口招生。由于多种原因，通过不同招生方式进入高校的学生成绩相差很大，对口学生由于专业的优势在专业课的学习上要轻松很多；普通招生和单独招生入学校的门槛偏低，很多学生在高中时期对学习已经出现困难，知识基础比较差，知识组织水平较低，现在大学又继续延续，出现更多的学业不良的大学生。

在这些学业不良的大学生中，大多数人对大学生活没有太高的憧憬，对未来没有合适的目标规划，对于学校生活充满迷茫，甚至不知道如何去安排大学生活，上网、旷课成为身上的印迹。学业不良大学生的自我控制力相对较弱，主观幸福感低，挫折承受能力较差，当遇到挫折时，情绪容易低落，容易归因到社会不公平、他人等外在因素。这些学生在大学生活过程中，又因为学习适应、宿舍生活适应问题对于自己过多的产生怀疑，不自信。学业不良的大学生在参加学生第二课堂活动时经常给自己贴上"我不行""我不能""我害怕"的消极标签。

（二）家庭因素

家庭是孩子的第一所学校，父母是孩子的第一任教师。家长教育在学业不良大学生的管理中起着非常关键的作用，主要是教育方式、管理理念、沟通风格的影响。孩子的教育大部分来自于家庭的教育。高校的大学生 90% 以上均来自于农村或偏远地区。在与学业不良学生家长的接触中，家长或表现出冷漠、认为孩子在学校表现无所谓，对孩子在学校的期望不高，孩子只要混个毕业证的态度，或因平时对孩子的疏于管理，表现出对孩子无能为力，祈求于老师的帮助。有研究认为，民主型的教养方式更有利于孩子学业的成就，专制型或放任型的教养方式则更容易让孩子在学业上出现状况。

（三）环境因素

环境因素既包括学生的朋友、班级环境、学校环境和社会环境。有学者认为，解决学业不良需要靠全社会共同的努力。在青少年期，朋友关系在学生的人格发展中起着越来越重要的作用，朋友的影响力和榜样作用日益增大。从学业不良的学生的朋友关系来看，大多物以类聚。学业不良的大学生朋友在对待学习的态度上很类似，较为消极，朋友关系在学业成就上起着消极的作用。

消费攀比、课桌留言、享乐主义等均属于不良的校园文化，从某种程度上会对教师的教育教学工作的效果产生直接影响，带来很多的学业不良的问题。良好的校风校纪，浓厚的学习氛围，融洽的师生关系对于学业成就有着很好的促进作用，反之则容易造成局部的学业不良。在课堂上，教师对于学生的漠不关心，教育教学组织松散，课堂管理比较随意，让学生对老师的评价不高，导致学生对于学习的厌恶，引起学业不良。"读书无用论"在社会上又有抬头之势，随着高考的低门槛，毕业生越来越多，就业开始困难起来。部分大学生对自身定位不明确，认为上大学就应该能找个稳定、高薪的工作，期望值过高；认为学校课堂学的知识在社会上并不能马上实践，还不如提前实习和参加工作。更有部分大学生认为家庭已经铺好自己的职业道路了，在学校只要混个毕业证就可以了。社会上的不正之风的影响，影响了学生的思想，唆使学生脱离学习。学业不良的影响因素是个人因素、家庭因素和环境因素共同作用的结果，在实际的教育教学中，学校管理者可以有针对性的根据影响因素抓住重点，完善学业不良大学生的人格特征，提高学业不良大学生的学习积极性，提高学业不良学生的社会支持系统，改善学业成绩。

中国传统文化当中有很大一部分是传统美德，这是我们的宝贵财富，需要我们去继承和发扬光大，尤其是作为时代精英的大学生们。但是，我们现在却在大学生中发现了许多与传统美德不符甚至是相去甚远的行为，成为困扰着象牙塔的阴霾。诚信意识淡薄表现为考试作弊、论文抄袭；价值观念扭曲导致重利轻义、实用主义；责任感缺失导致自我为中心、不尊师长；心理素质弱化造成人际关系紧张。从马加爵到药家鑫，再到复旦大学投毒案，告诫着思想政治教育工作者，应加强传统文化教育，树立传统美德。

四、为高校思想政治教育提供丰富的资源支撑

思想政治教育的目的之一就是帮助大学生树立正确的世界观、人生观和价值观。中国传统文化博大精深，资源丰富。在世界观方面，中国"天人合一"的思想表现出对自然的敬畏，对生命的关怀，有助于培养当代大学生的和谐意识和生态伦理思想。资源是指一切可被人类开发和利用的客观存在，资源在人类社会发展和人类社会文明史上扮演着重要的角色。人类离开了资源就好像机器失去了动力，将变得毫无意义。同样，开展思想政治教育活动也离不开资源的参与，思想政治教育资源在思想政治教育活动中起着重要的作用。

（一）思想政治教育资源的内涵

研究思想政治教育问题，首先要对其内涵有一个明确的了解，有充分的认识，这是对其作进一步研究的前提条件，也是对思想政治教育资源进行开发利用的基础。

关于思想政治教育资源的定义，历来都是争论不一，很多学者和专家都提出了自己的看法。从 20 世纪 90 年代至今，学术界对思想政治教育资源进行了广泛的探讨，主要有"因素说"和"要素说"两种观点。"因素说"认为思想政治教育资源是有利于思想政治教育目的实现的各种因素。而"要素说"认为思想政治教育资源是有利于思想政治教育目的实现的各种要素。

2001 年《公民道德建设实施纲要》中明确指出："要积极开发优秀民族道德资源，利用各种爱国主义教育基地，进行历史和革命传统教育。"同时还指出："各种重要节日、纪念日，蕴藏着丰富的宝贵的道德教育资源。"这个可以为我们对思想政治教育资源的定义作为一个理论参考。资源具有从授性的特点，它是为一定统治阶级服务的，为其活动的开展和实施提供便利的条件。其中，能够为思想政治教育活动服务的资源，我们可以说它是思想政治教育资源。因此，思想政治教育资源无外乎它是从属于思想政治教育活动当中，并为思想政治教育活动的开展和实施提供服务和便利的各种要素和条件的综合。

（二）思想政治教育资源的内容

思想政治教育资源种类繁多，多种多样，总的来说可分为自然资源、人文资源和人才资源。

自然资源是指凡是自然质经过人类的发现，被输入生产过程，或直接进入消耗过程，变成有用途的，或能给人以舒适感，从而产生有价值的东西。而从属于思想政治教育活动并为思想政治教育活动服务的那部分自然资源就是思想政治教育的自然资源。比如一个国家的领地资源，多样的气候资源，植被与生物资源以及河流、湖泊、海洋还有各种矿产资源。

人文资源同社会资源、自然资源一样是经济资源的重要组成部分，在现实生活中已经被人们广泛地利用，几乎所有从事人文社会科学和有关科学的研究工作者、教育宣传工作者都在以各种方式和手段利用这一资源。在综述了前人研究成果的基础上，笔者认为，人文资源是人类有史以来所创造的所有物质的、精神的文明成果的总和。而这些资源应用于思想政治教育活动当中，并为思想政治教育活动服务，我们可以叫思想政治教育的人文资源。这些资源也是丰富多彩的，包括语言文字、文化传统、历史遗迹、思想观念、科学技术等。所谓人才资源指的是人力资源中素质层次较高的那一部分人。如以创造性高过社会平均水平表示，它不是一个具体的概念，而是一个相对比较模糊的概念。人才资源是指杰出的、优秀的人力资源，着重强调人力资源的质量。而思想政治教育的人才资源在强调个人优秀的个人知识能力，专业技能和业务水平的同时，个人的道德修养水平显得更为重要。甚至有一些人可能在知识层面比较欠缺，但其个人魅力同样散发着强烈的育人的光芒，潜移默化地影响着很多人，有时可能会成为一种潮流。比如，英雄人物的榜样作用，劳动模范的激励作用。因此，作为思想政治教育的人才资源，往往是集知识和德行相统一的。

（三）思想政治教育资源的开发与利用

思想政治教育资源开发，是指开发主体围绕着实现思想政治教育目的或任务，对现有或潜在的思想政治教育资源进行深度挖掘，重新发掘或优化组合，使之有效地服务于思想政治教育活动，促进受教育者思想政治品德得以提高的动态过程。

1.思想政治教育资源开发与利用的原则

（1）可持续原则。作为思想政治教育的资源并不是可以无限制的使用的，有些资源可以重复利用，可有些资源也是在使用中不断流失，不可再生。所谓思想政治教育资源的可持续性原则是指在思想政治教育资源的开发与利用中，既要满足当代人的需求，又不对后代人满足其需求的能力构成危害的发展，同时还要体现资源的特点。

（2）综合利用原则。众所周知，资源具有稀缺性。因此，在开发过程中要注重对思想政治教育的自然资源，人文资源和人才资源的综合利用，特别是在对待思想政治教育的自然资源方面。这样可以有效地减少浪费，使思想政治教育的资源在为思想政治教育活动的开展的服务最大化。

（3）借鉴利用的原则。思想政治教育活动的开展不是一个孤立的个体，它的实施过程就必然要同其他的活动发生这样那样的联系。同时，作为教育活动，它既有本身的特殊性，也有一些普遍的共性。再者，思想政治教育活动本身就是一个开放性的系统。因此，其他学科的一些优秀举措，成果以及方法，我们完全可以吸收到思想政治教育的活动中去，为思想政治活动的开展服务。

2.思想政治教育资源的开发与利用的措施

（1）重视思想政治教育自然资源的利用。现阶段我国思想政治教育活动依然是以学校教学为主体，还停留在理论灌输的水平上。学生往往是被动地接受某个观点或思想。而这种被动地接受，往往会使受教育者对所学问题的理解停留在表面水平，记得快，忘得更快。我国有丰富的自然资源。黄河、长江可谓家喻户晓，泰山、黄山可以说是海内闻名。培养学生的爱国主义情怀简单的说教并不是一个很好的方法。但我们可以充分利用祖国的自然资源，让学生身临其境，感受泰山的雄伟，长江黄河的辽阔。在体验祖国山河秀丽的同时，来感受到祖国的富美，来培养学生热爱祖国，保卫国家的爱国热忱。当然，由于时间和空间的限制，这一点做起来有点难，但却是一个很好的方法。相信以后随着交通条件的改善和课程的改革，这一点能够实现。

（2）加强对思想政治教育人文资源的开发。中国有着丰富的人文资源，如文化古迹，古人类遗址，革命纪念地。这些资源中沉积着丰富的文化积淀或是透露出强烈的爱国主义情怀。人们深入其中，往往能感受到祖国文化的源远流长，无形中影响着人们的思想和行为。这些资源在思想政治教育活动中的起着十分重要的作用，如果运用得当，它可以振奋民族精神，团结民族意志。能对思想政治教育活动产生良好的效果。但可惜的是，这些本可以用来为教育服务的资源，却变换了角色。这些本该用来培养公民爱国情怀的资源，却承担着国家 GDP 的重任。因此，笔者呼吁国家能够与世界接轨，出台相应的政策，使这些资源能够免费为公民开放，现阶段至少为可塑性较强的学生免费开放，让学生有时间和空间去身临其境感受祖国的五千年文明，这比单纯的讲授更能培养学生的爱国思想。

中国的传统文化具有两面性，它既有积极进步的一面，也有落后腐朽的一面。对一个国家和民族来讲，社会成员之间的结合与凝聚是社会稳定与发展的前提，产生这种凝聚力的因素很多，但最根本的还是传统文化所产生的文化整合力。中国传统文化是塑造公民现代人格的精神资源。中国传统文化作为典型的"德性文化"，其最有继承价值的部分就是传统道德。传统道德中倡导的"尊师重道""礼义廉耻"以及讲求的孝悌之义，自强不息，厚德载物，都是优秀的思想政治教育活动的资源。传统道德中的精华为社会主义新道德体系的建构提供资源，为社会主义精神文明建设提供重要的原料和营养。所以，现阶段在坚持马克思主义理论的同时，充分挖掘传统文化资源中的优秀成分来从属于思想政治教育活动，是一个很有益的课题，也是一件利国利民的事。

随着信息技术的迅速发展，互联网作为一种新的信息传媒工具，越来越成为当代大学生获取知识和各种信息的重要渠道，因此，在思想政治教育中充分利用好网络资源，在当下显得尤为重要。然而，虽然我国已具备了相当的智力、人力和物力优势，但思想政治教育进网络力度不够，没有在同学中占领市场。大多数人上网，仅仅是为了聊天、打游戏、看电影，而真正将之看作一种教育资源的，并坚持网上学习的，可谓甚少。因此，今后在发掘互联网教育资源中，要不断适应信息化时代的要求，切实转变传统的思想政治教育观念和模式，同时建设一支高素质的网络教员队伍，加强网站资源的建设，搞好校园网络文化的建设。

（3）加强思想政治教育人才资源建设。国家强盛靠教育，教育振兴靠人才。建设一支数量充足、素质优良的教师队伍是办好学校的前提条件。而一个学校要在市场经济条件下，在激烈的竞争中生存、发展，同样离不开高素质的教师队伍。教师是学生的领路人，教师的思想政治素质和职业道德水平，直接关系学生的健康成长，关系国家的前途命运和民族的未来。此外，还要利用好英雄人物，模范典型的榜样示范作用。有条件的可以请这些人和受教育者们亲切互动，以增强感染力和教育效果。或者是给受教育者做报告，在言语行动中，能够潜移默化地影响受教育者的思想和行为。

优秀传统文化"刚健有为、自强不息"的精神对思政教育有着重大的启迪意义。《周易》云："天行健，君子以自强不息。地势坤，君子以厚德载物。"千百年的文明传承中，中华民族以其自强不息、刚健有为的精神品格锻造出了坚韧挺拔的民族魂魄。孔子在创立儒学时就十分注重文化精神构建。孟子认为为了崇高的道义连生命都可以舍弃，正所谓"生亦我所欲也，死亦我所欲也，二者不可得兼，舍身而取义者也"。范仲淹"先天下之忧而忧，后天下之乐而乐"的崇高苦乐观，则更真切地把握住了儒家积极进取、以苦为乐、有所作为的内在精髓。文天祥国难当头挺身而出，留下"人生自古谁无死，留取丹心照汗青"的感慨悲歌。大文豪鲁迅"横眉冷对千夫指，俯首甘为孺子牛"，他毅然以笔杆为刀枪，向陈腐的旧社会开火。中华民族虽然饱经沧桑但仍然自强自立，不断强大，因此，当前的思想政治教育必须大力弘扬我国传统文化积极进取的人文精神，把当前市场经济的进取精神同远大的人生追求有机地结合起来，培养当代大学生形成坚定的人生理想和人文精神有利于加强思想政治教育在新的历史时期的理想信念教育。

第六章　中国传统文化与思想政治教育相融合的内容

任何民族在任何时代发展文化，必须重视弘扬本民族的传统文化，一个国家或民族如果离开了本民族的传统文化，就会丢掉文化之根、文化之魂，失去发展的方向。党的十八大报告也明确提出要树立高度的文化自觉和文化自信，建设优秀传统文化传承体系，弘扬中华优秀传统文化。社会文化环境通过融合在人们周围的各种教育因素，间接地潜移默化地影响人的思想面貌和价值取向，影响思想政治教育的内容和方式；同时，思想政治教育也需要社会大环境的支持和帮助，只有整个社会认同重视中国传统文化，才有中国传统文化与思想政治教育相融合的土壤和基础。以高度的文化自觉和自信营造全社会重视传统文化、发展传统文化的良好氛围是时代的呼唤，也是全社会的责任和义务。

第一节　中国传统文化的思想教育

中国优秀传统文化具有丰富的哲学思想、人文精神和道德理念。在中华传统文化中，"和"、"合"是极为重要的内容。和的初义是声音互相应和，后引申为相安、协调、融合、和谐之意；合的本义是上下唇的合拢，后扩充为闭合、对拢、结合、全部的意思。而和与合相配生成的"和合"两字，最早出现于春秋时期，《国语·郑语》中提出："五教（父义、母慈、兄友、弟恭、子孝）"和合，能使百姓安身立命。作为中华文化独创的"和合"概念，总体认为宇宙万事万物皆由阴阳或者五行之气和合而成，"和合"连用，更能体现人与自然、人与社会以及人与人之间的相互匹配、协调与和谐。

一、中国传统文化中的和谐思想

中国传统文化源远流长，博大精深，其中蕴含着非常丰富的"和谐"思想，这些思想是中华民族精神的重要组成部分，是我们今天构建和谐社会可资利用的重要思想资源。

早在先秦典籍《尚书·舜典》中就有"八音克谐，无相伦也，神人以和"的记载，《左传·襄公十一年》中也有"如乐之和，无所不谐"。其后，"和谐"逐渐成为一个有着丰富内涵的哲学概念，并进而演进为中华传统文化的核心价值和中华民族重要的民族精神。

中国传统文化中的和谐思想，就其主体而言，大致有以下几个方面内容。

（一）天人合一 ——人与自然和谐的思想

在人与自然的关系上，中国传统思想主张"天人合一"，强调人类应当认识自然，尊重自然，保护自然。老子说："人法地，地法天，法天道，道法自然。"强调人要以尊重自然规律为最高准则，以崇尚自然、效法天地作为人生行为的基本依归。庄子进一步发挥说："天地有大美而不言，四时有明法而不议，万物有成理而不说。圣人者，原天地之美，而达万物之理。"强调人必须遵循自然规律，顺应自然，与自然保持协调，从而达到"天地与我并生，而万物与我为一"的境界。道家的这种"天人合一"的宇宙观，强调主体与客体的统一，主张有机地、整体地去看待天地间的万事万物。

儒家对"天人合一"的思想进行了许多阐发。《礼记·中庸》中说："致中和，天地位焉，万物育焉。"强调天、地、人和谐发展。人不是万物的主宰，而应实现天人协调，"夫大人者，与天地合其德，与日月合其明，与四时合其序"。宋代思想家张载在总结前人"天人为一""天人相参"说的基础上，首次使用了"天人合一"，并提出了"民吾同胞，物吾与也"的命题，指出天地万物本来就是一个和谐的宇宙家庭，人与人是兄弟，人与物是朋友，相互之间应该亲密无间，共存共荣。这种"民胞物与"的境界，既是张载广大深厚的宇宙情怀的表现，也是中国传统"和谐"思想的重要内涵之一。

（二）和为贵——人际关系和谐的思想

在人与人的关系上，中国传统和谐思想主张"和为贵"，宽和处世，从而创造人际和谐的社会环境。《尚书·尧典》中，就有人与人之间应当如何和谐相处的记载。孔子一生都在研究人际关系，不但提出了"和为贵"的价值取向，而且提出了忠、孝、诚、信、敬、爱、仁义、道德等准则。孔子说："君子和而不同，小人同而不和"，可见，孔子所提出的理想人格是善于以宽厚处世，协和人我，从而创造和谐的人际环境。孟子也十分重视人与人的和谐关系，提出"天时不如地利，地利不如人和"，并以他的"性善论"为基础阐述他的人和思想，认为只要把人的先天本性推及于每个人，就能建立"老吾老以及人之老，幼吾幼以及人之幼"的和谐社会，从而实现"人不独亲其亲，不独子其子"的大同社会。

主张无为而治的道家更是强调人际和谐，避免冲突，实现社会安定、太平。《老子》不仅给人们描绘了一个人与人之间"无欲""无为""无争"，彼此和谐，宽大为怀，人人"甘其食、美其衣、安其居、乐其俗"的理想社会，而且提出了"天之道，损有余而补不足"，以及"去甚、去奢、去泰""知止""知足"等主张，要人们效法天道，"有余以奉天下"，而不要"损不足以奉有余"，以实现社会的相对均衡，人与人之间的和谐相处。

（三）神形合一 ——个体身心和谐的思想

个体身心的和谐，在中国古代，也称人的神形合一，主要是指人生在世，要保持平和、恬淡的心态，具有良好的道德修养和人格，以实现个人身心的和谐。

儒家要求人们三省吾身，反求诸己，尽心知性，自我修养，从而进入一种高尚而又和谐的人生境界。故此，儒家十分重视修身作用，认为普天下的人都应以"修身"为本。其中对于"君子"即儒家心目中的理想人格形象，更是提出了具体的要求。以孔子的"君子"标准为例，他提出君子有"三戒"："少之时，戒之在色；及其壮也，戒之在斗；及其老也，戒之在得。"君子有"四绝"："毋意、毋必、毋固、毋我。"君子有"五美"："君子惠而不费，劳而不怨，欲而不贪，泰而不骄，威而不猛。"君子有"九思"："视思明，听思聪，色思温，貌思恭，言思忠，事思敬，颖思问，忿思难，见得思义。"

道家主张"冲气以为和""和其光，同其尘"，要求人们擦去世事纷争落在自己心灵上的俗尘，以一颗淡泊明净的心灵看待外物与自己。老子说："载营魄抱一，能无离乎？""塞其兑，闭其门，挫其锐，解其分，和其光，同其尘"，强调人之形体与精神的合一，这样，就能"消除个我的固蔽，化除一切的封闭隔阂，超越于世俗褊狭的人伦关系局限，以豁达的心胸与无所偏的心境去看待一切人物"，从而达到个体身心的和谐。

（四）协和万邦——民族关系、国家关系和谐的思想

在处理民族与民族、国家与国家之间的关系上，中国传统和谐思想主张"协和"而非"征服"，即在平等基础上，和平共处、亲善和睦。《尚书·尧典》中说尧对九州的政策采用"亲"，对百姓的政策采用"平章"，对万邦的政策采用"协和"。《周易·乾卦》中说"首出庶物，万国咸宁"，即主张万邦团结，和睦共处。孔子也提出"四海之内皆兄弟也"，又说"远人不服，则修文德以来之，即来之，则安之"，主张以交往感化外邦，反对轻率地诉诸武力。孟子提出"仁者无敌"，主张"以德服人"，提倡王道，反对霸道。

总之，在建立人与自然和谐、人与人和谐、个人内心和谐以及国家民族关系的和谐方面，中国传统文化中包含着非常丰富的思想内容，这些思想虽然有其时代的局限性，但只要我们坚持在批判中继承、在继承中创新，就一定能使其进一步发扬光大，对我们当前构建和谐社会起到积极有益的推动作用。

二、传统文化对思想教育的作用

（一）当代大学生的思想特点

在当今现代科技和信息技术日益进步的同时也带来了中西思想文化前所未有的交流、摩擦和融合。在这种文明冲突和文化碰撞的多重因素的相互交织下，层出不穷的文化思潮和理念，使得当代大学生面临着空前的困惑与迷惘。尽管整体上他们的思想状况的主流是积极的、健康向上的，但他们的思想不可避免带有一些新特点，为思想教育提出了新的认识课题。

1. 思想意识多样化，价值取向功利化，责任意识淡薄化

伴随着网络传播的迅猛发展，思想文化领域世界化进程的迅速发展使得中西多元文化思潮和价值观念冲击当代大学生的思想活动。与此同时，在他们身上一个值得注意的特点是："大学生价值取向的功利化倾向越来越明显，以'自我设计、自我实现、自我负责'为核心的个体人生价值观正被一部分大学生接受，他们片面追求个人价值、个人利益和个人

需求的实现，淡漠了责任意识、集体意识和协作意识。""在崇尚自我中心的同时，不能把自我发展与社会需要联结起来，甚至陷入极端个人主义而不自省，乐于奉献、为人民服务的精神淡薄了，社会责任感、历史使命感淡薄了，在追求物质生活的同时丢失了精神家园。"

2. 心理承受能力弱，心理素质层次性差异明显，心理问题日益突出

近年来，随着高等教育的大众化，当代大学生群体的心理素质层次性差异表现明显。一方面，以独生子女为主体的当代大学生表现出强烈的独立自主意识，崇尚自我实现和竞争意识；另一方面，由于自幼成长在家长和老师们所营造的"温室"里的大学生，他们内心充满了无限优越感，但在心理上又表现出较强的依赖性，自我调节和自我控制能力较弱。尤其是近几年高校频发的恶性事件更是表明了当代大学生在生活、学习或情感问题上遇到困难和挫折时，心理承受能力很弱。"目前有 20% 左右的大学生存在不同程度的心理问题或心理障碍，明显表现出心理矛盾多、压力大、心理问题多发等特点。"这一数据表明部分大学生心理素质偏弱，抗挫折能力明显不足。

3. 道德观念多样化，道德行为和道德认知偏离思想意识和文化的多元化决定了道德观念的多元化。处在成长期的大学生是受多元化道德观念冲击最大的群体。多数的大学生既遵从中国传统道德，又吸收西方文化中的部分道德观念和道德规范；他们既有对传统道德的肯定，又有对传统道德的某种反叛而且对待各种社会现象和问题的道德评价标准不再单一，往往从多角度进行分析和评价。这也形成了当代大学生的一个突出特点：在认知、情感上具有与社会主义现代化建设相适应的政治、经济、文化、道德和科教等方面的认同感，但行动上的践行能力比较薄弱，出现行为与认知的偏离。

（二）中国优秀传统文化对当代大学生思想教育的意义

中国优秀传统文化不仅蕴含着丰富的人生哲理，同时又十分注重道德修养和实践，强调道德践履。数千年来中华民族形成了一套固定而严密的道德准则和行为规范，并作为道德传统世代相承，可以陶冶当代大学生的情操，提高境界，提升修养，改变素质，对他们树立正确的人生观、世界观和价值观有着重要的作用和意义，对丰富他们的人文素养，完善他们的人格有重要的现实意义。正如常兆玉所指出，"传统文化中的重个人道德修养、重群体价值观念、重人际亲和关系、重人与自然的和谐相处等，若加以改造，注入时代内容，也是有利于社会主义现代化建设的，有利于人类和平发展"。

1. 有助于激发大学生的爱国主义情感

将中国优秀传统文化教育引入到大学生的思想教育中不仅可以激发他们的爱国热情，而且对他们的素质教育也起到根本性的推动作用。通过中国传统优秀文化的熏陶，大学生可以树立起崇高的历史使命和责任意识，将感性的爱国情感转化为理性的爱国行动，为中华民族伟大复兴奋勇拼搏。

2. 有助于提升大学生的思想境界

中国优秀传统文化具有浓重的人文精神，重视人的道德修养，明确了当代中国最根本的价值取向与行为准则，对当代大学生所应具备的道德观点做出的精辟概括。它着眼于理

想人格的形成，强调修身为本，主张超越功利的制约，正确地处理人与物的关系，义与利统一。这些对当今社会过分世俗化和物欲化的倾向可以起到抵制和克服的作用。

（三）结合中国优秀传统文化，开展大学生思想教育的主要途径

加强中国优秀传统文化教育，将其纳入到教学计划中当代大学教育是在传统文化背景下进行的，从这个意义上来说，当代大学教育应该对传统文化有所继承、延续、创新和发展。因此，"大学教育现代化的过程，是对传统文化重新评价和批判继承的过程"。鉴于中国优秀传统文化在大学生人文素质培养中的重要性，对于高校一线教育工作者，我们应该深入探究中国传统文化的人文精神，批判地继承其精华部分，有针对性地对学生进行传统文化教育。

加强课程建设，充分发挥课堂教学的教育主渠道作用高校要加强对大学生的传统文化思想教育，首先"应注重对相关课程的建设及改革"。其次，要充分发挥课堂这一主渠道的作用。要发挥这一作用，就必须切实有效地改革教学内容、改进教学手段、改善教学方法。在教学内容上，要针对当代大学生的特点，科学地设计相关的教育内容；在教学手段上，结合多媒体教学和影像教学，创新性地运用现代教学手段，以有效地提高教学的针对性与实效性；在教学方法上，要深入浅出、循循善诱，将中国传统价值观贯穿于高校育人的全过程，陶冶情操，提高他们的人文素质。

营造和谐的校园文化，激发大学生努力奋进的精神面貌和心理素质作为一种特殊的社会文化，校园文化是一种不可忽视的教育力量。丰富多彩的校园文化活动有助于有针对性地开展思想教育，将中国优秀传统文化教育深入、内化和融入到大学生生活的每个细节和场景中，让他们从点滴的生活中深切感受中国优秀传统文化的魅力。

强化社会实践，在实践中对大学生开展中国传统文化教育社会实践对于加强和改进大学生的思想文化教育有着重要的作用。把中国优秀传统文化教育与社会实践结合起来对大学生进行思想教育，能达到事半功倍的教育效果。在加强大学生思想教育时，强化社会实践有利于他们树立正确的人生观和世界观，增强社会责任感和历史使命感。根据他们的身心特点，借助于现有的有利的资源和场所，用社会这个大熔炉将中国优秀传统文化的内容与现实中实现个人追求的境界联系起来，使大学生在现实中认识自己的价值，确立自己的人生奋斗目标，与此同时，增强其明辨是非、识别美丑的能力。

第二节　中国传统文化的政治教育

习主席在全军政治工作会议上指出，"在长期实践中，我军政治工作形成了一整套优良传统"，这些被概括为"十一个坚持"的优良传统，是我军政治工作的根本原则和内容。新形势下，始终保持和发扬我军政治工作的优良传统，对于永葆人民军队的政治本色，继承我军英勇奋斗的光辉历史，巩固和提高部队战斗力，实现党在新形势下的强军目标，具

有重要意义。

一、革命的政治工作是我军发展壮大的根本保证

政治工作的优良传统，承载着我军政治工作的光辉历史，体现了我军特有的革命精神和革命作风，是我军87年发展壮大的根本保证。实行革命的政治工作，保证了我军始终是党绝对领导下的革命军队。政治工作实质上是党领导和掌握军队的工作，是党领导军队的政治命脉。我军政治工作萌芽于大革命时期；"三湾改编"创造性地提出了支部建在连上的原则；古田会议肃清了非无产阶级思想，确立了用马克思主义建党建军的根本原则，人民军队由此定型。从此，革命"燎原之火"越烧越旺。在我军87年历程中，始终面对艰难困苦而不溃败，长征时没有让张国焘另立山头的阴谋得逞，只要铸牢党对军队绝对领导的军魂，就能保证红色江山永不变色。

实行革命的政治工作，为我军战胜强大敌人和艰难险阻提供了不竭力量。政治工作的威信威力，是经受血火风雨考验、在长期斗争中确立起来的。早在北伐战争时期，叶挺指挥的独立团，就是因为有共产党员、有党领导的政治工作，部队势如破竹，勇往直前，打出了铁军军威。在长期实践中，我军通过深入有效的政治工作，为我军构筑起钢铁般的战斗堡垒，树立起"革命理想高于天"的坚定信念，培育了压倒一切敌人而不被任何敌人所压倒、征服一切困难而不被任何困难所征服的革命精神，完成世所罕见的万里长征，以小米加步枪打败了美式装备的国民党军队，在朝鲜战场上打败了武装到牙齿的世界头号强敌，演出了一幕幕威武雄壮的战争活剧，创造了一个个惊天地、泣鬼神的英雄壮举。实行革命的政治工作，使我军始终保持了人民军队的本色和作风。本色和作风，是我军的基因和血脉。革命的政治工作把我军锻造成为一支无产阶级性质的新型人民军队，为了人民的利益赴汤蹈火、英勇奋斗。解放战争时，部队进入上海后，为了不惊扰市民，官兵和衣睡在潮湿的马路边上；许多官兵因为连续作战，口渴得嘴唇都干裂了也不进入民房取水。这些从根本上说都是思想政治教育的结果，也正因为如此，让老百姓认识到我军是人民自己的队伍。只要保持本色和作风，我们这支军队就不会变质，就永远是党的军队、人民的军队、社会主义国家的军队，就能"任凭风浪起，稳坐钓鱼台"，西方敌对势力在我国搞"和平演变"的图谋只能是痴心妄想。

二、优良传统是不断增强政治工作时代性和感召力的基石

守住根子上的东西，弘扬传统上的优势，这是我军不断增强政治工作时代性和感召力的基石。优良传统之所以能够得以传承，就在于其经得起历史检验，具有恒久魅力。政治工作的优良传统都是经受了重大的历史考验而凝炼出来的，是我军宝贵的财富。它就像大树的根系，帮助我军从人民当中获得取之不尽的力量；又像优秀的基因，在一代代革命军人的血脉中传承，成为我军特有的政治优势和克敌制胜的法宝。我军在革命战争年代没有被艰难困苦和强大敌人压垮，夺取政权之后没有被资产阶级糖衣炮弹打垮，历次政治斗争

的风波中没有被别有用心的人搞垮，改革开放后没有被各种错误思潮和腐朽文化冲垮，靠的就是一代代官兵不断坚持、传承和发扬我军政治工作的优良传统。

不管时代、环境如何变化，社会如何进步，优良传统从未过时。政治工作优良传统是先辈们用鲜血和生命铸就的，越是在重大考验面前越能显现作用。在支援经济建设的第一线，在抗洪抢险的大堤上，在抗击"非典"的最前沿，在抗震救灾的废墟中，在抗旱打井的工地上，都闪耀着政治工作优良传统的光辉。当前，我们正在进行具有许多新的历史特点的伟大斗争，意识形态领域斗争尖锐复杂，"颜色革命"暗流涌动。这些都是我军政治工作面临的重大考验。面对这些新情况，一定要澄清少数同志在弘扬优良传统上存在的模糊认识，绝不能把讲传统与"老一套"画等号。我们只有使红色基因在人民中代代相传，才能保证我军不忘本不迷途不变色、固本开新，在强军征程上取得新的胜利。

继承传统不是守住炉灰，而是革命火炬的传递。传统在继承中发展，事业因创新而永恒。这些在血与火中凝聚的优良传统、与你我他相联系的红色基因，是当代革命军人情感的依附、精神的归宿、前行的动力。当年古田会议，红军整肃了思想、整顿了队伍、明确了方向，从这里走向中国革命胜利；今天，习主席在全军政治工作会议上要求继承"十一个坚持"的优良传统，提出"四个牢固立起来""五个着力抓好"，把我们带到了政治工作新的起点上。只有把优良传统与时代精神融为一体，在继承中更好地发展，在发展中更好地继承，才能不断增强政治工作的时代性和感召力，让生命线始终不断线、持续焕发新活力。

三、牢牢把握政治工作优良传统，开创军队建设新局面

实现强军目标，建设强大军队，优良传统是根基。习近平主席强调："我们一定要深刻认识我军政治工作的重要地位和重大作用，把先辈们用鲜血和生命铸就的优良传统一代代传下去。"这一重要论述，深刻揭示了优良传统的时代价值，为我们在新的历史条件下开展政治工作指明了方向。

坚持把政治工作优良传统融入部队建设实践。政治工作在坚持优良传统的同时，还要聚焦时代主题，紧贴新的伟大斗争，使其融入贯彻落实强军目标、推动军队现代化转型实践，才能彰显巨大威力。面对长期和平环境影响、改革步入深水区、官兵成分结构变化、军事斗争准备任务艰巨繁重、意识形态领域斗争尖锐复杂等新情况新问题，我们必须用好优良传统这个传家宝，自觉接受传统洗礼、培植红色基因、传承精神血脉、强固政治根基，把传统优势根植于官兵头脑。坚持把政治工作优良传统融入部队建设实践，贯穿于军事斗争准备全过程，延伸到遂行多样化军事任务各方面，使之与时俱进，永葆生机活力。坚持政治工作优良传统，确保我军思想政治建设的正确方向。87年来，我军政治工作继承和发扬优良传统，始终把解决建设一支什么样的军队、怎样建设军队这一问题作为出发点和落脚点，从而焕发出强大的生命力战斗力。今天，站在新的历史起点上，面对国际战略形势和国家安全环境的深刻变化，面对国家和军队改革的新风险和新挑战，面对军队思想政治建设的新矛盾新问题，我们更加要坚持党对军队绝对领导，永葆人民军队性质、宗旨、

本色、作风。这次全军政治工作会议在古田召开，具有传承历史的鲜明象征意义：回到古田，寻根溯源，接受思想洗礼，就是要宣示永葆老红军本色，始终坚持军队建设坚定正确的政治方向。

坚持政治工作优良传统，为实现强军目标凝聚强大力量。我军政治工作的优良传统，是凝聚军心士气的强大精神力量，激励着一代代官兵奋发进取、勇往直前。习主席强调，要发挥政治工作对强军兴军的生命线作用，为实现党在新形势下的强军目标而奋斗。因此，将优良传统融入官兵血脉对实现强军目标至关重要。要紧紧围绕政治工作的时代主题，积极适应强军目标新要求，适应部队建设新发展，适应青年官兵新需求，把强军实践作为传承红色基因的最大课堂，研究新情况、解决新问题、总结新经验，不断赋予优良传统新的时代内涵，确保我军血统纯正、血脉永续，让优良传统和红色基因薪火相传。

第三节　中国传统文化的道德教育

中国传统道德是五千年中华文明的历史沉淀，是中华民族的血脉、灵魂和根基。在基础教育阶段进行传统道德文化教育，对学生成长过程中形成良好思想道德素质起着巨大的作用。中国传统道德文化是一块巨大的宝藏，可以丰富内涵，开阔眼界，培养文化素养，提高道德修养。

一、中国传统文化与现代道德教育的关系

文化是道德及道德教育的精神寓所。基于道德与文化之间天然的、本体意义上不可分割的联系，道德教育始终存在于一定的文化谱系之中，体现文化的内在精神和价值理想，是一种文化性存在。由此可见，中国传统文化与现代德育之间有着密切的内在联系。二者在我国文化建设中相辅相成、相互促进。一方面，中国优秀传统文化是现代德育的宝贵资源，它所蕴含的德育理念、内容、方法等，对现代德育依然具有重要的时代价值；另一方面，德育也是弘扬中国优秀传统文化的有效途径。

（一）道德教育与文化的关系

中国优秀传统文化与现代道德教育的关系，实际上是道德教育与文化的关系。因而分析和把握中国传统文化与现代道德教育的关系，必须首先认识道德教育与文化的关系。

文化蕴含着独特的道德教育功能。文化是人类社会特有的现象，它伴随人类的产生而产生，伴随人类的进步而发展，是人类文明深层积淀的产物。恩格斯说："文化上的每一个进步，都是迈向自由的一步。"这表明一切文化活动，都自觉不自觉地指向一定的道德价值。文化在"化人"的过程中，与道德教育的目标、内容、方法等是一致的，它隐性地执行着道德教育的功能。因而文化的发展直接影响和制约着道德教育的基本活动。

（二）道德教育继承和弘扬中国优秀传统文化

由于道德教育与文化具有内在的联系，因而道德教育在弘扬中国优秀传统文化中具有不可替代的作用和优势，是继承和弘扬传统文化的有效方式。

道德教育内容非常丰富。从内涵看，包括思想、政治和道德品质等方面的教育；从社会关系看，道德教育内容隐含在人际关系之中，其范围涉及到人类生活和交往的各个方面；从内；容来源看，道德教育信息源多种多样。由此可见，道德教育内容实际上涉及每个人的生活的方方面面，所以优秀传统文化能够在最大程度上与道德教育内容相互融合，在现代道德教育中弘扬优秀传统文化，可以古为今用，把它作为一种教育资源延续它的价值。

在当前的文化时代中，道德教育应当承担起自己的历史使命，即文化自觉。道德教育的文化自觉意味着面对文化全球化、多元化的冲击和挑战，确立道德文化的本土意识，促进传统道德文化的现代性转换，重新筹划人的道德性，重塑道德理想，培养新的道德人格，引领人们寻求生命的意义与价值。这样，道德教育才能真正地走向文化自觉，真正地继承和弘扬中国优秀传统文化。

二、中国传统文化在大学生道德教育中的功能

历史是一个绵延不断的过程，传统文化就是在这一过程中不断延续。人是一种文化的存在，人类历史是一种文化的历史，教育的过程是一种历史文化过程。因此，道德教育过程就是在传统文化不断演进与发展的背景下进行的。"观今宜鉴古，无古不成今。"从博大精深的传统文化中汲取丰富的道德教育资源，探究当代大学生道德教育方法是目前高校德育工作的重要课题之一。

（一）中国传统文化中蕴含着丰富的道德教育资源

1.孔孟的道德教育思想

在孔子的道德教育思想中，"仁"是最高的道德准则，而"仁"的主要内容是"爱人"。从"爱人"出发，孔子提出"庶、富、教"的教育思想，要求"子以四教：文、行、忠、信"。把道德教育贯穿于文化知识学科中，并把道德教育置于首要地位。孟子认为"人皆为尧舜"从"人皆有之"的恻隐、羞恶、辞让、是非之四心出发，提出"仁、义、礼、智"的"四德"，并把"四德"贯穿到"五伦"之中，建立了一个道德规范体系。

2.古代典籍中的道德教育思想

"大学之道，在明明德，在亲民，在止于至善"被称为"三纲领"，"三纲领"三个方面指明道德修养的方向和目标，同时"三纲领"也是儒家对大学教育目的和为学做人的表达。《中庸》也提出一种道德修养，为人处世的准则与方法，"中庸之道"与《大学》互为阐发。"天命之谓性，率性之谓道，修道之谓教""自诚明谓之性，自明诚谓之教，成则明矣，明则诚矣。惟天下至诚，为能尽其性。"指出了道德修养的完美境界也是一种人生哲学。

中国传统文化中蕴藏了丰富的道德教育资源，是对当代大学生进行思想道德教育的理论源泉，以科学的态度对待传统文化，取其精华，去其糟粕。

（二）中国传统文化在大学生道德教育中的功能

中华民族的传统文化，不仅是一种有着浓厚的重德求善的伦理价值取向的文化，发挥着强大的道德教育功能，而且是一种教育手段，对人们的思想，行为、生产生活产生影响。现代大学生思想道德教育过程不仅是对传统文化教育资源的借鉴、利用，更是发挥传统文化巨大价值功能的过程。

1.传统文化能够丰富大学生的道德教育内容

倡导爱国主义，集体主义。"爱国主义""集体主义"这些被新时代称为社会主义核心价值体系内容的价值取向，传承了中华民族的爱国情操和精神品格。古有"人生自古谁无死，留取丹心照汗青""天下兴亡，匹夫有责"，今有"长征精神""抗震救灾精神"等，在继承和发扬这种精神的基础上不断升华，不断演进，丰富了大学生的道德教育内容。

讲求诚信，言而有信。以诚相待，诚实守信是中华民族的传统美德。诚信也是一个人立足社会的最起码的道德准则。《论语·述而》说："子以四教：文、行、忠、信。"孟子建立了一个道德规范体系——"五常"，即仁、义、礼、智、信。"仁，事父母；义，从兄长；智，明白以上两者的道理并坚持下去；礼，孝悌在礼节上的表现；信，老老实实地去做。"在当代，诚信不仅是大学生全面发展的前提，也是其树立理想信念的基础。大学生要以诚信为重点，言必信，行必果，严格要求自己，努力培养诚信意识、诚信行为、诚信品质，对提高自身素质，形成良好的社会风尚，构建社会主义和谐社会都有密切关系；也是把社会主义荣辱观付诸实践的重要保证。

2.传统文化能够塑造大学生的健康人格，树立正确的人生观、价值观

高尚健全、积极乐观的人生态度。中国传统文化注重培养、塑造健全理想人格，推崇人格道德的价值，特别注重修身养性。孟子推崇"大丈夫"的人格理想：富贵不能淫，贫贱不能移，威武不能屈。认为这种人格形象是充满道义感、自信心、社会责任感和家庭义务感的，在"大丈夫"身上表现出一种浩然正气。乐观主义是中国传统人生伦理哲学的基础。以"发愤忘食，乐以忘忧""人生得意须尽欢，莫使金樽空对月"，这种乐观向上的人生态度激励人们奋发图强，积极进取，也铸就了中华民族安贫乐道、勇往直前的进取精神。

自强不息、开拓进取的价值追求。"天行健，君子以自强不息"这是一种自强不息、开拓进取、积极向上的精神追求。正如孔子曰"发愤忘食，乐以忘忧，不知老之将至云尔"；荀子也说"锲而舍之，朽木不折；锲而不舍，金石可镂"。这些千古流传至今的进取精神，对我们大学生培养自尊、自信、自立、自强的奋斗品格有巨大的鼓舞作用。

（三）从中国传统文化中借鉴、发扬道德教育方法

中国传统文化不仅蕴藏着丰富的道德教育资源，在大学生道德教育中发挥着重要功能，更重要的是通过对传统文化的研究与探讨，从中借鉴、吸收、发扬有益的道德教育方法来指导当前的道德教育工作。

1.秉持扬弃的原则，借鉴吸收，传承优秀的德育方法

"中国传统文化的重大价值之一，就在于它认为人完全可以靠自身的善性和能力不断

超越自我，自强不息，塑造自身和谐健康的心理。这种强调主体意识、积极向上的人生态度正为我们今天提倡主体精神的社会所需要。"从古到今，道德修养都很重视自我修养，强调道德践履，推崇严于律己。古人尤其重视道德修养过程中的"慎独""自省"。孔子提出道德修养的六大方法：立志、克己、力行、中庸、内省、改过，特别强调内省，"见贤思齐焉，见不贤而内省也"。孟子也强调要在深造自得的基础上反求诸己，强调理性的自律道德。

2. 博古通今、融会贯通，采用现代科学技术进行道德教育

将传统文化引入道德教育领域，把传统文化与现代文化有机的结合和融会在一起，并使之经常化、制度化，从不同层次，不同角度，多方面，全方位的探讨思想道德教育方法，以此来发挥传统文化在思想道德教育中的功能。

（1）从学校教育的不同环节来探讨道德教育方法。创新课程设置体制，构建新的课程体系，把传统文化引入到课程当中，在必修课中适当增加一些古代哲学、文学鉴赏；在选修课程中扩展学生选择传统文学的范围，开展有关"中国传统文化"的课外讲堂。努力培养大学生的人文素养，提高道德觉悟。教学是学校教育的中心工作，课堂教学活动是学生的一种特殊认识活动，也是进行道德教育的重要手段和主要渠道。"所谓'圣可以学而至'，其中的'学'乃是指通过'学'道而最终达到'凝道成德'的目的。可见，'学'的核心过程就是道德内化。"把传统文化中关于道德教育的精华引入到课堂教学过程中。在课堂教学组织过程中引导学生学习鉴赏中国古代传统文化，拓展学生的知识面，陶冶情操，并使学生能够在实践中自觉培养良好的道德行为习惯。

（2）从道德教育中不同角色分工来探讨道德教育方法。当前对于大学生的思想道德教育要采取学校、家庭、社会相结合的综合教育方法。在高校中，除了课堂教学外，还可以利用特有的社团文化活动、学生会组织、传统文化沙龙等等活动创造良好的校园文化环境。在家庭中，对待父母长辈要坚持孝悌忠信，兄弟姐妹之间要以礼相待，从小事做起，从点滴做起，培养高尚的道德品质。

（3）从现代科学技术在道德教育过程中的应用程度来探讨道德教育方法。当今社会是知识经济时代，科学技术突飞猛进，而且渗透到各个领域。高校可以利用多媒体教学设备以及露天电影等组织学生观看经典历史影视作品，亦可聘请专家或组织一些精通传统文化的教师开展课外讲堂；也可以利用校园广播、校刊和校报等在特定时段宣传传统文化知识等。

目前，国内很多高校建立了心理咨询中心，其目的就是对在校大学生进行学习、生活指导，心理和就业辅导。高校的心理咨询中心不仅可以开展一些日常的心理咨询和心理辅导教育，还可以开展各种形式的心理训练活动，来培养学生多方面的兴趣，养成乐观向上的积极地生活态度，这也是高校进行思想道德教育的有效途径。

总之，高校可以综合采用多种方法来开展德育工作，传承中国传统优秀文化，有效地发挥传统文化在道德教育过程中的功能。

第四节　中国传统文化的心理教育

中国传统文化源远流长，其中蕴涵着丰富的心理健康思想，深深影响着国人的思想、行为和心理。同时对心理健康教育也具有双重影响：一方面，传统文化的信仰观、挫折观和"中庸之道"等对心理健康教育有着积极意义；另一方面，传统文化中的社会取向性、高度约束特征对于心理健康教育又产生了负面影响。

一、中国传统文化中的心理健康教育资源

关于"心理健康"，大家往往会认为它是西方文明的产物。崇尚个人主义、理性主义和科学主义的西方传统文化使他们在上世纪末就把心理健康作为一门科学进行研究．相比而言中国关于心理健康的科学研究是滞后的．但不能否认在中国的传统文化中却蕴涵着丰富的心理健康思想．美国著名心理学史学家 G. 墨菲和 J. 柯瓦奇在他们的《近代心理学历史导引》中指出"系统心理学的渊源可以追溯到古代印度、古代中国和古希腊"，"几乎是在同一时期，中国的孔子与老子开始从心理学的角度去思考问题"。西方许多著名的心理学家，都曾经在中国传统文化中找到了心理学的精髓所一在。可见，在博大精深的中国传统文化中，关于心理学的理论和技术虽然没能象西方心理学那样系统化，但其具有的厚重的思想内涵和哲理意义，是西方心理健康理论所不能替代的。

（一）中国传统文化是一种充满了"心理学"意义的文化

儒、道、佛是中国传统文化中一的三大思想传统，三教归一或三教本同，这三教本同即是同归于心。孟子把儒家思想的四端——仁、义、礼、智皆归之于心的注解，认为"君子所性，仁义礼智根于心"。在道家思想中，"道"是最根本性的概念，对于那包容天地、无形无迹的道，唯有心才能够把握。庄子主张心斋，对道的体验要以心为本。在佛家思想中，有"三界唯心"和"万法一心"的说法，言简意赅，已经是把心放在一切佛法、一切佛缘之根本位置了。归结起来看，中国传统文化之"心"，已不仅仅是指人体中的一种生理结构。而是被用来表示思想、情感、性格、意志等精神状态。这里的"心"已经完全成了心理学的"心"，它已经超越了心脏，同时也超越了大脑。我们的古人用心来表示人的智慧，表示人的心灵与精神世界。显而易见，在中国传统文化之"心"的概念中有着极其深刻的内涵，一旦我们理解了这一内涵，就会对中国传统文化中固有的心理学，获得一种真实的体验。

（二）中国传统文化中的心理健康教育资源

1."天人合一"和"阴阳平衡"的和谐观

世界卫生组织将健康定义为"健康是指人的身体、精神以及与社会和谐的完善状态，

而不仅仅指无疾病或无体弱的状态"。《周易大传》"夫‘大人者，与天地合其德，与日月合其明，与四时合其序。'"天人合一"强调个人身心发展与自然、社会发展和谐统一，从而为积极心理健康提供了生态学的理念和范式。早在公元前一千多年的西周开始，中国人就用阴阳相互作用的观点来解释天地间的现象；并视之为宇宙间万事万物构成、发展、相互作用的根源。"一阴一阳之谓道"，阴阳是对事物共有的特殊规定性的抽象概念，是宇宙中相关联的事物或现象对立双方属性的概括。阴阳与心理健康的关系主要表现在情志的阴阳属性及心身疾病的致病机理两方而。阴阳协调则人的精力充沛，身心和谐。《素问·生气通天论》说："阴平阳秘，精神乃治。"相反，阴阳失调则形病及神，或形神并病为各种心身疾病。阴阳平衡或失调与健康或疾病关系表明健康和疾病是一个动态发展过程。西方心理健康研究范式从生物医学模式到心身医学模式发展到现在的生物—心理—社会的生态学模式于中国传统文化中"天合、地和、人合、几合"以及"阴阳平衡"的和谐健康观不谋而和。

2. "致中和"和"自强不息"的入世观

"中庸"是儒家提出的处理世间万物的总法则，它包含着保持内心世界动态平衡的深刻内涵。"喜怒哀乐之未发，谓之中；发而皆中节，谓之和。中也者，天下之大本也；和也者，天下之达道也。"中庸强调折中和辞让，避免偏激，以达到"和"。这种"和"不仅是天地万物和谐共处的状态，也是通过调和事物间矛盾关系而达到和谐的手段。"自强不息"也是中国人的基本人生哲学和入世哲学。《周易》曰："天行健，君子以自强不息。"提倡人应效法日月星辰刚健运行那样奋斗不息，坚持独立意志和人格尊严。儒家提倡尊重理性，推崇德化、感化、重视自治和为社稷承担责任，是一种积极入世的思想。"修身、齐家、治国、平天下""先天下之忧而忧，后天下之乐而乐"是一种社会责任感，更是一种积极向上的人生态度。禅宗认为真正的禅不脱离实际，饥了就吃，渴了就喝，在亲自实践和体验中"开悟"，使得佛法与生命、与生活紧密结合在一起，成为积极向上的人生观和世界观。这种"自强不息"的积极入世观弥补了"致中和"的处世之道的不足，避免了因"致中和"的思想引起的消极遁世思想。同时，"自强不息"的积极入世观也在"致中和"的思想中不断地调整到和谐的状态，避免太过入世激进而产生"执着"偏执心理。

3. "内省自悟"心理调节观

中国古代医《诸病源候论·虚劳候》中说："七伤者……二曰大怒气逆伤肝……五曰忧愁思虑伤心……七曰大恐惧，不节伤志……"意思是说，情绪波动过于激烈容易产生疾病，也会给心理健康带来隐患。中国传统文化是一种非常重视个体自我内省的文化，可以说这是中国传统道德文化中的特有的心理修养范畴。他虽然没有现代心理学意义上的心理健康教育的说法，但却在如何理解个体的心理健康，如何而对和处理个体的心理问题等方而，有着十分丰富而宝贵的遗产。儒家在身心修养上十分重视用"内省"的方法来调节情绪。在如何处理个体的心理问题上，儒家认为应正而控制，即发挥个体的主观能动性，通过控制引发心理冲突或困惑的事件，通过认识的转换和个体的积极修养来解决心理问题。道家的采取退让，通过弃智守朴，去用取无，以下为上的策略来解决心理问题。佛家采用化解，把生存困惑化解为其他方而来解决心理问题。这些方法有一定的消极性和被动性，但若能将其与有些心理问题合情又合理地加以联系与升华，却又不失为一种有效的处理方式。现代心理学研究证明，如果人们能用正确的道德规范反省自己，积极自我暗示，就能有效地预防由于情绪失控而产生的各种心理问题。

4. "不治已病治未病"的预防观

《内经·素问》载"圣人不治已病治未病，不治已乱治未乱""上医治未病，中医治欲病，下医治已病"，这种预防为主、扶正祛邪、标本兼治的传统医学理念一是把顺应自然作为养生的重要原则，强调"顺四时而适寒暑"，提出"春夏养阳，秋冬养阴"的养生原则。二是把精神情志的调控作为养生的重要措施，指出"恬淡虚无，真气从之，精神内守，病安从来"。三是重视保养正气在养生中的主导作用，认为"正气存内，邪不可干"。人是有机统一体，对外须适应四时气候变化；对内喜、怒、忧、思、悲、恐、惊七情必须协调和顺，否则会身心失调而生病。现代"生物—心理—社会"整体健康模式与之一脉相承，为心理健康服务从疾病模式走向生态模式提供了深刻的启示。

5. 消愁怡悦，是进行心理调适的方法

从传统文化中可梳理出诸多心理调适之法，在某种意义上来说，这些方法在实施中更注重整体性，不仅考虑心理健康受阻的个体之心理治疗，也强调心理健康者时时维护自身内部与外部之间的和谐统一，以有利于心理健康。概括而言，从传统文化的角度可构建出以下之方法。第一，儒家的"身心修炼"之法。儒家注重个体日常生活中修炼身与心，以达和谐之目的，并获心理之健康无碍。第二，道家的"自然无为"之法。"自然无为"既是一种理念，又不失为一种方法，其顺从自然、尊重规律的态度决定了在作为个体心理治疗时所追求的"尊重现实，活在当下"的理念。第三，佛家的"去除无明"之法。佛家认为，烦恼的来源是"无明"，只有去除无明，才能摆脱烦恼，因此，"去除无明"既是方法，又是目的。二者较好的融为一体。另外消愁怡悦法、移情变气法、气功导引法、义理开导法、以情胜情法等等也都是我国传统的心理疗法。其中消愁怡悦法是很有借鉴价值的。它是通过怡情移志帮助有心理疾病者调节消极情绪的一种心理治疗方法。清代吴师机在《理渝骈文》中说："七情之病，看书解闷，听曲解愁，有胜于服药者矣。"这种方法的机理是通过山水花草的游玩与欣赏以及文艺、清谈、琴棋书画的爱好，茶酒的适当品用，使环境发生变化，令人赏心悦目、怡情移志，从而达到对抑郁、焦虑、紧张等心理疾病的调适。这种方法与我们今天的音乐疗法、娱乐休闲疗法基本一致，这种方法对一些心理疾病患者较有疗效，值得推广借鉴。

二、社会环境对大学生心理健康产生的影响

大学是学生生涯的最后一站，其教育质量对学生日后参加工作时各项能力的发挥有着重要影响。在大学教育体制中，心理健康教育是其教育的重点组成部分。

（一）互联网对大学生心理的影响

随着社会科技的不断发展，人们对生活质量的要求不断提高，人们的信息传播方式也出现了相应改变，而互联网的大范围普及彻底改变了人们的信息交流方式。大学生群体对新鲜事物的接受速度非常快，互联网已然成为大学生的主要信息获取途径。但互联网中的信息量十分庞大，各种思想观念掺杂其中，大学生群体缺乏社会生活经验，无法分辨其中混杂的错误价值导向。在这种缺乏一定判断能力的情况下，大学生群体容易在互联网中吸收错误思维观点，影响其心理健康成长。

1.网络对大学生所带来的心理影响

（1）网络一方面满足大学生实现自我价值的愿望，另一方面却影响了大学生奋发向上、积极进取的前进动力。由中学到大学的改变与适应过程中，只有少数人能够保持原来中学时的中心地位和重要角色，大多数学生由于成绩平平、缺少特长，在学校的各种文体活动中难以获得成功，而成为校园中的普通一员。一些大学生不能够很好的适应这种角色的转变，导致自信心缺乏，其价值感和成就感便无从谈起。而在网络虚拟社区里，在游戏中，每升一级或者是打过一关，都会产生一种愉悦感和"高峰体验"，可以找回"辉煌"的自我。在现实社会中许多需求是很难轻易得到满足的，需要付出艰苦的努力和奋斗。然而，在网络这个虚幻的世界里，随着上网次数的增多这种成功的心理体验也会不断得到满足。尽管这是一种转瞬即逝的极度强烈的幸福感，甚至是欣喜若狂、如痴如醉、欢乐至极的心理感受，也让他们在虚拟的网络世界所体验的快乐和自我成就感，比现实世界要多得多，使他们沉湎于此而不能自拔，更加依恋网络世界的虚拟生活。久而久之，陷入了对现实生活缺乏目标和动力的空虚感当中，丧失了前进动力。在现实生活中，许多相对缺乏竞争力的学生往往以这种方式选择上网，逃避现实，使网络上的自我价值感得以体现，以求得暂时的解脱。

（2）网络的平等性、隐蔽性满足了大学生强烈的交往愿望，却使他们在现实中更加孤独。大学生渴望友谊和同龄人之间的相互理解和支持，有强烈的交往愿望，然而在现实生活里，由于人际关系的社会复杂性和大学生心理的单纯性，常会使部分学生在交往中遭受挫折，表现出了不同的人际交往障碍，如多疑、害羞、闭锁、社交恐惧，而网络这个虚拟的世界恰好为这些学生满足和实现交往愿望提供了便利条件。在网络里，不再强调相貌的作用，人们在一个非以貌取人的环境下相互认识、相互了解；每一个网民拥有平等的发言权，人们根据你的话语来形成对你的印象；在网上可以说出自己想说的话，而且一般来说不用担心会带来什么惩罚，所以他们不需要过多的面具，表达自己比较真实；不论天涯海角，在互联网上人们可以跨越时空彼此相识。彼此陌生的人可以发展友谊甚至产生爱情；通过这种超时空的、双向的交流交往，产生一种自信、自尊和自我稳定的心理感受。但这种交流只需网络、电脑等冷冰冰的设备做中介，一旦下线离开电脑，在实际生活中却不懂得交往的艺术与技巧，很难表达自己。有的学生在网上口若悬河、谈笑自如，现实中却无法与他人进行沟通，甚至对自己的家人、同学越来越淡漠，不关心周围的一切，形成情感和心理上的孤独，对大学生社会化进程造成严重的影响。

（3）网络使大学生在情绪上得到宣泄的同时，却容易在道德上迷失自我。随着社会竞争的日益激烈，社会对人才质量的要求不断提高，使求学、就业中充满着竞争、冲突、矛盾和挫折，另外社会环境以及校园生活中的诸多的不完善，也使大学生大为不满。为了求得心理上的平衡，倾诉和宣泄自己的不良情绪，他们或到 QQ 聊天室向网友倾诉自己的不快，或在 BBS 上发表自己的观点及见解，或到对抗游戏里冲杀一番。在虚拟社区里，创造一个从来没有过的生活环境，过一过他们从来没有经历过的生活。美丽文静的女孩可能变得很泼辣，且满嘴的土话、脏话；粗犷剽悍的男生也可能变得乖巧可爱，含蓄羞涩。网络媒体把文字阅览、画面浏览、和声音聆听融为一体，将欣赏者的各种感觉全方位打开，使视觉、听觉、触觉甚至味觉和嗅觉协同活动，获得更多感官的刺激，从而得到精神上的满足与愉悦。这正好和大学生好奇、浪漫、喜欢惊险刺激的心理相匹配。由于网络是神秘的、虚拟的不受约束和限制的，引发了大学生道德上的冲突，许多大学生没有协调好网上与现实的关系，对自己的道德要求在网上和网下不一样，在现实生活中是个好学生，仪表端庄，彬彬有礼，而在网上却不负责任的乱说脏话，频频登录黄色网站甚至扮演"黑客"的角色等。长此以往，这种"网上""网下"的不一样，会使大学生在道德上产生严重的冲突与矛盾，甚至在道德上迷失自我。

2. 由于大学生的生活、工作、娱乐将更加依赖于互联网，因此针对网络对大学生所带来的心理影响而加以引导尤为重要

网络对大学生的影响既有积极的一面，也有消极的一面，既反映了大学生在网上获得自我实现、自我宣泄、尝试新生活的心理，也反映了当前大学生想摆脱那种空虚、无聊、颓废的学习和生活心态、对丰富多彩的大学生活的向往和追求。总的来看，都与大学生成长发展中遇到的问题和成长的环境有关。

（二）社会生活环境对大学生心理健康的影响

大学生在大学学习过程中，需要独自面对社会，参加各项社会活动。在没有家长监管的情况下，大学生很容易与社会中的不法分子产生接触。因为很多大学生缺乏对接触人群的判断能力，所以很容易受其伤害；即使在双方暂时和平相处的情况下，社会不法分子也会有意或无意向大学生传导"负能量"，对其心理健康状况产生不良影响。

三、中华传统文化对大学生心理健康教育的积极作用

当今社会发展迅速、竞争加剧、多元化文化和价值冲突加深，导致人们面临的压力增大，心理健康已成为人们越来越关注的问题。大学生不仅是接受高等教育、具有高自我价值感的群体，还是承载社会、家庭高期望值，承受高压力的群体。大学阶段是世界观、人生观、价值观形成的关键时期，是心智成熟的重要阶段，理想与现实、独立与依赖、社交与封闭等矛盾与冲突交织在一起，使以增强心理调试能力，提高心理素质，保持乐观、积极的人生态度，促进人格完善为内容的大学生心理健康教育活动成为大学生教育工作中不

可或缺的内容。

我国大学生心理健康教育工作始于 20 世纪 80 年代中期，历经被认识、受重视再到加强和完善的过程。由于对心理健康教育研究主要来自国外，如何使这些科学理论及方法适应于我国大学生心理健康教育工作的需要就成为当前迫切需要解决的问题。探究中国传统文化中的积极因素，使之与当前大学生心理健康教育工作相结合，对于推进大学生心理健康教育具有积极意义。中国传统文化在几千年社会发展中积累了极为丰富的内涵，尽管没有明确提出系统的心理健康的理论体系和构架，但作为中国文化主流的儒家、道家在对许多问题的论述上均涉及了心理健康的内容。其中的积极因素经过长期熏染、潜移默化和传承，使整个中华民族在民族精神、价值取向、伦理观念等方面，造就出了特有品格和精神。充分挖掘传统文化中蕴含的心理健康思想，使其与当前大学生心理健康教育有机结合起来，不仅有利于当前大学生心理健康教育工作的实施与开展，同时对大学生整体素质的培养也具有重要意义。

自强不息，追求积极进取的人生观，实现自我价值。自强不息、积极进取，追求崇高的人生目的，是中国传统文化的重要内容。"天行健，君子以自强不息"，天道的运行，是刚劲强健的，有道德的人应当效法天道，自强不息。老子说："知人者智，自知者明。胜人者有力，自胜者强。"要想战胜别人，首先要战胜自己的一切弱点。只有坚忍不拔、强力而行的人，才是一个有志气的人。"自强不息"是中国传统文化中的一种独立自主、奋发图强、百折不挠、锲而不舍的精神。这些品质，无论对大学生世界观、人生观的形成，还是对他们日常的学习、生活，都具有非常好的启迪作用。

注重"中庸"，维护心理平衡，有利于心理健康发展。儒家学说中强调的"中庸"，就是"不偏之谓中，不易之谓庸。中者，天下之正道，庸者，天下之定理"，即不偏不倚，折衷平常，中和适度，不主张"过犹不及"。此外，《论语》中还描述了"温而厉，威而不猛，恭而安"及"泰而不骄，威而不猛"的人格特征，认为"不得中行而与之，必也狂狷乎！狂者进取，狷者有所不为也"。也就是说，作为君子，能把握自己的内心世界，对外界各种刺激随时控制和调节自己的心理体验，时刻使内心世界居于适中状态。即保持心理的平衡。

从心理健康的状态来看，处于中庸状态的个体比处于两个极端的个体更容易保持心理健康。中庸作为心理健康标准，表现为心理平衡的状态和适度的原则，即控制调节自己对外界各种刺激的心理体验，最终达到适中平衡。这种防止偏倚、适度中庸、保持心理平衡的原则，对大学生的心理健康教育具有十分有效的借鉴价值。适度的自信，既不自负，也不自卑，是事业成功的必备条件。面对挫折，过于悲观沮丧会丧失意志，而毫无所谓则会失去前进的动力，只有掌握好尺度才能成为前进的真正动力。因此，要想在日新月异的社会生活中立于不败之地，就要将自己的心态调整到"中"，既不要"过"，也不要"不及"，以坦然平和的健康心理状态面对复杂多变的世界。

增强适应能力，提高抗挫折能力。儒家认为人性本善，《孟子》强调"人皆有仁、义、礼、智之心"。所谓知天命，就是能理解并实践仁、义、礼、智，做到"仁者不忧，智者不惑，勇者不惧"。以礼义适应社会，适应自然。强调"君子不器"。孔子十分钦佩颜回，曾说其："一箪食，一瓢饮，在陋巷，人不堪其忧，回也不改其乐。贤哉回也"。儒家还认为耐挫是一种美德，《论语·述而》中"用之则行，舍之则藏，惟我与尔有是夫"，强调面对挫折、遭受冷遇也能坦然接受而不是耿耿于怀。《孟子》中的"得志，泽加于民；不得志，修身现于世。穷则独善其身，达则兼济天下"，反映的是儒家的积极入世的人生理念，表达了得志则造福于黎民苍生，不得志也要洁身自好，积极豁达的态度。不仅如此，"故天将降大任于斯人也，必先苦其心志，劳其筋骨，饿其体肤，空乏其身，行拂乱其所为，所以动心忍性，曾益其所不能"。同时，儒家思想还强调"小不忍则乱大谋"，对一些不顺利、小挫折要善于忍让、忍耐，以顾全大局，要有善待挫折的坦然心态，提倡"富贵不能淫，贫贱不能移，威武不能屈""匹夫不可夺志""自强不息"等人格品质。

当前大学生在学习生活上遇到挫折、失败，对环境的适应能力不良是导致大学生心理问题的重要原因之一，大学生心理健康教育的核心内容之一就是要提高学生的抗挫能力和社会适应能力。儒家思想强调的困而弥坚、挫而愈奋、百折不挠、追求进取的精神对当代大学生来讲，是一笔宝贵的精神财富，这些思想对促进大学生增进心理健康、增强适应社会的良好能力起到积极的作用。

知足常乐，顺其自然的乐观心态。中国传统文化主张人生不要刻意去强求不现实的功利或物质需求，而要重视心理的满足。在获得这种心理满足的基础上实现"常乐"，由此可以看到国人乐观的生活态度。无论多么辛劳，只要有希望，便能知足常乐乃至以苦为乐。道家思想主张"顺其自然"，提出人类要"道法自然"，返璞归真，认为"人法地，地法天，天法道，道法自然"。做人的德行要重视"自然之德"。老子强调"是以圣人处无为之事，行不言之教，万物作而弗始，生而弗有，为而弗恃"，倡导人不要勉强去做有悖于自然规律的事情，要顺其自然，保持心境的平和旷达，即不故意做作，目的就在于不扼杀事物自由发展的可能性。庄子主张不刻意追求个人生活中现实的东西，而应顺其自然，强调"天然"；超越一切功名利禄，做到"无功"；忘记一切荣辱毁誉等虚名，做到"无名"。"无为"而最终"无不为"，从而实现"恢恢乎其于游刃必有余地矣"的境界。

尽管乐观知足的心态可能会影响人的上进与追求，但从健康心理的角度看，"知足常乐"与"顺其自然"却是大学生自我保护、自我保健的健康心理和行为的反映。

修身养性，塑造健全人格，提高心理调适能力。儒家学说中包含着深刻的心性修养思想。孔子积极主张修身养性，提出"欲先修其身者，先正其心"。强调"心正而后身修"，进而达到"德润身，心广体胖"。就是说人只要具备了较高的修养，就能心怀善，心无愧怍，进而感到舒泰宽阔。孔子还提出"所谓修身养性在正其心者，身有忿惕，则不得其正。有所恐惧，则不得其正。有所好乐。则不得其正。有所忧患，则不得其正"，进一步阐述了修身养性与心理平衡的关系。

传统中医文化也积极提倡修身养性，提出"圣贤只是教人收心养心，其旨深矣"。张仲景提出了"人体平衡，唯须好将养……""悦爽志，以资血气"，形成了我国医学上较全面的养生学。其主要内容是恬淡虚无，颐养精神，即精神上的乐观，生活上的知足，而最重要的是要能"于危于利，若存若亡；于非危非利，亦若存若亡"。而且要"习以成性"，"去除危利，不妄喜怒，不近声色，不贪浓味，不神虑精散"，这就是治未病之病。

可见，倡导修身养性，有利于当代大学生塑造健全的人格，更好地了解自己、悦纳自己，增强自信，并不断完善自我、超越自我、发展自我，提高心理调适能力。

由于大学生正处于从未成熟到成熟、未定型到定型的变化时期，各种因素的作用往往容易使他们中的一些人会被一些不正确的观点左右自己的思想和行为，产生不良情绪，容易产生心理问题，进而影响他们树立正确的世界观和人生观。因此，要结合中国优秀的传统文化，使之与当代心理学理论与实践结合起来，广泛及时开展具有中国特色的、卓有成效的当代大学生心理健康教育和实践活动，促进学生更好地认识自我，健全人格，以不断适应社会发展的需要。

第七章　中国传统文化与思想政治教育相融合的原则和路径

在探索大学生思想政治教育与中国传统文化教育相融合过程中，会面临许多新的挑战，这要求我们必须要更新观念，树立以人为本的科学发展观，不断总结探索，将其与各项日常工作相结合，切实提高工作的实效性。具体实践中，要把弘扬优秀传统文化与弘扬以爱国主义为核心的民族精神、以改革创新为核心的时代精神、社会主义先进文化（主要与社会主义核心价值体系）教育有机结合起来。着力提高大学生鉴别和抵御各种腐朽落后思想文化的能力，提高大学生的科学文化素质和思想道德素质，培育大学生的人文精神与科学精神。引导大学生以全面的、辩证的、发展的眼光看待发展中的社会主义，树立正确的世界观、人生观和价值观，坚定中国共产党领导下的社会主义发展道路的信念，增强作为中华民族一员的自尊心、自信心和自豪感。

第一节　中国传统文化与思想政治教育融合的基本原则

在探索大学生思想政治教育与中国传统文化教育相融合过程中，会面临许多新的挑战，这要求我们必须要更新观念，树立以人为本的科学发展观，不断总结探索，将其与各项日常工作相结合，切实提高工作的实效性。具体实践中，要把弘扬优秀传统文化与弘扬以爱国主义为核心的民族精神、以改革创新为核心的时代精神、社会主义先进文化（主要与社会主义核心价值体系）教育有机结合起来。着力提高大学生鉴别和抵御各种腐朽落后思想文化的能力，提高大学生的科学文化素质和思想道德素质，培育大学生的人文精神与科学精神。引导大学生以全面的、辩证的、发展的眼光看待发展中的社会主义，树立正确的世界观、人生观和价值观，坚定中国共产党领导下的社会主义发展道路的信念，增强作为中华民族一员的自尊心、自信心和自豪感。

一、树立"以人为本"的科学发展观

"人的自由而全面发展"是马克思主义的最高命题。"人的自由而全面发展"包括：人

的综合能力的充分发展、人的个性的自由发挥、人的社会关系的极大丰富，也即是人的本质的全面体现。马克思"人的自由全面发展"思想是科学发展观的重要理论来源和基础。"以人为本"的科学发展观是在立足中国当代现实的基础上总结经验教训而提出的，是马克思主义理论在当代中国的新飞跃，体现了社会主义的本质，是我们党对社会主义现代化建设规律认识的进一步深化，适应了中国社会发展新形势。在当代中国，要实现促进人的自由全面发展就必须坚持"以人为本"的科学发展观。"以人为本"是科学发展观的核心，是一种对人在社会历史发展中的主体作用与地位的肯定。坚持"以人为本"也就是要坚持人民群众在社会中的主体地位，从人民群众的根本利益出发谋发展、促发展，让发展的成果惠及全体人民。"以人为本"的原则就是要尊重人、重视人，满足人的需要，以人的价值实现为根本尺度，以人的需要为最终目的。

新时期社会形势的变化、价值观念的冲突、利益关系的调整，要求思想政治与时俱进，改变传统的教育方法。思想政治教育是一项以人为对象的活动，是有意识、有目的、有计划的教育人、培养人、提升人的实践活动。思想政治教育的目的就是要提高人们的思想道德素质和科学文化水平，提高人们认识世界和改造世界的能力。"以人为本"是思想政治教育的本质要求，表现在人是思想政治教育的出发点和归宿，思想政治教育的过程就是人的活动过程，人的活动贯穿于思想政治教育活动过程的始终。因此，人的因素在思想政治教育中居于根本的地位，思想政治教育说到底是为了实现人的发展、人的价值。中国当代思想政治教育活动的开展应自始至终坚持"以人为本"，关注人的身心发展需求和人的价值实现，帮助人们树立正确的世界观、人生观和价值观，从而促进人的自由全面发展，引导人们为实现和谐社会和共产主义而奋斗。

（一）传统思想政治教育的局限性

传统思想政治教育的一些弊端，在思想政治教育的实践过程极大地削弱了思想政治教育的针对性和实效性，主要表现在以下几个方面。

1. 专制型、管理型的教育模式强调教育者的权威性

传统思想政治教育专制型、管理型的教育模式，表现为"家长式""命令式"的教育作风，教育者和受教育者为主从关系，以教育者为中心，教育者是整个教育活动的主宰者，高高在上，教师"一言堂"，教师的话就是权威，教师"发号施令"，学生唯命是从，被牵引着被动接受，学生的自然独立人格得不到尊重，自尊心经常受到伤害。

2. 单纯注重思想政治教育的社会价值

传统思想政治教育把思想政治教育看作是思想政治宣传的手段，认为思想政治教育的重要职能就是服务于社会的发展，认为社会的发展必然能带来个人的发展。这种思想政治教育往往单纯以教育者的愿望为前提，只看重思想政治教育的社会价值，过多强调培养遵循社会秩序与道德规范的个体，导致了只是单方面强调对教育对象的统一化、标准化要求，而忽视了在思想政治教育过程中个人主体性的提升和创造性的发挥，忽视了受教育者个人

价值的实现，置人的个性差异，人的个性的发展需要于不顾，严重挫伤了受教育者的积极性，影响了思想政治教育的效果。

3.理论与实践相脱节

传统思想政治教育把教育的目标定位为认知性教学，教育者只在认知上下功夫，只注重知识内容的机械、教条地叙述，而不关注把理论联系实际，没有做到知行相结合，难以学以致用。这种本本主义、缺乏实际应用的教学模式，使教育对象对教学过程缺乏兴趣和主动精神，只知道死记硬背，在面对实际问题的时候生搬硬套，而不会发散思维，灵活运用。

（二）"以人为本"思想政治教育的进步性

"以人为本"的思想政治教育旨在帮助人们把思想政治教育的发展纳入到人的发展目标体系中，最大限度地实现人的价值。"以人为本"的思想政治教育要求使要求人的主体性、创造性和个性最大限度地"不受阻碍的发展"。

1.尊重人、关心人、理解人

马斯洛的需要层次理论认为，人对尊重的需要仅次于人的最高层次的需要，满足人对尊重的需要，则会使人增强信心、快乐和力量，从而发挥更大的主动性和积极性。"以人为本"的思想政治教育在师生关系上，力求创立一种和谐的师生关系，要求教育者从人的需要出发，尊重人、关心人、理解人、信任人。尊重人的主体地位和话语权，尊重人的人格和个性，尊重人的创造，重视对受教育者综合素质的培养，建立一种相互尊重、相互理解的人际关系和营造一种"民主平等"的和谐教育氛围，从而调动和激发受教育者的积极性、能动性和创造性，使思想政治教育更有实效。同时，教育者要关心、理解、满足教育对象的内在需求，注重与他们进行情感交流，经常性的进行心理健康教育，加强对他们的心理健康疏导和行为方式引导，培养教育对象完善的人格以及承受压力和克服困难的能力。

2.注重人的价值和社会价值的统一

在价值取向上，"以人为本"的思想政治教育注重人的价值和社会价值相统一。

人的发展与社会的发展是互为前提和基础，辩证统一的，思想政治教育的产生与发展是"根源于社会发展需要和个人发展需要的统一"。思想政治教育应当避免把实现社会价值和个人价值对立起来，要在实现思想政治教育"工具性"价值，服务社会、满足社会发展需要的同时，把实现个人发展和社会发展有机地统一起来，既了解党和国家对受教育者的期望和要求，也考虑到受教育者自身价值实现的需求。

3.注重人的主体性和个性的培育

"授之以鱼，不如授之以渔"，在教育方法上，采取互动式、体验式、渗透式的教育方法，重视对教育对象主体性和个性的培育。思想政治教育应该适应新形势、新要求，注重培养和开发人的主体作用，弘扬人的主体意识，根据人的实际情况和特点有的放矢地开展工作，为每个人提供自由发展的平台，提倡启发式、示范式的教学模式，相信人有自我认识、自我教育的能力，积极营造有利于人自我教育的良好环境和氛围。认真开展各种社会实践活动，加大社会实践基地的建设，培养人的组织能力、管理能力和创新能力等，激发人的主体性，从而使人的主体性得到充分的发展。同时教育者要重视对教育对象个性的培育。要正确认识个体先天素质的差异性，注重方式方法的多样性和灵活性，从不同个体出发，"一把钥匙开一把锁"，针对不同个性特征进行不同的教育，制定出与不同目标群体相适应的思想政治教育要求，讲究思想政治教育目标的层次性，引导教育对象个性的自由发展，塑造人的个性特色。此外，"以人为本"的思想政治教育还要求优化社会环境，加强教育的整体性，建立学校、家庭、社会三位一体的紧密联系，做到家庭教育、学校教育、社会教育三方的统一协调以形成合力，共同创设一个良好的发展环境。

思想政治教育只有适应社会不断发展的客观要求，从教育对象的实际出发，坚持"以人为本"，不断地探索和创新，才能永葆生命力。思想政治教育是人们追求"真、善、美"和谐统一的重要途径，"以人为本"的思想政治教育根本目的就是为了实现人的自由全面发展，也就是要培养和塑造出"真、善、美"和谐统一的"知、情、意"全面发展的人，从而实现共产主义的理想目标。

二、培育大学生的人文精神与科学精神

自从改革开放之后，我国的社会与经济持续高速发展，但是随着发展的深入，市场的竞争激烈程度不断增加，尤其是在进入到新常态之后，社会竞争变得更加激烈，从表面上来看，市场之间的竞争是一种经济实力之间的竞争，但是竞争的本质实际上是文化之间的竞争，尤其是国际竞争当中，一个国家的文化与民族精神不仅决定了国家的综合实力，也决定了一个国家的国际地位。大学生在未来国家的重要建设中，在高等教育阶段，学生必须要接受必要的文化教育，提高学生的人文精神，只有这样才能使得大学生在走上工作岗位之后能够适合岗位的实际需求。但是从目前我国高等院校的思政教育基本状况来看，许多高校对高校学生的人文精神的培养都不够重视，甚至还有部分高校根本不会在思政教育当中融入人文精神教育的相关内容，从而导致了学生人文精神的缺失。因此，高校必须要将自己的工作重点转移到全面发展的综合人才的培养方面来，加强学生的人文精神的教育。

（一）现阶段大学生人文精神培养所存在的难点

1. 人文精神培养的核心内容是以人为本

所谓的人文精神，其本质就是一个人的"三观"——世界观、人生观与价值观，人文精神的存在是以人的整体生命为基础，同时又超脱了生理的人，并将人的主体精神有效的反映出来。人文精神可以通过一定的途径将人的潜能充分的挖掘出来，从而使得人的综合素质得到不断的提升，并促进人的全面发展，即一些都是以人为本。以人为本就需要不断强化人的主体地位，强化人在人与自然关系中的主导地位以及人在社会当中的价值，同时还要去人必须要进行自我修养的提高，并使得个性得到充分的解放。不管是我国传统文化中的人文精神还是现代社会中的人文精神都充分反映出了人文精神的这些特征。在最近几年当中虽然有些高校开展了一系列的人文精神教育活动，在教学内容中增设了许多与人文精神教育有关的课程，但是大部分的搞笑都没有深入思考一个问题，即对于接受教育的大

学生来说究竟有没有接受人文精神教育的意愿，如果学生自身对于人文精神的培养没有兴趣，同时也不具有提高自己人文精神的意识，那么高校的一切人文精神教育内容都是空谈。因此，高等院校在进行学生人文精神的培养过程当中应该遵循以人为本的基本原则，强调学生在人文精神培养中的主体地位，从内在方面不断激发学生对于人文精神的实际需求，只有通过这种方式才能从根本上保障思政教育中人文精神教育的效果。

2. 人文精神培养离不开实践

在学生人文精神的形成过程当中，人文知识占有一定的地位，如果没有人文知识的指导，学生就无法形成系统的人文知识，但是如果一个人仅仅具有人文知识，但是却无法将这些人文知识融入到自己的生活实践当中，则也不能说学生已经形成了人文精神。具备一定的人文知识仅仅是知道人文精神，具备人文精神则是体会到人文精神，二者之间具有非常明显的差异。知道人文精神仅仅是处于认知的范畴当中，同时知道人文精神的实现相对也较为简单，但是人文精神在教育方面则属于一种精神教育，其本质并不是在于学生在大脑当中存储了多少人文知识，而是在于学生对于人文精神具有多少体会。学生只有在自己的实际生活当中通过体验与感悟的方式才能够不断提升自己对人文精神的体会，同时要在自己的日生活当中进行人文精神的实践才能够了解到人文精神的实际内涵，并产生人文精神的情感。此外通过日常行为当中人文精神的反复实践才能够使得学生对于人文精神的体会不断深化，从而自发的产生一定的人文精神，并逐步促使学生形成具有人文精神的日常行为。因此，高校思政教育在进行人文教育的过程当中应该通过学生对于人文精神的领悟引导学生进行相关的人文精神的实践。

3. 人文精神教育需要与专业课程的教育融合在一起

现阶段许多高等院校为了相应教育主管部门的号召，提高思政教育中人文教育的效果，在教学课程当中增加了大量的与人文教育有关的授课内容，同时在校园生活当中设立了许多人文社团，并定期的举办一些人文精神的教育活动。这些方式虽然可以在一定程度上提高学生的人文精神，但是其中也存在着一定的问题。首先，人文精神的教育是属于一种精神的教育，在学生的日常生活当中人文精神无处不在。因此如果仅仅是通过专业的课程以及校园团体进行学生人文精神的教育并不是完全妥当的。高校思政教育在进行人文教育的过程当中应该采取多种措施将学生的人文精神的培养融入到专业课程的教育当中去。学生在大学阶段的一项主要任务就是学习与自己专业有关的相关专业课程，大部分的学生对于本专业的课程都具有较为浓厚的学习兴趣，因此，相对于专业的人文教育课程来说，在专业课程当中进行大学生人文精神的教育相对来说可以起到更好的教学效果，如果教师能够在专业教学中渗透人文教育，人文教育将会取得事半功倍的效果，为数众多的专业教师才应该是实施人文教育的主力军，如果专业课教师在实际的授课过程当中将相关的人文知识融入到专业课程当中去，则学生可以在学习专业知识的学习过程当中更轻松的体会到人文精神。

4. 人文精神教育要求对教学方法进行创新

在上文的论述当中我们发现，人文精神教育从本质上来说属于一种精神教育，但是这种教育，这就导致人文精神的教育与知识的教育之间存在着较大的区别。如果将自然科学的教育方式照搬到人文教育当中去，则人文精神的教育必然会走向知识传输的当中，最终的结果是学生只具有一定的人文知识，而缺乏对于人文精神的实际体验，因此也就无法具有人文精神的实际价值。但是一直以来在高校的人文精神教育当中，大部分的教师都倾向于采用一种传统的教学方式对学生进行人文精神的实际教学，即向学生灌输大量的人文精神具体知识，学生虽然可以获得较为系统的人文知识，但是却一直处于认知领域当中，无法得到有效的提升。人文精神的教育不能仅仅限于知识的教育，而应该加强对于生活的体验，从而在精神上得到一定的升华，这就要求教师必须要对教学方法进行一定程度的改进与创新。人文精神是主客观的合一，是精神性的存在。对于人文精神的理解，"任何殚精竭虑的理性分析都不可能收到最佳的效果"，人文学科的学习需要"思辨"而不是"推理"，因此，有效的人文教学方法应是"讨论""对话""反思""实践"。当前的人文教育在很大程度上难以摆脱科学教育的影响，没有实现方法上创新。因此，人文教育的方法问题已经成为妨碍大学生人文精神形成的重要因素。

（二）提升大学生人文精神的教育策略

1. 以人为本，提升大学生的主体性道德人格

以人为本的教育理念，在教育当中具有非常重要的意义，对于大学生人文精神的提升也具有非常重要的指导意义。所谓的以人为本是指在教育的过程当中，教师应该采取多种方式充分调动学生的主管能动性，从而在最大程度上提高教育的效果。在现代社会当中思政教育是社会发展的基础，也是实现自我解放的一种根本力量，可以在一定程度上唤醒学生的思想觉悟，同时挖掘大学生的潜力。在对大学生进行人文精神教育的过程当中应该将学生的主体性道德人格的培养作为教育的主要目标，使得学生的人文精神的发展与时代之间具有高度的一致性。主体性道德人格从本质上来说就是一种独立、自由与理性的道德人格，强调主体性道德人格可以反映出社会强调了个人的自由，同时个人也强调了社会的责任。在大学生群体当中推行主体性道德人格的教育其实是大学生主体教育的进一步发展，表达出了一种对于价值的追求。在对高校学生进行主体性道德人格的教育过程当中需要更正在思政教育当中的两个错误观点：第一，不尊重学生的价格思想与精神内涵，采用一种消极以及烦琐的训练方式进行主体性道德人格的训练。第二，不尊重客观实际，采用空洞讲解的方式进行教学。这两种教学方式都忽略了学生作为道德活动的主体，是具有一定的尊严的，过度执着的进行教学。

2. 注重人文关怀，开展校园活动，营造良好的人文氛围

社会的环境必然会对思政教育的效果产生较大的影响，随着市场经济在我国的进一步深入发展，原有的利益格局受到了很大的触动，每时每刻都在发生着变化，这种社会的变化也对大学生群体产生了较大的影响，同时也反映出了大学生作为利益主体也具有一定的

市场身份。基于此种情况，当前阶段高校在进行思政教育的过程当中必须要必须要着眼于社会与经济的发展与变化，并不断拓展自己的视野，将对学生的人文关怀纳入到高校思政教育的内容当中来，采取多种方式引导学生对人生的价值与意义进行探索，从而使得学生树立起健康的心理，从而从容的面对学习与生活当中所遇到的各种问题。同时高校也应该致力于营造出良好的校园人文氛围，这对于学生价值观念的形成与发展具有非常重要的意义，同时还可以促使学生形成良好的性格。基于此种情况，现阶段高校应该在对传统的校园文化活动进行总结的基础之上，促使校园文化活动的深度与精度不断地提升。同时高校还需要具有一定的发展意识，不断提高文化活动的品位与内涵，在营造以传统文化为核心的文化氛围的同时，还需要举办科学、文化、艺术等拓展学生综合素质的各种活动。

3. 加强人文学科体系建设与学生人文精神的培养

高校在对学生的人文素质进行培养的过程当中应该遵循以优良文化成果为基本内容的原则，例如将艺术、哲学、历史以及伦理等内容作为人文学科体系建设的重要手段，做到以人文素质为中心，科学素质与人文素质统一发展，建立起完备的人文学科体系，并将人文精神教学的内容贯穿到教学的整体当中去。通过这种方式不仅可以使得人文学科的发展与时代与社会保持高度的一致性，同时还可以使得学生的道德品质得到有效的提升，此外还可以使得学生的人性得到有效的发展，以上一些因素最终会使得学生的道德选择能力与实践能力得到极大的提升。在上文的论述当中我们可以发现，人文精神的教育并不是完全理论性的，而是需要学生通过一系列的实践活动才可以得到有效的提升，因此人文精神教育必须要立足于社会实践，高校需要开设一定比例的人文实践课程，定期的组织学生深入到社会生活当中去体验人文精神。在进行社会实践的过程当中，学生可以将课堂学习当中所学习到的各种人文知识运用到实践当中，同时通过实践对人文知识进行检验，实现知识与实践能力的双重进步。人文教育也应该不仅仅局限在课堂当中，而应该是面向社会的动态教育活动，这正如我国著名的教育家陶行知先生所说的"社会即学校"。

4. 强化教师的人文素质，发挥教师的引导作用

在人文教育当中，教师的人文素质会对学生的人文精神培养产生重要的影响，尤其是在学生的品德教育当中教师本身的素质具有至关重要的作用。在大部分的学生心中，教师是道德的代表，是高尚人格的具体表现。同时在实际的教学过程当中，学生很容易受到教师的言谈举止的影响，教师的品格与素养也可以对学生形成潜移默化的影响，同时这种影响也是较为深刻与深远的。由此可见，在人文精神的教育当中，教师的人格教育力量是非常强大的。基于此种情况，在对学生进行人文教育的过程当中，教师首先需要强化自己的人文素质，以身作则、言传身教，以自己的人文素质感染学生，以自己的健康人格引导学生建立起健康的思想观念，以自己高尚的品格净化学生的心灵。当前阶段素质教育也是教育教学的重点内容，在素质教育当中需要强调教师的综合素质，尤其是集道德、信念、情感、意志、行为、创新于一体的教师的人文素养，这对学生的世界观、人生观、道德观的形成起着重要作用。基于此种情况，教师首先需要不断完善自己的人文素质，为人师表，在思

政教育当中以身作则，承担起学生人文精神培养引路人的重要职责。

三、正确认识社会主义核心价值体系

（一）社会主义核心价值体系与大学生思想政治教育间的关系

高校是培养新一代社会主义建设人才的主要阵地，高校应该准确把握社会主义核心价值体系与大学生思想政治教育间的相互关系的基础上，再在采取进一步的融合措施。首先，社会主义核心价值体系与大学生思想政治教育之间存在着一定的内在联系，因为就教育目的而言，社会主义核心价值体系与大学生思想政治教育的目的都是为了培养和提高广大人民群众的思想道德素质，是一种行为准则。其次，社会主义核心价值体系与大学生思想政治教育之间是相互促进、相互作用的，在大学生中构建社会主义核心价值体系，有助于大学生思想政治教育工作的顺利展开，而大学生思想政治教育又反过来促进了社会主义核心价值体系的构建，让社会主义核心价值体系更加的深入人心。

（二）大学生思想政治教育的时代性构建设想

1.将社会主义核心价值体系与大学生思想政治教育的课堂紧密结合

认真贯彻党的十八大会议精神，认真落实十八大中有关社会主义核心价值体系的新时期构建策略，让社会主义核心价值体系融会贯通到大学生的思想政治教育过程中，充分发挥其引领作用，为大学生指明正确的思想发展方向。教师对大学生进行思想政治教育的时候，可以通过演讲、讨论、竞赛等方式来深入学习社会主义核心价值体系。可以在课堂上为大学生讲述一些有关社会主义核心价值体系构建的典型事迹，使大学生在思想上受到启发，激发他们的学习热情。此外，高校还应该充分利用大学生充裕的闲暇时间，组织开展大量社会主义核心价值体系构建活动，鼓励大学生积极参与，促使他们身体力行，对他们进行有效的闲暇教育。

2.重视实践环节，促进多种元素的融合

"实践是检验真理的唯一标准"，实践环节与理论教育相结合，才能够有效提高大学生思想政治教育效果。通过参加更多的社会实践活动，可以有效构建大学生的社会责任感，帮助大学生养成艰苦奋斗、不怕吃苦的崇高精神，锻炼大学生的思想意志。大学生社会主义核心价值体系的构建同样离不开高校和谐文化建设，和谐校园的建设是构建大学生社会主义核心价值体系的一种有效途径。校园文化和校园氛围是教育大学生的环境条件，在校园文化建设中合理地融入当代我国最为先进的思想政治理念，对大学生的思想政治教育来说有着明显的积极作用，会得到事半功倍的效果。

3.以社会主义核心价值体系为导索，引导和规范大学生的思想政治教育工作

大学生思想政治教育关乎国家政治建设，同时，还能直观的体现出高校教育体系对于学生除学业成绩之外，包含思想、价值取向、社会认同等其他方面的重视程度。因此，大学生思想政治教育与国家政策、国家长远战略方向应当做到一致。教师应当在社会主义核

心价值体系理论的指引下，让学生充分掌握马克思主义精髓，对中国特色社会主义共同理想产生强烈的认同感，养成较高的爱国主义热情，在学习社会主义核心价值体系的过程中，充分发挥大学生的创新思维，养成新时代的大学生创新精神。时刻牢记"八荣八耻"，逐渐形成正确的人生观、价值观和世界观。在社会主义核心价值体系的引导下，提高大学生思想政治教育的高度和深度，促进大学生的思想道德素质全面发展。

社会主义核心价值体系的成功构建离不开大学生的积极参与，因此，当代高校在对大学生进行思想政治教育的时候，应该采用科学合理的方法将社会主义核心价值体系融入其中，对大学生的思想进行引领，让大学生可以在踏入社会之前对社会主义核心价值体系有一个较为全面的了解和认识，以便大学生在以后的社会主义核心价值体系构建过程中更好、更充分的发挥自身的才能，推动社会主义核心价值体系的构建进程。

第二节　中国传统文化与思想政治教育融合的路径探索

中国传统文化是中华民族的宝贵财富，其丰富的文化内容构成了大学生思想政治教育用之不竭的重要资源。随着经济全球化与市场经济的迅速发展，大学生思想政治教育也面临着前所未有的机遇和挑战。一方面，时代的变革、经济的发展、文化的繁荣，使当代大学生呈现出新时期新阶段的新特征，他们从行为习惯、价值理念、思维的模式以及对待生活的态度等方面都发生了重大的变化，在这一情况下，丰富和完善大学生思想政治教育内涵，满足大学生成长成才的需要显得十分必要，而传统文化在这一过程中起到了十分重要的作用；另一方面，中华民族精神在大学生群体中有所缺失，近些年，大学生群体中社会责任感的缺失、诚信意识的淡化、价值取向的扭曲等现象层出不穷，功利、奢靡等不良风气在校园中不断蔓延，优秀的中国传统文化精神在大学生中出现了断层。因而，在马克思主义原理的指导下，将优秀的传统文化与大学生思想政治教育相融合，充分发挥和继承优秀传统文化的育人作用，越来越成为高校思想政治教育的重要内容，也是思想政治教育工作者研究和讨论的新方向。

一、推动优秀传统文化融入高校思想政治教育的教学模式改革

优秀传统文化融入高校思想政治教育，要从职业教育培养目标实际需要和高校学生自身特点出发，选择适宜的教学方法，实现知识传授、能力培养和素质提高相统一。

（一）把传统文化专题实践活动引入课堂

根据大纲要求，高校两门思想政治理论课均有设计实践学习的环节，占四分之一的课时，但在具体教学中，实践学习的教学计划几乎都落空。而将优秀传统文化融入高校思想政治教育，在高校目前的课程设计中也不可能为此增加课时，那么，如何有效解决思政理

论课实践学习和优秀传统文化教育课时的问题呢？传统文化专题研讨学习是种切实可行的思政理论课教学实践模式。

首先，在内容选择上应注意以下两点。结合思政理论课程的内容，对优秀传统文化的内容进行整合，以《思想道德修养与法律基础》课程为例，结合七个章节的内容，可以整合成以下专题模块：理想信念教育、爱国主义传统、儒家"和"文化、优秀道德传统、"耻感"文化、诚信文化、礼仪文化、传统节日文化等。重视对乡土文化的发展和继承，让学生接触身边的传统文化，培养他们热爱乡土的真挚情感和良好的品德。

其次，在课时安排上，安排传统文化专题研讨活动课，为 12 学时，每周课堂教学安排 1 学时开展活动。传统文化专题实践活动作为课堂理论教学的延伸和拓展，也体现理论联系实际、知行统一的原则。

（二）建构"体验式"小组合作学习模式

高校学生的文化基础薄弱，学习兴趣不强，但思维活跃、动手能力较强，如果选择理论灌输的教育模式，大多数学生会产生厌学的情绪。因此，根据高校学生的思维和学习特点，传统文化专题实践活动更适合"体验式"小组合作学习模式。"体验式"小组合作学习与传统教育的最大区别在于更强调"做中学"，是以任务驱动为中心，以小组合作为形式，以学生的自主学习为主，强调学生亲历教育过程，参与知识的建构和情感的体验。在具体操作上，可分为以下三个阶段。

（1）准备阶段。开学初全班分成若干个研讨小组（不超过 12 个），根据教学进度确定小组发言顺序，每周一个小组进行课堂发言。每组领取一个传统文化专题研讨任务，由小组长负责组织活动，要求以优秀传统文化相关主题为基本内容，以大学生的生活实际和社会现状为参照对象进行合作探究学习。小组根据教师布置的任务，在主题的框架范围内自拟研讨的具体方向和内容，在掌握资料的基础上再由小组长组织进行讨论，对资料进行筛选、提炼和整合，最后形成小组集体观点。

（2）展示阶段。以小组为单位合作完成专题小论文（提交给老师），并制作 PPT，还可以制作微视频，每周安排一学时进行小组研讨发言，每个小组成员根据内容分工分别发言，教师引导、鼓励小组之间展开辩论，发表不同见解。

（3）总结阶段。教师在认真备课的基础上对学生的发言进行总结，对学生的各种观点去粗取精、去伪存真地进行"过滤"和评价，并补充相关专题知识，引导学生辩明真伪、是非，从而形成正确的认识。

"体验式"小组合作教学模式给予学生个性化学习的空间，为学生提供质疑、表达、探究问题的机会，在合作解决问题和完成任务的过程中，既完善了传统文化知识体系，又通过理性的思考、相互的交流和思维的碰撞，培养了学生提炼、综合不同信息、观点形成新见解的能力及团队合作的能力。更为可贵的是，学生还可以进一步澄清自己的思想困惑，形成合理、正确的价值观，从而使大学生的思想素质和文化素养得到一个跃迁。

（三）建立多元化的评价体系

学习评价是教学有效性的检验标准，应改变传统的以教师为主、只注重学习结果的单向度的评价方式，建立多元化的评价体系。首先，评价主体多元化，学生自评、小组成员互评、其他小组长和教师也参与评价；其次，评价内容多元化，从学习态度、收集资料、整理制作、发言表现到书面小论文均有评价。由教师制定评价规则，评价主体各有侧重的对每个同学的表现进行评价，最后形成每个同学的专题实践活动综合成绩，计入期末总评成绩，每学期的专题研讨综合成绩占期末总成绩的40%。教师还可组织小组评比，选出表现最佳小组，期末予以奖励。

二、推动优秀传统文化融入高校思想政治教育的文化载体创新

推动优秀传统文化融入高校思想政治教育的载体创新，重点在于文化载体的创新，可以充分利用形式多样的文化活动载体和便捷快速的校园传媒载体。

（一）充分利用形式多样的文化活动载体

用各种喜闻乐见的文化形式，寓教于乐地开展文化活动，将传统文化教育融入到大学生的日常行为活动中，使学生在活动过程中不知不觉被感染、受教育，使其内在的积极性和主动性得以充分发挥，从而加强传统文化教育的感染性和参与性。

利用传统节日对大学生进行传统文化教育。我国的传统节日都有丰富的文化含义，在传统节日背后体现的是民族凝聚力和爱国主义精神，代表着中华民族的文化心理和道德心理，同时也体现中华民族的道德观念。活用传统节日作为优秀传统文化教育资源，既可以增强大学生对本民族传统文化的了解，又可以使学生形成尊重、保护传统文化的思想意识，这种潜在的教育方式往往会收到意想不到的效果。

组织开展以优秀传统文化为主题的各种形式的文化活动。具体可以进行爱国电影展播、主题演讲、辩论比赛、中华经典美文诵读、征文、知识竞赛、歌咏比赛、文艺汇演、传统文化技艺比赛等多种形式的传统文化主题教育活动。

指导学生成立传统文化研究的社团。如"国学社""博雅班""礼仪社""戏剧社""话剧团""经典读书会"等。一方面，这些社团可以在校内开展各项活动，在日常的社团活动中有自己活动的宗旨、活动的内容和活动的方式。另一方面，可以走出去参观其他院校相关社团并交流。

充分利用社会文化资源。可以邀请有关专家学者开展全校性的传统文化系列讲座，这种方式应该是一种引导，内容可涉及国学、礼仪、书画、音乐、戏剧等传统文化的众多领域。也可以组织学生参观当地的历史博物馆、各类纪念馆，游历史文化古迹，了解当地的历史文化传统，增强大学生的民族自豪感。

开展形式多样、内容丰富的校园文化活动，不仅让大学生感受到传统文化的博大精深，更是思想政治教育的延伸，是大学生良好德行养成教育的深化。

（二）充分利用便捷快速的校园传媒载体

校园传播媒介包括校园广播、报纸、期刊、电影、网络等，以校园传播媒介为载体，就是指通过校园各种传播媒介，向大学生传播传统文化教育内容，使大学生在接受广泛的社会信息的同时，受到传统文化教育。在校园广播、校报、校刊的内容编排上，应有传统文化的专版，长期坚持不懈的引导大学生多听、多看传统文化的相关知识。周末，可以在学校影院（也可以在学术报告厅等场所）播放一定数量的经典影视剧。

校园传播媒介中尤以互联网的影响最大，渗透到大学生生活、工作、学习的各个方面，高校要发挥互联网在大学生思想政治教育中的积极作用，形成网上网下教育的合力。可以创建传统文化教育网络平台，打造导向正确、内容丰富、形式多样的传统文化主题网站，制作富有传统文化特色的网页。内容上，可在网站上开设儒家思想、名家讲坛、经典美文、社会热点、网上剧院、道德论坛等栏目。如"道德论坛"栏目，可以通过 E-mail、BBS 聊天室、"微博"等各种形式，创造平等、信任的情境，让大学生就普遍关心的道德热点、难点问题进行自由讨论，教育者积极参与、引导讨论，引导大学生树立正确的道德理念。形式上，应充分利用现代电子技术，开发融文字、声音、图像和动画于一体的的电子教材，以生动的语言、丰富的图片和视频增强版面设计和栏目的吸引力和感染力，使学生身临其境，从中感受到传统文化的魅力。

（三）推动优秀传统文化融入高校思想政治教育的学校环境建设

学校环境有广义和狭义之分，这里特指狭义的概念，指"学生在校活动的外部条件，即除教学教育工作以外的一切无意识的影响学生发展的因素"。分为物质环境和精神环境两类，物质环境包括校舍、道路的布局，教室、图书馆的布置，校园绿化，宿舍管理等；精神环境包括政治舆论、学术氛围、校风学风等。良好的校园环境会对学生的精神世界施加影响，对学生的身心发展起着潜移默化的作用，是培养他们的信念、观点和良好习惯的手段之一。苏霍姆林斯基认为，"在孩子精神面貌形成的过程中，具有重要意义的是，他在自己周围——在学校走廊的墙壁上、在教室里、在活动室里——经常看到的一切。这里任何东西都不应当是偶然出现的。孩子所处的环境，应该召唤他向往某种事物，教给他某种东西"。因此，他提出"让学校的墙壁也会说话"的环境教育思想，强调校园环境必须经过教育者精心设计。对优秀传统文化融入高校思想政治教育而言，学校环境作为一种特定的文化情境，能介入到教育的全过程之中，起着潜移默化的熏陶作用。

（1）这种文化情境的介入，表现为由教育者营造一种浓厚的传统文化氛围，即富有优秀传统文化底蕴的、由各种文化要素构成的校园"文化场"。校舍、宿舍的布局，学校的宣传栏，走廊的名人名言挂圖，散布在各处的石刻古训、各种雕塑，LED 电子滚动屏，乃至草坪中的警示语等，都可以成为"文化场"的构成要素。例如，各高校都有的 LED 电子滚动屏，可以设立"国学经典：一日一句"栏目，配合古文有译文和相关小故事的解读，通俗易懂，而且不停轮播，引人注目；还有学校的传统文化专栏，每周更换一次，图文并茂。这些文化要素用一种润物细无声的文化形式，将传统文化融入到大学生的日常生活中，使学生生活的每个场景、每个细节都融入到传统文化教育中，让学生从生活中的一点一滴感受中国优秀传统的熏陶，从而增强了传统文化的渗透性。其次，还要使学生成为这种文化情境的建设者和创造者。如 LED 电子滚动屏每日内容的更新，"教室文化""宿舍文化""宣传栏文化"等的设计和创作均由学生完成，这参与的过程就是学生自主学习优秀传统文化的过程，也是在发展学生的自我教育意识与能力。

（2）建立优秀传统文化融入高校思想政治教育的保障机制。创设与优秀传统文化教育相适应的校园环境，应建立优秀传统文化融入高校思想政治教育的制度保障机制，建立和完善领导体制和长效工作机制就显得尤其必要。

学校领导要改变观念，建立健全党委统一领导、党政群齐抓共管、有关部门各负其责的领导体制和工作机制，形成传统文化教育的强大合力。

要加强思政教育队伍建设，教学改革离不开一支高素质的教育队伍作保障，这支队伍要既能够胜任思想政治教育工作，又能够承担传统文化教育工作。学校要采取各种有效的途径和方法对现有思政教育队伍进行教育和培养，不断提升思政教育队伍的政治素质、道德品质和文化素养，这也是优秀传统文化融入高校思想政治教育的客观要求。

要制定物质经费保障机制，按学校学生总数每生每年 15 元提供思政理论课专项经费，用于思政理论课教师教学、科研和学术交流等活动，这些制度为传统文化融入高校思政教育提供必要的制度基础和物质条件。

把优秀传统文化教育纳入高校思想政治教育的范畴，是创新高校思想政治教育的必然趋势。在很大程度上，学生思想政治观点的形成和发展受特定文化形态的影响和制约，所以必须以内涵深厚的优秀传统文化为背景，以丰富的传统文化资源为内容，深入挖掘其中的思想精华，在继承中创新思想政治教育理念，创新思想政治教育的方式和方法，提高和完善高校思想政治教育工作。

第三节　中国传统文化与思想政治教育融合的方法探索

"文化自觉"是对自身文化的觉醒觉悟，了解它的来历、形成过程、特色和发展趋向，在文化认同的基础上实现对特定文化的传承和弘扬。中华优秀的传统文化在几千年的发展历程中滋润着代代中国人，同时也孕育着华夏儿女的精神品格和价值追求，是中华民族繁衍生息、不断进步的精神动力，只有社会公众从心理上认同本民族的文化，才会真正激发对民族文化的热爱。

一、重视校园环境，融入传统文化

高校要重视以校园文化建设为契机，让传统文化融入学校的育人环境。在校园中可借助先进的媒介传播手段，如网上论坛、微博、网络视频、校园广播、报纸等载体，通过通俗易懂、具体生动的文化作品、宣传海报、微电影、文献读物等，引导大学生关注、学习中国传统文化，提升学生的道德修养，帮助学生树立正确的人生观和价值观，营造一种优秀传统文化在校园传播为主流的氛围，让传统文化融入学校的育人环境。中国的大学就应该有自己的个性与特点，使学生进入校园环境中时，能够深刻地感受到中国传统文化的魅力与影响。高校可根据自身学校文化特征挖掘出符合自身需要的传统文化亮点，这也可在各高校中形成百花齐放的局面，无形中也为传统文化的弘扬与传播起到了良好的促进作用。

（一）大学校园文化中融入优秀传统文化的必要性

1. 现实社会中道德观的缺失，价值观的扭曲和人际观的变异

中国优秀传统文化的本质要求我们树立正确的"道德观""价值观""人际观"。当今大学生对外来文化盲目崇拜，甚至不假思索地全盘接受的现象越来越多，崇尚美国大片、韩剧、日本动漫、洋快餐甚至西方国家的生活方式，缺乏对多元文化的批判分析能力。另外，社会中存在道德失范的行为令人难以置信，如很多人面对路边跌倒的老人有"恐惧症"，学术不端，考试作弊，论文抄袭等。近年来过圣诞节的人越来越多，而如中秋节，端午节等中国传统节日却备受冷落。近期又有报道称，教师节变成"送礼节"，人际交往中见利忘义、诚实守信的人越来越少。这种价值观的扭曲和人际观的变异现象从一定意义上来说是我们对于中国传统文化的践行不足。

2. 优秀传统文化传承体系建设不力

历史发展至今，我们继承的优秀传统文化越来越少，尤其大学生认知优秀传统文化的现状发人深省。《中国教育在线》调查结果显示，50%的大学生对中国传统文化失去兴趣，20%的大学生持无所谓态度，20%是中间派，仅有10%的大学生以我们的传统文化为自豪。除此之外，大学生在课外阅读中，占大量时间的是应用型书籍和娱乐休闲性书籍，而对于古代经、史、子、集的阅读与之形成鲜明对比。同时，大学生特别是理工科大学生对于文学、历史、哲学知识很少涉猎，对于传统文化不甚了解。这些现象充分表明我们在传承和发扬中华优秀传统文化方面做得不够。

3. 民族高校在传承优秀传统文化方面的双重特殊地位

民族高校学生在地域经济、民族习俗、宗教信仰和人格品质上都具有明显的特征。西北民族大学学生中有65%以上是少数民族，与其他一流大学相比，在优秀传统文化传承方面有一定的差距，比如双语少数民族学生汉语水平普遍较低，对优秀传统文化了解极少。长期生活在少数民族地区的学生受地域、宗教、风俗习惯影响很大，使他们很难接受一些新的、积极向上的观念和思想，其观念也很难转变。可见，在民族高校校园文化中融入优秀传统文化水平较低，民族高校中传承优秀传统文化是一项艰巨的任务。

少数民族是中华民族的重要组成部分，少数民族文化也是中华文化的构成元素之一。传承和发扬优秀传统民族文化的同时，也应更好地弘扬少数民族优秀文化，民族高校就是一个很好地保护、学习、传承并发展少数民族优秀传统文化的基地。所以，在继承和发展

优秀传统文化中民族高校有着双重的特殊地位。

（二）如何在民族高校校园文化建设中融入优秀传统文化

1.加强校园文化的内在机制规划

校园制度文化环境是依据学校有意识选择的、具有强烈的规范性、组织性、秩序性，属于校园范围内必须强制执行和严格遵守的文化类型，如培养目标、校规、校纪、教学及管理制度以及相应形成的严密的组织机构。校园文化建设是学生成长的重要途径，而其内在机制建设是保障。我校在校园文化建设中，以社会主义荣辱观为导向，以学生为主体，以建设优秀的校风、教风、学风为核心，以优化、美化校园文化环境为重点，以丰富多彩、积极向上的校园文化活动为载体，让学生在日常学习生活中接受先进文化的熏陶和文明风尚的感染，促进了学生的健康成长，推进了德育建设，提高了学校的发展层次，形成了具有浓厚的校园文化氛围，营造出了一个文明、和谐的校园。但是，在校园文化内在机制的规划中还有些不足之处。比如在教学方面，双语少数民族班中开设古代文化课的很少，例如《论语》《易经》等；汉族学生班中开设少数民族语言文化基础课也很必要，能使汉族学生了解更多的少数民族语言及其文化。在校园文化活动方面，增加更多的民族特色文化活动，如成立社团，开展民族文化活动，做好汉族学生和少数民族同学之间的团结和文化交流。

2.完善优秀传统文化传承体系建设

2011年，中共十七届六中全会《中共中央关于深化文化体制改革推动社会主义文化大发展大繁荣若干重大问题的决定》指出，"中国共产党从成立之日起，就既是中华优秀传统文化的忠实传承者和弘扬者，又是中国先进文化的积极倡导者和发展者"，并提出了"建设优秀传统文化传承体系"的重大战略任务。优秀传统文化的传承从物质文化和精神文化方面来进行。物质文化方面，传统文化主要表现在特色建筑、服饰等，将其文化内涵赋予实物之上以表现其魅力，给人们以视觉美。精神文化方面传统文化从信念、价值观、道德观、思维方式等表现出一种内在美，使得我们能在人格塑造、道德情感、价值取向方面树立崇高的目标。目前，物质文化方面的建设取得了一定的成果，而忽视了精神文化方面，这也是导致社会上出现"怪病"的重要原因之一。为此，在开发和研究少数民族文化的过程中应拓宽领域，学校开设有藏语、蒙古语、维吾尔语的本科学院并有其硕士点、博士点。但有很多少数民族有语言，其文字却在传承中被丢失、遗弃，如土族、东乡族、侗族、哈尼族等，我们觉得民族院校有义务去挖掘这些资源，挽回民族传统文化传承上的损失。民族院校在传承优秀传统文化，特别是少数民族优秀文化中更应责无旁贷。

3.在实践中领悟优秀传统文化的真谛

实践是检验真理的唯一标准。优秀传统文化只有通过实践检验才能得到认可，而被认可的传统文化也只有在实践中才能得到更好的发展。这就要求我们在校园文化建设方面加大力度、全方位的进行教育和熏陶。西北民族大学坚持德育为先，以民族团结进步为价值追求，汇聚各民族优秀文化，发挥多元文化共生存的优势，深入开展民族团结进步教育，努力推进民族团结进步，曾先后两次被国务院授予"全国民族团结进步模范单位"光荣称号。校园文化活动是校园文化建设的重要体现，是育人的重要途径。为此，学校充分挖掘潜力，广泛运用教育资源，积极开展校园文化活动。在校内，开展讲座、会谈、民族教育月等，在校外，应让学生走进少数民族地区，亲身体验其文化，在实践中领悟优秀传统文化的真谛。

（三）民族高校校园文化建设中融入优秀传统文化前景展望

民族高校大学生文化素质的提高，是社会总体道德素养提升的标志。和谐校园文化建设是新时期学校的一项重要工作。在市场经济和物欲突显、而社会道德相对缺失的今天，坚持我国优秀传统文化教育是和谐校园文化建设的核心内容。我们从物质文化和精神文化两方面提高校园文化的综合实力，以优秀传统文化为支撑，少数民族文化为特色，使学校校园文化底蕴丰厚，以便更好地实现和谐校园文化建设的目标。

把中国优秀传统文化融入大学校园文化建设，就是在充分挖掘和阐发中国优秀传统文化的有益思想价值的基础上，使之全方位地融入校园文化建设，形成强大的校园文化软实力。大学是培养国家高层次人才的摇篮，大学生则是建设国家的中流砥柱，民族高校地位和文化的特殊性更需要我们加强校园文化建设中融入中国优秀传统文化。国家文化软实力的先进性体现在大学校园文化建设上，而大学生自身的道德素养和高校的文化底蕴就很好地反映了国家的文化软实力。可见，在当今国际竞争力极强的形势下，增强中华文化的国际竞争力和影响力，提升国家文化软实力是使我们国家成为社会主义文化强国迫在眉睫的要务。

二、发掘经典内涵，注入大学生生活实际

我国思想政治教育工作应该坚持以马克思主义理论为核心内容，培养出一批坚持为社会主义现代化而服务的大学生，强调的是奉献。因此，我国的思想政治教育工作必须符合我国目前的国情和文化特点，且从大学生实际生活出发，影响其各方面的状态，对心性的修养与行为的修正具有较好的指导意义。《弟子规》这一以儒家思想为核心的传统文化经典恰恰能深入浅出地讲解做人的基本道理与准则，对大学生的成长成才具有一定的引导和推动作用。

《弟子规》中蕴含着丰富的德育教育，如该书第一条"入则孝"是对孩子进行感恩教育。孩子从小要听父母的话，对长辈要悉心关怀，懂得如何照顾和体贴自己的父母及长辈，如"父母呼，应勿缓，父母命，行勿懒，父母教，顺敬听，父母责，须顺承"。此外，强调诚实守信。书中要求"凡出言，信为先。诈与妄，奚可焉"，指出了说出的话首先要讲求信用，不能欺骗蒙混和胡言乱语。书中还说"见未真，勿轻言，知未的，勿轻传"，当我们在说话时要恪守诚信原则，坚持"没有调查就没有发言权"。这些都折射出做人的基本准则。面对浮躁的社会，如果我们都能做到谨言慎行，信守承诺，那么我们的社会环境会变得十分和谐。另外，还有尊重教育，如"凡是人，皆须爱；天同覆，地同载"，要求我们对人不要有区别，对每个人都要友好相处，体谅他们的难处，懂得宽容与体谅。"人有短，

切莫揭;人有私,切莫说",面对他人的流言蜚语,我们不能轻信与传播,保持他人的名声。可见,从一部《弟子规》中,我们就可以发掘许多适合当代大学生所需的思想教育素材,如果能融合他们的生活加以解读,就会使其更易于接受与内化,在无形中感化他们,影响他们。

三、加强辅导员思想修养,学习传统文化

辅导员作为思想政治教育队伍的骨干力量,他们直接影响着大学生群体。由于辅导员本身来自不同的专业背景,没有接受过系统的传统文化的培训与学习,所以很少能够把传统文化与思想政治教育融合在一起开展工作。在入职后,也没有专门地进行对传统文化的宣传与学习,没有经过自身研读经典和反思,很难用传统文化的思想精髓来引导教育学生。因此,辅导员这一队伍的自身修养与内涵建设也需要加强与提升。

(一)辅导员工作现状

1.工作热情缺乏

辅导员的工作纷繁复杂,从学生入学开始到学生顺利毕业,从宿舍管理到心理疏导,从学业指导到就业规划,涉及到学生的思想、行为和心理等各个方面,工作压力大、责任重,千头万绪的事务性工作让辅导员对职业产生倦怠,工作热情减退,疲于应对。

2.工作能力不足

辅导员的专业领域各不相同,缺乏系统的心理学和教育学等知识,辅导员不是百事通,有些辅导员花费了大把的时间和大量的精力,但在处理学生问题上仍然简单粗暴,教育工作形式单一,大多还是填鸭式、灌输式,用规定、规范、纪律、手册等约束学生,管理和育人的成效甚微,工作方法及策略有限,自身的学识修养及阅历不足。

3.工作保障不够

一些高校对辅导员的管理、培训、晋升的规范还不明确,重视专业教师,而忽视了辅导员的工作,认为辅导员就是高级别的学生"保姆",学生班级的"保镖、保安",辅导员没有获得应有的尊重,有为却无位,使辅导员怀疑自我价值和工作的意义,价值观也陷入错乱中。

(二)辅导员学习弘扬中国优秀传统文化的意义

优秀传统文化中富含丰富的人生哲理和道德修养内容,对高校辅导员树立正确的世界观、人生观和价值观具有积极作用。"学高为师,身正为范",辅导员应该克制私欲,从教育先贤的感人事迹中汲取养分,以身作则,率先垂范,因为辅导员"其身正,不令而行;其身不止,虽令不从",辅导员要从中国优秀传统文化精髓中吸收身正的内涵,淡泊名利,安贫乐教,才可以做到"修身齐家治国平天下"。辅导员只有树立正确的人生观和价值观,有远大目标和理想,正确认识辅导员人生导师的使命,才能在教育事业中经受住考验,认真肩负起辅导员这一光荣的事业,"传道授业解惑",以身立教,让自己的一言一行都成为

学生的示范，无私奉献，找到辅导员工作的兴奋点，增强职业幸福感和归属感。

1. 培养辅导员道德情操

几千年沉淀下来的中国优秀传统文化，可以陶冶情操，促进道德品质优化，它体现了坚韧性、严谨性和感染性。它旗帜鲜明地让我们树立大局意识和整体意识，维护国家利益和集体利益，正确处理好个人和集体的关系，坚守"己所不欲勿施于人"的做人做事原则。辅导员要培养高尚道德情操，首先就要学会换位思考，在工作中仁爱学生，将心比心，牢记"己欲立而立人，己欲达而达人"，这是中华民族一切社会公德的基础，也是辅导员育人的行为准则。辅导员要对学生多鼓励，多沟通和积极关注，必要时进行心理疏导和治疗，用责任心、爱心、耐心、细心和关心落实高校"以人为本"的理念。

2. 提升辅导员职业能力

辅导员的工作需要以情感人，以理服人，尊重个体，针对不同的学生需要个性化指导，因材施教，要掌握很多教育技巧和方法。"授人以鱼不如授人以渔"就是传统教育工作的精髓。辅导员做的是当代青年学生的思想教育工作和管理工作，要更好地了解学生就要把握时代脉搏，保持与时俱进，了解新事物新形势，有针对性的开展工作。要达到"亲其师，信其道；尊其师，奉其教"，辅导员要用人性化的管理育人模式代替简单粗暴的手段，注意挖掘学生的潜能，循循善诱，塑造学生的健全人格。辅导员要善于把握规律，用科学的态度和"慎独"的精神从中国优秀的传统文化中来汲取教育理念和方法，研究创新现实工作方式方法。深入学习研究中国优秀传统文化是辅导员能力提升的重要途径。

（三）辅导员学习弘扬中国优秀传统文化的路径

1. 打造校园文化环境

营造良好的校园文化环境，通过高雅艺术进校园，建立品牌社团等活动，走精品校园文化的内涵式发展路径，可以在校园增设传统文化宣传栏，设立校园国学角，结合不同的节日、名人纪念日来组织教职员工开展传统文化活动，坚持以文化人，发挥我们最深厚的文化软实力作用，弘扬传统文化的价值观念。促使辅导员做我国优秀传统文化的执着继承者和传播创新人，在文明和谐的文化新风中提升职业素养。

2. 加强学习培训交流

开展辅导员传统文化大讲堂，加强辅导员的培训和交流。高校的学生处、人事处和二级学院应该重视辅导员的培训和能力培养，可以通过邀请专家解读中国优秀传统文化、晨读经典著作如《论语》《礼记》《孝经》等，诗词歌赋创作比赛、书法国画创作大赛以及国学演讲论坛、"用经典赛经典"等征文活动、演讲、舞台剧、知识竞赛等多种方式促进辅导员深入学习传统文化，让辅导员在参与学习中体会传统文化的育人功能和文化内涵，储备扎实广博的知识和技能，真正做到"内化于心"，可以取其精华，去其糟粕，厚积薄发，提升科学工作的素养。

3. 开展丰富实践活动

开展辅导员进社区、暑期三下乡、志愿服务等实践活动，宣传弘扬我国的优秀传统文化，培养仁爱品德，如为老人剪纸、教老人五禽戏、太极拳等民族养生方法，陪伴老人们丰富传统节日文化，增强琴棋书画的技艺，修身养性，在实践中学习弘扬中国的优秀传统文化精神，让传统美德"外化于行"，深刻感受"老吾老以及人之老"的精神，让第二课堂发挥我国优秀传统文化提升思想、滋润心灵的作用。让辅导员深入学习，参与到中国优秀传统文化传播及相关活动中去，通过体验、实践和感悟全面提升职业素养。

4. 建立立体传播平台

建立新媒体的平台，通过微课堂、微博、微信等微平台向辅导员传输中国传统文化精髓，与思想教育的传统阵地有效连接，统筹各种资源，打造传播学习中国优秀传统文化的立体式传播平台。丰富传统文化的表现形式和传播形态，扩大其信息覆盖面，增强传统文化的传播效果。继承发扬中国优秀传统文化，全面提升高校辅导员的职业素养，绝非朝夕间可以完成，它需要每个辅导员躬身实践、自觉磨砺和不断创新，通过学习体验和实践来感悟，推动促进教育事业健康向上发展。

四、利用社会实践，体悟传统文化内涵

中华传统文化是国家软实力的核心要素，是综合国力的重要组成部分，深刻影响着当今国际关系和世界格局。第一课堂推动大学生继承和发展中华优秀传统文化的教学实践具有非常重要的意义。思想政治辅导员是大学生思想上的旗手、学习上的导师、生活上的益友，不仅是高校教育中的管理者，更是文化的传播者。思政辅导员要以学生为主体，实践为主线，心灵塑造为宗旨，从习惯抓起，在日常的生活中通过传统文化的魅力感染学生，通过润物无声的言语影响学生，通过行为的示范引导学生，更要从最为基本与直接的第一课堂教学方式入手，提升辅导员教学的理论与实践水平。基于此背景，思政辅导员开展中国传统文化系列课程系列第一课堂能对推动中国传统文化教育起到至关重要的意义。

（一）第一课堂教学意义

中国传统文化以其独特的兼容并蓄的思想内涵，生动活泼的表现形式，在学生工作中有着独特而重要的意义。孔子用"志于道，据于德，依于仁，游于艺"从思想和行为两方面阐述了君子应具备的素养。

1. 引导学生树立正确的世界观、人生观和价值观

"志于道"，君子应树立伟大志向，符合"道"的志向均可。社会主义核心价值观为高校学生指引着立志方向，如何将所学专业与报效国家相结合，是每个大学生从入学就应认真思考的问题。儒释道三家的孝道、尊贤才、包容、和谐、厚德等思想对大学生树立人生志向有着无法替代的引导作用。加强对传统文化的学习，是大学生摆脱追求高分心理、重新审视祖国人民和自己内心的需要、树立远大目标的重要渠道。

2. 塑造学生行为模式，为适应社会奠定良好基础

"据于德，依于仁，游于艺"是对成人行为的约束和规范。传统文化中，"入则孝，出则悌，谨而信，泛爱众而亲仁，行有余力，则以学文"之类的行为模式比比皆是，对增强

学生辨别是非，提高自我管理，和谐处理人际关系等能力有着引导和塑造作用，对大学生毕业之后融入社会，更好地在自己的岗位上奉献有着不可替代的助力作用。

3. 通过传统文化渗透，达到思政辅导员教学育人的根本目的

现在大学生对于中国传统文化的学习积极性有待提高，没有充分重视我国五千年文明留下来的优秀成果，习总书记在北大的讲话中，运用了许多中国传统文化的优秀成果，而这些例子、这些成语使读者能够备感亲切，能够使听众更直观地感触到民族荣誉感和存在感，能够更好地提升民族凝聚力。大学生站在整个时代的前沿，能够接触更多的先进成果，但这些成果在一定程度上削弱了他们对传统优秀成果的重视程度。作为辅导员应该在这方面加以引领，在弘扬中国传统文化的同时也加强了爱国主义教育，一举两得。

（二）第一课堂教学基础

开设中华优秀传统文化课程，可以在前期通过开展第二课堂的实践教育实践方式入手，得到有益的经验。比如通过开展相关类型的专题教育项目、辅导员培育项目、开设的人文类公选课程与蓬勃发展的传统文化类学生社团等方式，了解高校学生对于中华优秀传统文化的认知程度和兴趣点，从而帮助有效开展第一课堂的教学实践。

1. 中华传统文化专题教育项目

通过中华传统文化专题教育项目，针对高校有兴趣学生开展一个文化传播力研究会、一个跨文化教育中心、一个文化社团群、一批文化传播大使、一批文化导师和一系列示范性文化主题活动，通过系统设计、有效组织，协同推进，培养合格的中华优秀传统文化实践者。

2. 中华传统文化类辅导员培育项目

通过高校辅导员开展中华优秀传统文化类工作室（培育项目），以社会主义核心价值观为指引和目标，研究和践行优秀传统文化内涵，能从各个方面提升大学生的综合素质，同时对于第一课堂教学素材和经验的获取有着显著的成效。

3. 中华传统文化类通识课程

可以通过开设中华传统文化类的通识课程，将中华优秀传统文化中浅显的概念和内容进行普及。比如《论语》、唐诗宋词元曲、古文等传统文学类课程，或中国通史、中国传统文化概论等理论型课程。

4. 中华传统文化类学生社团组织

学生为本，培育和发展并重，学生社团在传统文化教育中发挥主渠道作用。制定专门政策和制度，在专业指导教师聘任、活动场地和经费、新兴社团培育等方面给予支持。在校园中对于优秀传统文化氛围方面起到积极的影响。

（三）第一课堂教学思考

1. 分条块开设课程

中华传统文化内涵丰富，从思政育人的角度出发，可以德、体、美多维度出发，进行

中华优秀传统文化的教学实践。

可以分别从以下几个方面开设相关课程，比如经典诵读系列教学，以传统文化中道德层面的基础知识普及和传播形式达到从德行方面的教育。这些经典诵读课程主要还是将普适性的传统文化中的道德对大学生进行阐述，初步基本面上的普及。修身养性系列教学，以中华传统养生国术教授课为形式，开设《太极拳》《八段锦》《武术》等课程。涵盖中国古代道家、法家等流派的健身功法，弘扬中国传统文化中强身健体的基本功法。文、乐、书等系列审美教学，从文艺、音乐、书画等方面，从而陶冶学生的美学细胞。文艺方面可以通过开设茶道等系列课程，让学生培养中华传统技能的艺术修养。音乐方面可以通过开设二胡、古琴等系列课程，增强学生对于传统乐器的了解和普及。书画方面可以通过开设书法、国画等系列课程，培养学生传统书画艺术氛围。

2.结合实际的教学评价方法

辅导员在第一课堂教学中的评价过程可以过程性评价为主，通过建立学生中华传统文化学习成长册等方式，对学生的学习态度、学习能力、文化积累、情感体验、活动表现等进行过程性记录；要采用等级制评价，使用口试、观察、访谈、表现、作品分析和活动情况记录等形式。反馈学生在课堂教学过程中的习得程度与情况，有助于辅导员及时总结授课过程中的经验与收获。尊重学生的主体地位，指导学生开展自我评价，相互评价，可以邀请传统文化专门行业协会或者民间重要人士参与评价，使评价成为学校、教师、学生、社会、专业行业等多个主体共同参与的交互活动。要通过"经典诵读""修身养性"等活动关注学生的对于中华传统文化的学习兴趣和学习习惯，关注学生个性化的学习方式和学习要求，关注学生对于传统文化知识的积累。同时结合校园中现已有的辅导员培育项目、学生社团活动的成果，积极引入到第一课堂中，关注学生参与第二课堂相关的传承中华活动的情感态度以及活动过程中合作能力、实践能力和创新能力。

3.不断提炼教学方法和意义

中华优秀传统文化教学可以三个方面对思政辅导员如何提炼教学方法和意义进行阐释：一是注意吸纳优秀传统文化精髓，加强对思政辅导员队伍定位的反思，要从本质上明确思政辅导员在中华优秀传统文化教学中存在的根本意义和核心任务，明晰思政辅导员是"国家意识形态的守护者、学生精神灵魂的铸造者"这一重要角色。二是不断提升中华优秀传统文化教育的有效性与实效性。一方面要在教育内容和方法上敢于开拓创新，建立能够触及学生灵魂的中华优秀传统文化教育体系；另一方面要注意提升教育的感染性，将主流意识形态教育融于多种形式的中华优秀传统文化教育模式中，引导学生获得精神上的成长；三是着力从灵魂、理性、本事、人格魅力四个维度上提升思政辅导员自身的教学修养，构建思政辅导员教学体系。思政辅导员在教学过程中要不断加强理论与实际紧密结合，善于把"问题"变成"选题"凝练成"课题"，将经验上升至理论，逐步构建中华优秀传统文化教育的知识体系，最终成长为具有深厚文史哲理论背景的专家型思政辅导员，做好"铸魂育人"这一核心工作。

　　中国文化发展的自身要求，中国现代化建设的需要等，构成了中国文化发展的根本动力。近代以来，外来文化的挑战也促进了中国文化的转型和发展。因此，中国文化不能回避外来文化，应当在中华传统文化的基础上，引进、吸收外来文化（包括西方文化）的优秀成果，结合时代性要求，把中国文化建设成现代的、民族的、社会主义的文化。如何在高校中开展中国文化教育，将传统的、经典的文化与现代生活有机结合，更好地融入教学中，对于高校思政辅导员将是值得深刻研究的话题。中华优秀传统文化在思政辅导员第一课堂教学实践中也将发挥出其独特的魅力，使大学生自觉成为传统文化的学习者、维护者和传承者。

后　记

现代思想政治教育与传统文化方向的研究属于思想政治教育学科研究的前沿课题。鉴于目前该方向研究成果丰富但低水平重复较多的现状，为了提升研究水平，为了使理论研究切实运用于实践之中，可把以下几个方面作为未来努力方向。

一、厘清二者概念及关系

明晰现代思想政治教育概念直接关系思想政治教育对传统文化吸纳的范围，也关乎该方向研究框架的形成。但是，目前学科研究存在一种现象："专业学术槽"宽泛，学科研究过于宽泛，低水平重复较多，多学科参与且终未形成科际整合。这种指责并不是夸大其词，学科边界的模糊性直接干预与传统文化的研究范围。一个权威性论断明确学科边界与学科内容的范围是不容置疑的，否则，思想政治教育作为一门理论、一门学科的普遍性与延续性难以体现，其专业性也会受到质疑，更别说搭建该方向的研究框架。

二、推进二者整合的理论生成

（一）加强具备传统经典阅读能力的研究人才培养

历史原因造就几代人几乎丧失阅读古文的能力，而古文中所蕴含的丰富的宝贵资源也大部分被封存于古籍之中。处于社会转型的社会主义建设时期，这部分资源仅属于一小群专业研究人员，这部分人远不能满足传统经典现代化解释需求，思想政治教育作为一门实践学科，承担着思想资源的普及工作，需要掌握传统文化资源的人才。就现状而看，大部分研究者没有兼顾两个领域的能力，对传统文化的经典敬而远之，或者浮光掠影式阅读难以领会传统文化的精华所在。所以，必须培养一批能深入传统文化经典的思想政治教育人才。

（二）加强古代思想政治教育的研究

传统文化纳入思想政治教育的程度最终还依赖于对古代思想政治教育的研究力度。对古代思想政治教育的背景、本质与结构、内容与方式等作系统梳理与归纳是传统文化与思想政治教育内容整合的重要部分，如果不深入整理、挖掘经典，那么现代思想政治教育与传统文化的融合只能停留于浅尝辄止的状态。

（三）加强理论生成的哲学基础研究

缺乏哲学思考的理论苍白而没有生命力，该方向研究人员大部分的专业背景是思想政治教育专业，长于党政理论研究，但是缺乏哲学思维，难以用中外哲学的眼光开放地投向研究领域的本体结构。而有一部分具有哲学专业知识的研究人员，又对思想政治教育领域陌生，难以在短时间内对思想政治教育学科做深入的哲学思考。未来应注重培养具有较高哲学素养的思想政治学科研究人员，使其致力于中国传统哲学与思想政治教育学科的融合研究，运用哲学眼光着力于二者的本体研究，以一种诠释学精神把研究从浅层推向深层，构建理论生成的哲学基础。

三、拓展内容、方法的研究途径

（一）面向实践为参照依据

对现代思想政治教育内容内涵给予再厘定，而不是那种满足于形而上的逻辑严谨却疏于形而下的可操作性理论的建构。应致力于符合时代要求、易于社会认同的思想政治教育内容与形式的研究，厘定传统文化的精华与糟粕的标准，把符合时代发展的传统文化内容融入思想政治教育内容。

（二）力求实证研究方法的突破

引入实证方法是思想政治教育研究方法的大胆尝试，但是，思想政治教育研究领域的实证研究总体不成熟，简单描述、低水平问卷调查是普遍存在的现象。采取科学的调查方法，提高实证调查技术的应用水平。另外，也应拓展实证研究的广度与深度。

（三）理论与实践紧密结合

理论研究应始终面向实践，不能得到实践检验的理论最终也只是纸上谈兵。无论是基础理论研究还是应用理论研究都必须把实践作为终极指向，拓宽应用研究的范围，而不仅仅局限于高校领域。加大应用研究力度，才能真正实现研究从理论到实践的跨越。作为一个承载民族文化发展的学科，只有保持民族性才具有生生不息的力量。现代思想政治教育只有弘扬民族传统文化，保存民族传统的部分，才能更加具有民族文化的沉淀力和延展力，也才能使思想政治教育获得文化上的终极意义。传统文化与现代思想政治教育的研究跨学科跨时空跨层次，在学科与时空的整合中应突出思想政治教育的学科立场。无论是对其他学科的横向借鉴还是跨时空的纵向整合，最终都要归于"返本开新"。回归古代经典是"开新"的前提，没有这个前提，该方向的研究都是无源之水，当务之急是必须提升阅读古文经典的能力，先做到"返本"，而后才能"开新"。

参考文献

[1] 余文明. 大学生思想政治教育创新与实践分析 [J]. 科技导向 2012.

[2] 田晓清. 网络环境下大学生思想政治教育工作中存在的问题与对策 [J]. 互联网研究 2012.

[3] 马坡. 当前高校思想政治教育面临的新挑战及其应对 [J]. 科技导向 2011.

[4] 樊建武、刘光林. 新时期大学生思想政治教育面临的挑战与创新实践 [J]. 价值工程 2012.

[5] 中共中央、国务院. 关于进一步加强和改进大学生思想政治教育的意见 [Z]. 中发〔2004〕16 号.

[6] 陈秉公. 思想政治教育学原理 [M]. 高等教育出版社，2006.

[7] 顾冠华. 中国传统文化论略 [J]. 扬州大学学报（社科版），1999.

[8] 王平川. 思想政治教育与中华传统文化融合的可行性研究 [J]. 陕西教育学院学报，2010.

[9] 赵洪恩、李宝席. 中国传统文化通论 [M]. 人民出版社，2003.

[10] 迟成勇，吴锦旗. 论中国传统文化与大学生思想政治教育 [J]. 北京青年政治学院学报 .2008.

[11] 贺斌. 浅谈中国传统文化与当代思想政治教育 [J]. 法制与社会 .2007.

[12] 薛虹. 中国优秀传统文化与大学生思想道德建设的思考 [J]. 前沿 .2006.

[13] 曲洪志. 我国传统文化是思想政治教育的重要资源 [J]. 山东社会科学 .2006.

[14] 阮小蕾. 传统文化在当前思想政治教育中的价值 [J]. 教书育人 .2005.

[15] 张耀灿等. 现代思想政治教育学 [M]. 人民出版社，2006.

[16] 曲洪志. 中国传统文化与新时期思想政治教育 [J]. 马克思主义与现实，2004.

[17] 张祥浩、石开斌. 中国传统文化与思想政治教育的创新 [J]. 东南大学学报（哲学社会科学版），2008.

[18] 王东莉. 论思想政治教育的文化参照意义 [J]. 浙江大学学报（人文社会科学版），1995.

[19] 初文杰. 中国传统文化与当代思想政治教育 [J]. 理论学习，2003.

[20] 李军林. 浅析儒家文化的传播机制 [J]. 沧桑，2006.

[21] 桂署钦. 高校民族传统文化教育路径探析 [J]. 广西民族大学学报（哲学社会科

学版），2008.

[22] 王玉平．论中华优秀传统文化与社会主义核心价值体系 [J]．文化学刊，2015.

[23] 王丽滨．中华优秀传统文化对加强高校院校师德教育的作用 [J]．江苏教育研究，2015.

[24] 雷洋．马克思人的全面发展理论视阈下高校院校中华优秀传统文化教育的思考 [J]．齐鲁师范学院学报，2016.

[25] 段超．中华优秀传统文化当代传承体系建构研究 [J]．中南民族大学学报（人文社会科学版），2012.

[26] 李荣启．弘扬中华传统文化与建设社会主义核心价值观 [J]．中国文化研究，2014.

[27] 包彩娥．挖掘中华传统文化的德育价值 [J]．江苏教育，2016.

[28] 张武华．谈中国传统文化中德育思想的德育价值 [J]．才智，2010.